趣玩诗词系列

寻寻觅觅

飞花令

张祥斌 编

华语教学出版社

图书在版编目（CIP）数据

寻寻觅觅：飞花令/张祥斌编.—北京：华语教
教学出版社，2021.5（2022.6重印）
（趣玩诗词）
ISBN 978-7-5138-2035-6

Ⅰ.①寻… Ⅱ.①张… Ⅲ.①古典诗歌—中国—中小
学—教学参考资料 Ⅳ.① G634.303

中国版本图书馆 CIP 数据核字（2020）第 221939 号

寻寻觅觅：飞花令
（趣玩诗词系列）

出 版 人	王君校
编 者	张祥斌
策 划	翟淑蓉 陈晶 彭博 张超 王喆
责任编辑	彭 博
特约编辑	吴麒麟
封面设计	北京鸿儒白丁文化传媒有限公司
排版制作	济南易色文化传媒有限公司
出 版	华语教学出版社
社 址	北京西城区百万庄大街 24 号
邮政编码	100037
电 话	（010）68995871
传 真	（010）68326333
网 址	www.sinolingua.com.cn
电子信箱	fxb@sinolingua.com.cn
印 刷	北京兴星伟业印刷有限公司
经 销	全国新华书店
开 本	16 开（710×1000）
字 数	222（千） 17.75 印张
版 次	2021 年 5 月第 1 版
	2022 年 6 月第 2 次印刷
标准书号	ISBN 978-7-5138-2035-6
定 价	45.00 元

（图书如有印刷、装订错误，请与出版社发行部联系调换。联系电话：010-68995871、010-68996820）

前言
CONTENTS

　　"飞花令"原本是古人行酒令时的一种文字游戏，源自古人的诗词之趣，得名于唐代诗人韩翃《寒食》中的名句"春城无处不飞花"。古代的飞花令要求对令人所对出的诗句要和行令人吟出的诗句格律一致，而且对规定好的字出现的位置同样有着严格的要求。如今的飞花令，更多时候是一种以诗词为载体的互动性语言文字游戏，以中央电视台的《中国诗词大会》节目为代表，选择出所"飞"的主题字，要求参加者轮流说出一联含有这个主题字的诗词，对字的位置、诗句格律并没有限制，更适合现代的诗词爱好者参与游戏。含有一个主题字的，通常被称为"单字飞花令"；含有两个或两个以上主题字的，被称为"组合飞花令"。游戏参与者按要求轮流说出诗句，不能重复，说不出的人为负者。

　　本书中的诗词飞花令游戏由易到难，分为热身级——单字单句飞花令、入门级——单字联句飞花令、挑战级——组合联句飞花令、竞赛级——概念联句飞花令共四个级别，读者可以根据自己的诗词储备量选择相应的级别。书中涉及的诗词不仅涵盖了教学大纲、新课标要求必背的所有诗词篇目，而且还涉猎《诗经》《唐诗三百首》《宋词三百首》《元曲三百首》《千家诗》《毛泽东诗词选》等中国传统优秀诗集的精华篇目，以及在写作、生活、工作中常见、常用的诗词名句。

　　"腹有诗书气自华。"背诵诗词也是一个由浅入深、由点及面、循序渐进的过程，希望读者能够以"飞花令"游戏中的诗词名句为线索，把知识视角延伸到整篇诗词，进而拓展到博大精深的诗词文化领域。中国自古就是一个"诗歌的国度"，诗词是中国传统文化中的瑰宝，而诗词名句是瑰宝中的精华，是我们民族文化遗产中极为珍贵的一部分。请跟随本书走入古典诗词美丽清新的世界，感受至美意境，体验诗意人生吧！

目录
CONTENTS

第 1 章　热身级　单字单句飞花令

第 2 章　入门级 单字联句飞花令

第3章　挑战级 组合联句飞花令

第4章　竞赛级 概念联句飞花令

第1章

热身级
单字单句飞花令

请在空格中填入适当的字，使每一横行都成为一句诗。

❶ 五言诗句　　　　　　　　❷ 七言诗句

请在空格中填入适当的字，使每一横行都成为一句诗。

❶ 五言诗句　　　　　　　　❷ 七言诗句

请在空格中填入适当的字，使每一横行都成为一句诗。

❶ 五言诗句

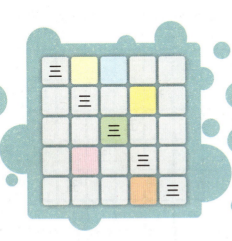

❷ 七言诗句

请在空格中填入适当的字，使每一横行都成为一句诗。

❶ 五言诗句

❷ 七言诗句

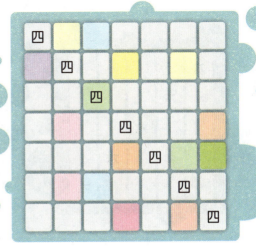

请在空格中填入适当的字，使每一横行都成为一句诗。

① 五言诗句

② 七言诗句

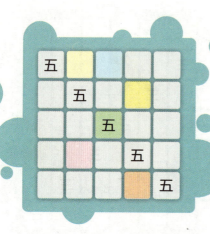

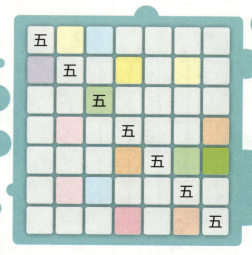

请在空格中填入适当的字，使每一横行都成为一句诗。

① 五言诗句

② 七言诗句

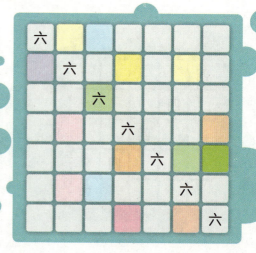

4

请在空格中填入适当的字，使每一横行都成为一句诗。

① 五言诗句

② 七言诗句

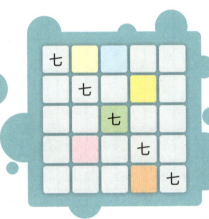

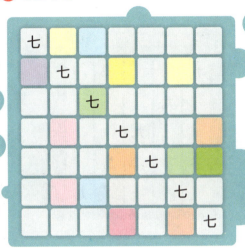

请在空格中填入适当的字，使每一横行都成为一句诗。

① 五言诗句

② 七言诗句

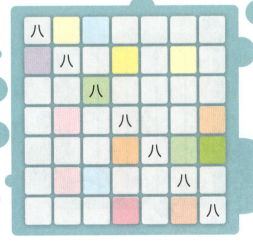

请在空格中填入适当的字，使每一横行都成为一句诗。

❶ 五言诗句

❷ 七言诗句

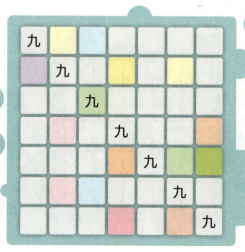

请在空格中填入适当的字，使每一横行都成为一句诗。

❶ 五言诗句

❷ 七言诗句

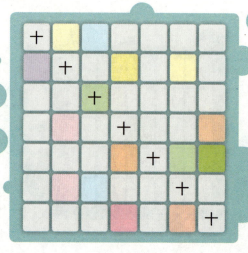

请在空格中填入适当的字，使每一横行都成为一句诗。

① 五言诗句

② 七言诗句

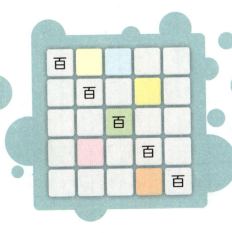

请在空格中填入适当的字，使每一横行都成为一句诗。

① 五言诗句

② 七言诗句

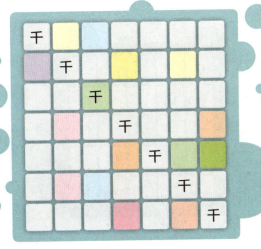

请在空格中填入适当的字，使每一横行都成为一句诗。

1 五言诗句

2 七言诗句

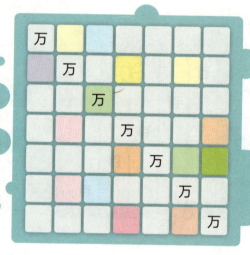

请在空格中填入适当的字，使每一横行都成为一句诗。

1 五言诗句

2 七言诗句

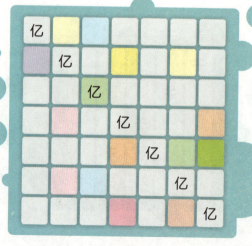

8

请在空格中填入适当的字，使每一横行都成为一句诗。

❶ 五言诗句

❷ 七言诗句

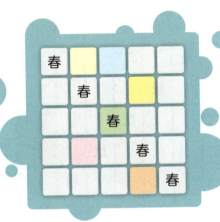

请在空格中填入适当的字，使每一横行都成为一句诗。

❶ 五言诗句

❷ 七言诗句

请在空格中填入适当的字，使每一横行都成为一句诗。

① 五言诗句

② 七言诗句

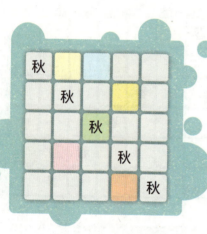

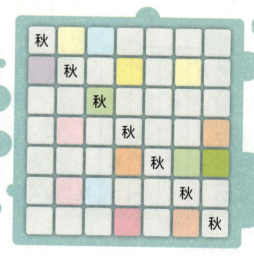

请在空格中填入适当的字，使每一横行都成为一句诗。

① 五言诗句

② 七言诗句

10

请在空格中填入适当的字，使每一横行都成为一句诗。

请在空格中填入适当的字，使每一横行都成为一句诗。

① 五言诗句

② 七言诗句

请在空格中填入适当的字，使每一横行都成为一句诗。

❶ 五言诗句

❷ 七言诗句

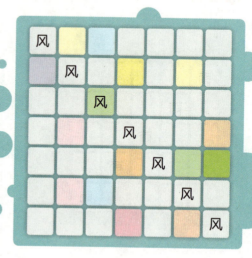

请在空格中填入适当的字，使每一横行都成为一句诗。

❶ 五言诗句

❷ 七言诗句

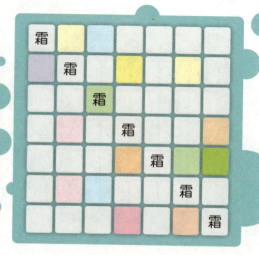

请在空格中填入适当的字，使每一横行都成为一句诗。

 五言诗句

 七言诗句

请在空格中填入适当的字，使每一横行都成为一句诗。

① 五言诗句

② 七言诗句

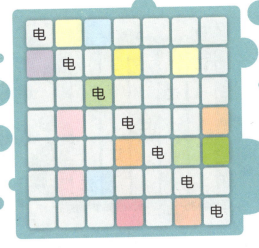

请在空格中填入适当的字，使每一横行都成为一句诗。

1 五言诗句

2 七言诗句

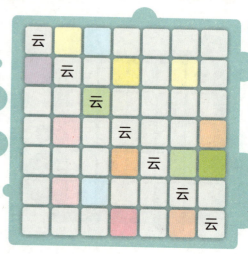

请在空格中填入适当的字，使每一横行都成为一句诗。

1 五言诗句

2 七言诗句

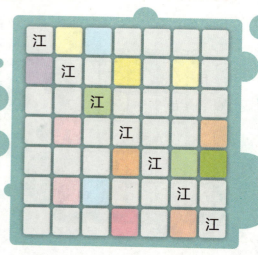

请在空格中填入适当的字，使每一横行都成为一句诗。

1 五言诗句

2 七言诗句

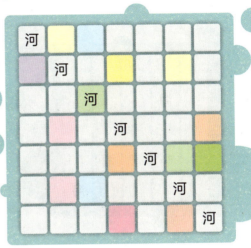

请在空格中填入适当的字，使每一横行都成为一句诗。

1 五言诗句

2 七言诗句

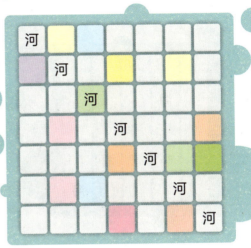

15

"海"

请在空格中填入适当的字，使每一横行都成为一句诗。

① 五言诗句

② 七言诗句

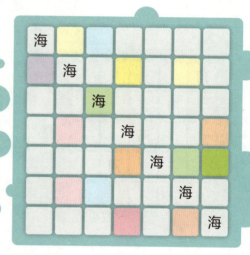

"水"

请在空格中填入适当的字，使每一横行都成为一句诗。

① 五言诗句

② 七言诗句

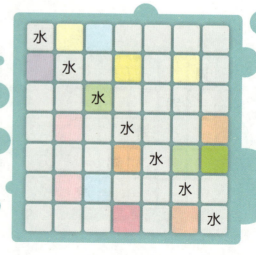

请在空格中填入适当的字，使每一横行都成为一句诗。

❶ 五言诗句

❷ 七言诗句

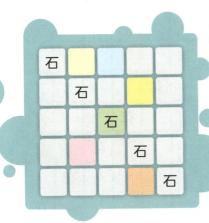

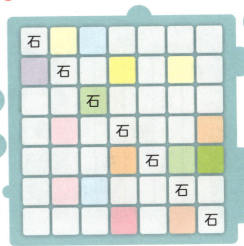

请在空格中填入适当的字，使每一横行都成为一句诗。

❶ 五言诗句

❷ 七言诗句

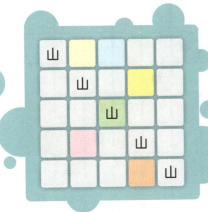

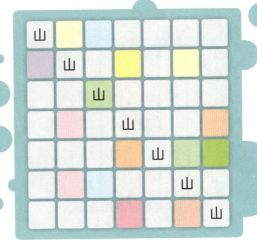

请在空格中填入适当的字，使每一横行都成为一句诗。

①五言诗句

②七言诗句

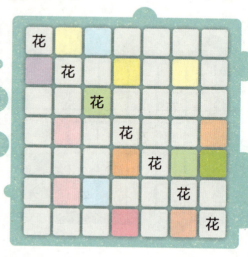

请在空格中填入适当的字，使每一横行都成为一句诗。

①五言诗句

②七言诗句

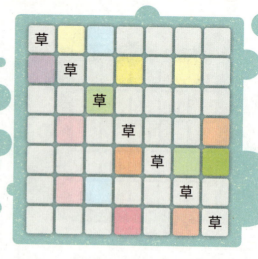

18

请在空格中填入适当的字，使每一横行都成为一句诗。

1 五言诗句

2 七言诗句

请在空格中填入适当的字，使每一横行都成为一句诗。

1 五言诗句

2 七言诗句

19

请在空格中填入适当的字，使每一横行都成为一句诗。

1 五言诗句

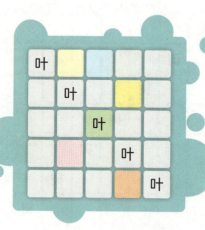

2 七言诗句

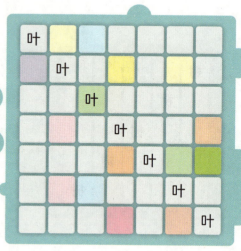

请在空格中填入适当的字，使每一横行都成为一句诗。

1 五言诗句

2 七言诗句

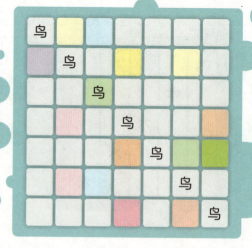

请在空格中填入适当的字，使每一横行都成为一句诗。

❶ 五言诗句

❷ 七言诗句

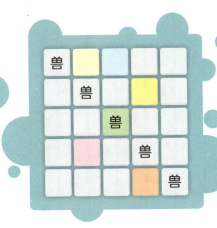

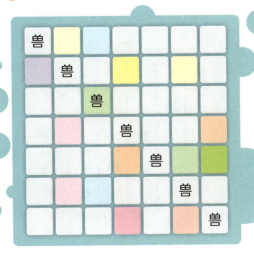

请在空格中填入适当的字，使每一横行都成为一句诗。

❶ 五言诗句

❷ 七言诗句

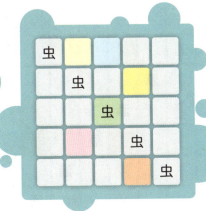

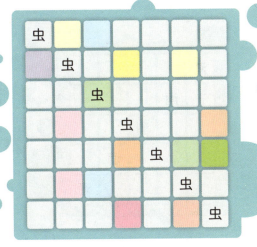

请在空格中填入适当的字，使每一横行都成为一句诗。

1 五言诗句   **2** 七言诗句

 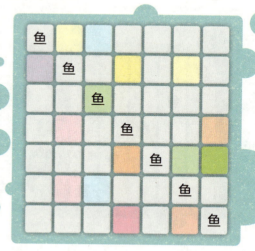

请在空格中填入适当的字，使每一横行都成为一句诗。

1 五言诗句   **2** 七言诗句

 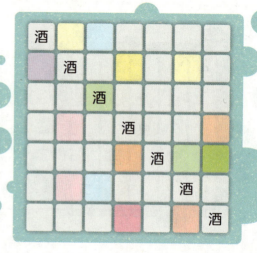

22

请在空格中填入适当的字，使每一横行都成为一句诗。

❶ 五言诗句　　　　　　　　❷ 七言诗句

请在空格中填入适当的字，使每一横行都成为一句诗。

❶ 五言诗句　　　　　　　　❷ 七言诗句

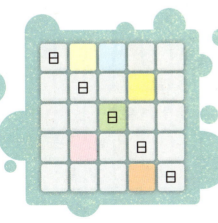

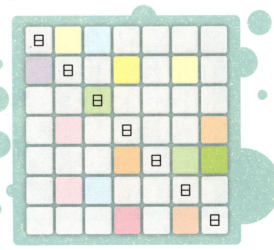

23

请在空格中填入适当的字，使每一横行都成为一句诗。

1 五言诗句

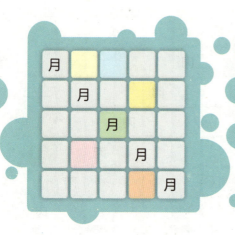

2 七言诗句

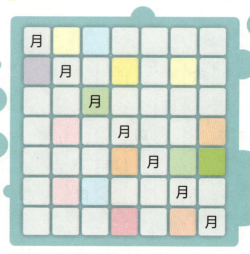

请在空格中填入适当的字，使每一横行都成为一句诗。

1 五言诗句

2 七言诗句

请在空格中填入适当的字，使每一横行都成为一句诗。

1 五言诗句

2 七言诗句

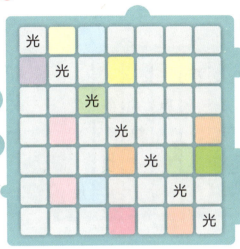

请在空格中填入适当的字，使每一横行都成为一句诗。

1 五言诗句

2 七言诗句

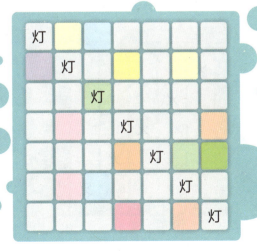

请在空格中填入适当的字，使每一横行都成为一句诗。

1 五言诗句　　　　　　　　　　**2** 七言诗句

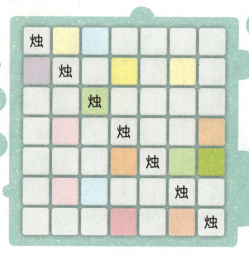

请在空格中填入适当的字，使每一横行都成为一句诗。

1 五言诗句　　　　　　　　　　**2** 七言诗句

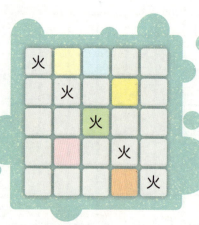

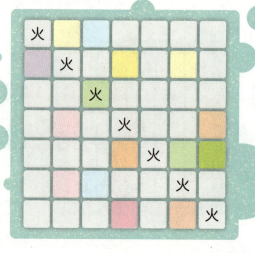

第1章 热身级 单字单句飞花令

请在空格中填入适当的字，使每一横行都成为一句诗。

1 五言诗句

2 七言诗句

请在空格中填入适当的字，使每一横行都成为一句诗。

1 五言诗句

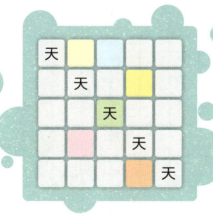

2 七言诗句

27

请在空格中填入适当的字，使每一横行都成为一句诗。

❶ 五言诗句

❷ 七言诗句

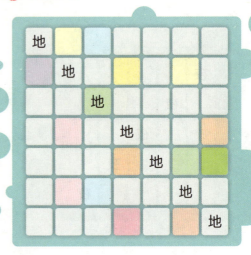

请在空格中填入适当的字，使每一横行都成为一句诗。

❶ 五言诗句

❷ 七言诗句

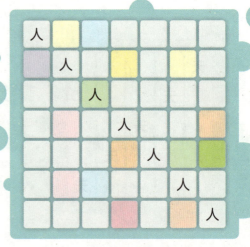

28

请在空格中填入适当的字，使每一横行都成为一句诗。

 ❶五言诗句

 ❷七言诗句

请在空格中填入适当的字，使每一横行都成为一句诗。

❶五言诗句

❷七言诗句

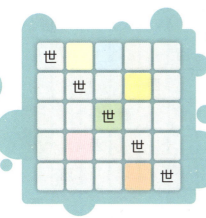

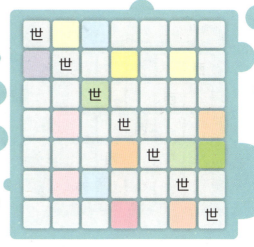

请在空格中填入适当的字，使每一横行都成为一句诗。

❶ 五言诗句

❷ 七言诗句

请在空格中填入适当的字，使每一横行都成为一句诗。

❶ 五言诗句

❷ 七言诗句

请在空格中填入适当的字，使每一横行都成为一句诗。

① 五言诗句

② 七言诗句

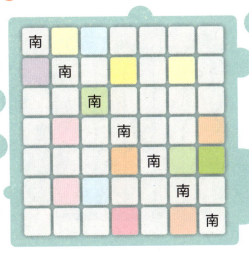

请在空格中填入适当的字，使每一横行都成为一句诗。

① 五言诗句

② 七言诗句

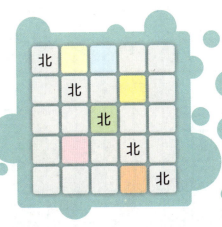

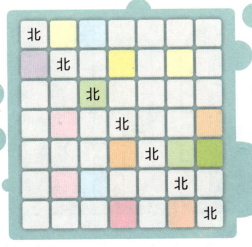

请在空格中填入适当的字，使每一横行都成为一句诗。

① 五言诗句　　　　　　　**②** 七言诗句

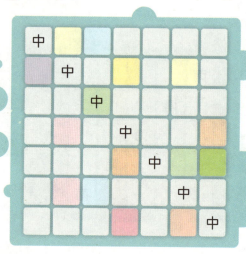

请在空格中填入适当的字，使每一横行都成为一句诗。

① 五言诗句　　　　　　　**②** 七言诗句

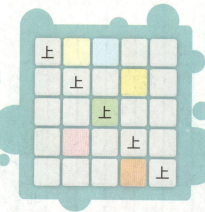

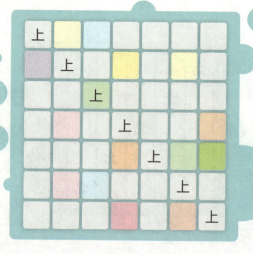

请在空格中填入适当的字，使每一横行都成为一句诗。

① 五言诗句　　　　　　　　**②** 七言诗句

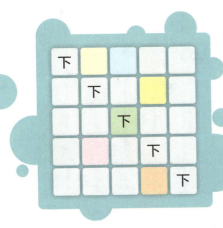

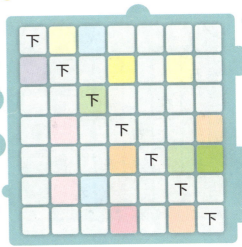

请在空格中填入适当的字，使每一横行都成为一句诗。

① 五言诗句　　　　　　　　**②** 七言诗句

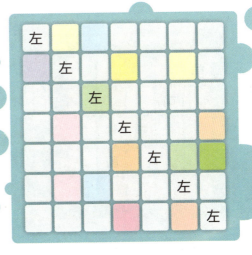

请在空格中填入适当的字，使每一横行都成为一句诗。

① 五言诗句

② 七言诗句

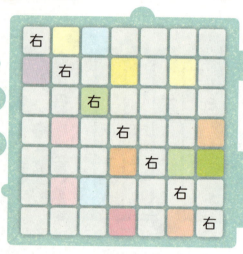

请在空格中填入适当的字，使每一横行都成为一句诗。

① 五言诗句

② 七言诗句

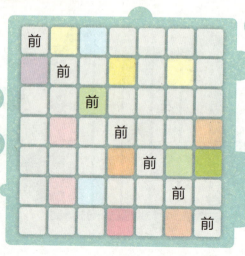

请在空格中填入适当的字，使每一横行都成为一句诗。

① 五言诗句

② 七言诗句

请在空格中填入适当的字，使每一横行都成为一句诗。

① 五言诗句

② 七言诗句

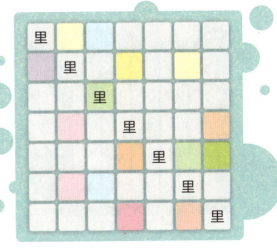

请在空格中填入适当的字，使每一横行都成为一句诗。

1 五言诗句

2 七言诗句

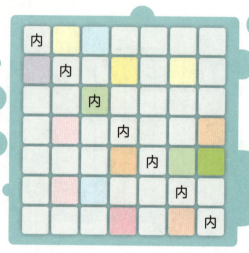

请在空格中填入适当的字，使每一横行都成为一句诗。

1 五言诗句

2 七言诗句

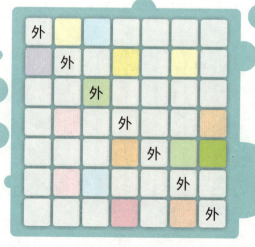

请在空格中填入适当的字，使每一横行都成为一句诗。

① 五言诗句   ② 七言诗句

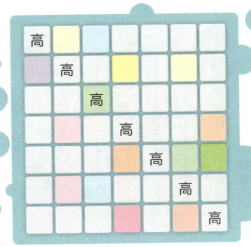

请在空格中填入适当的字，使每一横行都成为一句诗。

① 五言诗句   ② 七言诗句

请在空格中填入适当的字，使每一横行都成为一句诗。

❶ 五言诗句

❷ 七言诗句

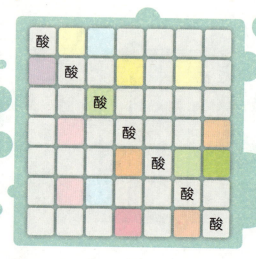

请在空格中填入适当的字，使每一横行都成为一句诗。

❶ 五言诗句

❷ 七言诗句

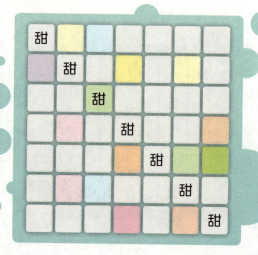

请在空格中填入适当的字，使每一横行都成为一句诗。

❶ 五言诗句

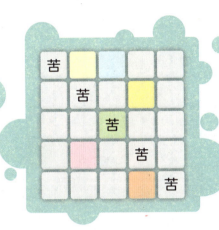

❷ 七言诗句

请在空格中填入适当的字，使每一横行都成为一句诗。

❶ 五言诗句

❷ 七言诗句

请在空格中填入适当的字，使每一横行都成为一句诗。

❶ 五言诗句

❷ 七言诗句

请在空格中填入适当的字，使每一横行都成为一句诗。

❶ 五言诗句

❷ 七言诗句

请在空格中填入适当的字，使每一横行都成为一句诗。

❶ 五言诗句

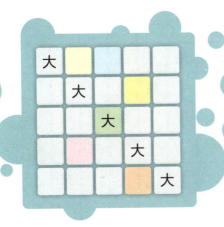

❷ 七言诗句

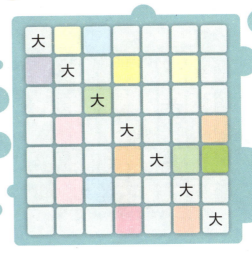

请在空格中填入适当的字，使每一横行都成为一句诗。

❶ 五言诗句

❷ 七言诗句

请在空格中填入适当的字，使每一横行都成为一句诗。

❶ 五言诗句

❷ 七言诗句

请在空格中填入适当的字，使每一横行都成为一句诗。

❶ 五言诗句

❷ 七言诗句

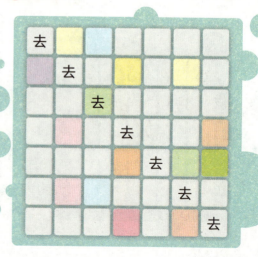

请在空格中填入适当的字，使每一横行都成为一句诗。

❶ 五言诗句

❷ 七言诗句

请在空格中填入适当的字，使每一横行都成为一句诗。

❶ 五言诗句

❷ 七言诗句

请在空格中填入适当的字，使每一横行都成为一句诗。

❶五言诗句

❷七言诗句

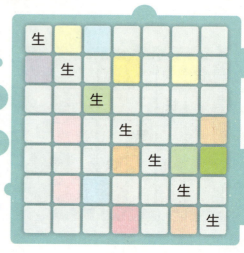

请在空格中填入适当的字，使每一横行都成为一句诗。

❶五言诗句

❷七言诗句

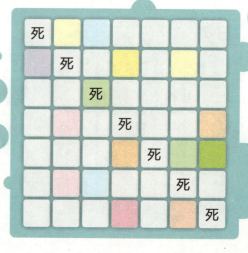

请在空格中填入适当的字，使每一横行都成为一句诗。

1 五言诗句

2 七言诗句

请在空格中填入适当的字，使每一横行都成为一句诗。

1 五言诗句

2 七言诗句

第 2 章

八门级
单字联句飞花令

诗词之"春"

根据提示，把下列带"春"字的诗句填写出来。

1. _____，卉木萋萋。（《诗经·小雅·出车》）

2. _____，园柳变鸣禽。（〔南北朝〕谢灵运《登池上楼》）

3. _____，杂英满芳甸。（〔南北朝〕谢朓《晚登三山还望京邑》）

4. _____，走傍寒梅访消息。（〔唐〕李白《早春寄王汉阳》）

5. _____，发我枝上花。（〔唐〕李白《落日忆山中》）

6. 东风洒雨露，_____。（〔唐〕李白《送郗昂谪巴中》）

7. 日长唯鸟雀，_____。（〔唐〕杜甫《春远》）

8. 侵陵雪色还萱草，_____。（〔唐〕杜甫《腊日》）

9. 江浦雷声喧昨夜，_____。（〔唐〕杜甫《遣闷戏呈路十九曹长》）

10. 朝来新火起新烟，_____。（〔唐〕杜甫《清明二首·其一》）

11. _____，故穿庭树作飞花。（〔唐〕韩愈《春雪》）

12. _____，不须惆怅怨芳时。（〔唐〕杜牧《怅诗》）

13. _____，水上鸳鸯浴。（〔唐〕韦庄《菩萨蛮》）

14. _____，月移花影上栏干。（〔宋〕王安石《夜直》）

15. _____，明月何时照我还？（〔宋〕王安石《泊船瓜洲》）

诗词之"夏"

根据提示，把下列带"夏"字的诗句填写出来。

1. _____，草木莽莽。（〔战国〕屈原《九章·怀沙》）

2. ＿＿＿＿＿＿＿，绿槐阴满地。（〔唐〕白居易《府西亭纳凉归》）

3. 柳色蔼春余，＿＿＿＿＿＿＿。（〔唐〕王维《资圣寺送甘二》）

4. 佛寺连野水，＿＿＿＿＿＿＿。（〔唐〕张籍《野寺后池寄友》）

5. ＿＿＿＿＿＿＿，还乡秋雁飞。（〔唐〕宋之问《送李侍御》）

6. 易觉春光老，＿＿＿＿＿＿＿。（〔唐〕方干《驻紫霞观》）

7. ＿＿＿＿＿＿＿，为我生凉风。（〔唐〕皎然《夏日集裴录事北亭避暑》）

8. 色浓春草在，＿＿＿＿＿＿＿。（〔唐〕皎然《夏日同崔使君论登城楼赋得远山》）

9. 白头身偶在，＿＿＿＿＿＿＿。（〔唐〕司空图《偶书五首·其二》）

10. 百里长堤上，＿＿＿＿＿＿＿。（〔元〕贡奎《次韵袁伯长舟中杂书三首·其一》）

11. ＿＿＿＿＿＿＿，人马饥豗兮筋力单。（〔汉〕蔡文姬《胡笳十八拍》）

12. 石鱼湖，似洞庭，＿＿＿＿＿＿＿。（〔唐〕元结《石鱼湖上醉歌》）

13. 两堤杨柳先春绿，＿＿＿＿＿＿＿。（〔宋〕刘泾《题阮希圣东湖三首·其三》）

14. 菲菲红紫送春去，＿＿＿＿＿＿＿。（〔宋〕吕本中《金丝桃》）

15. 今年幸甚蚕桑熟，＿＿＿＿＿＿＿。（〔宋〕范成大《夏日田园杂兴十二绝·其五》）

诗词之"秋"

根据提示，把下列带"秋"字的诗句填写出来。

1. 残暑蝉催尽，＿＿＿＿＿＿＿。（〔唐〕白居易《宴散》）

2. 荒城临古渡，＿＿＿＿＿＿＿。（〔唐〕王维《归嵩山作》）

3. ＿＿＿＿＿＿＿，砧杵夜千家。（〔唐〕韩翃《酬程延秋夜即事见赠》）

4. ＿＿＿＿＿＿＿，苍然满关中。（〔唐〕岑参《与高适薛据登慈恩寺浮图》）

5. 别离在今晨，＿＿＿＿＿＿＿？（〔唐〕韦应物《送杨氏女》）

6. ＿＿＿＿＿＿＿，散步咏凉天。（〔唐〕韦应物《秋夜寄丘二十二员外》）

7. ＿＿＿＿＿＿＿，城阙夜千重。（〔唐〕戴叔伦《江乡故人偶集客舍》）

8. 月槛移孤影，＿＿＿＿＿＿＿。（〔唐〕齐己《古寺老松》）

9. ＿＿＿＿＿＿＿，对此可以酣高楼。（〔唐〕李白《宣州谢朓楼饯别校书叔云》）

10. 龙吟虎啸一时发，＿＿＿＿＿＿＿。（〔唐〕李颀《听安万善吹觱篥歌》）

11. 先拂商弦后角羽，＿＿＿＿＿＿＿。（〔唐〕李颀《听董大弹胡笳声兼寄语弄房给事》）

12. 年年七夕渡瑶轩，＿＿＿＿＿＿＿。（〔唐〕崔涂《七夕》）

13. 晴窗早觉爱朝曦，＿＿＿＿＿＿＿。（〔宋〕刘克庄《初冬》）

14. 坳石天然印曲流，＿＿＿＿＿＿＿。（〔宋〕方信孺《流杯池》）

15. 欲说还休，＿＿＿＿＿＿＿！（〔宋〕辛弃疾《丑奴儿·书博山道中壁》）

诗词之"冬"

根据提示，把下列带"冬"字的诗句填写出来。

1. 我有旨蓄，＿＿＿＿＿＿＿。（《诗经·邶风·谷风》）

2. ＿＿＿＿＿＿＿，未休关西卒。（〔唐〕杜甫《兵车行》）

3. 江南有丹橘，＿＿＿＿＿＿＿。（〔唐〕张九龄《感遇十二首·其七》）

4. 岭外音书断，＿＿＿＿＿＿＿。（〔唐〕宋之问《渡汉江》）

5. ＿＿＿＿＿＿＿，杀夺几无遗。（〔唐〕元结《舂陵行并序》）

6. ＿＿＿＿＿＿＿，谁笑腹空虚。（〔宋〕汪洙《勤学》）

7. 一曲闲千古，＿＿＿＿＿＿＿。（〔宋〕汪真《题琴书清隐图》）

8. 星霜残腊过，＿＿＿＿＿＿＿。（〔宋〕张耒《春寒二首·其一》）

9. 吴中霜雪晚，＿＿＿＿＿＿＿。（〔宋〕陆游《冬晴》）

10. 君家瓮瓮今应满，＿＿＿＿＿＿＿。（〔唐〕孟郊《济源寒食七首·其七》）

11. ＿＿＿＿＿＿＿，银山玉树相钩连。（〔宋〕程安仁《西湖四景》）

12. 春有百花秋有月，＿＿＿＿＿＿。（〔宋〕释绍昙《颂古五十五首·其一》）

13. ＿＿＿＿＿＿，腊前陨璞抛团块。（〔宋〕吕胜己《蝶恋花·观雪作》）

14. 蛾眉亭上，＿＿＿＿＿＿。（〔宋〕李之仪《蓦山溪·采石值雪》）

15. 看几番、神奇臭腐，＿＿＿＿＿＿。（〔宋〕陈亮《贺新郎·寄辛幼安和见怀韵》）

诗词谈"天"

根据提示，把下列带"天"字的诗句填写出来。

1. 山貌日高古，＿＿＿＿＿＿。（〔唐〕李白《宣城青溪》）

2. ＿＿＿＿＿＿，君子意如何？（〔唐〕杜甫《天末怀李白》）

3. ＿＿＿＿＿＿疑误有新知。（〔唐〕李商隐《凉思》）

4. ＿＿＿＿＿＿转影入池清。（〔唐〕刘得仁《栽松》）

5. 别来沧海事，＿＿＿＿＿＿。（〔唐〕李益《喜见外弟又言别》）

6. ＿＿＿＿＿＿去世法舟轻。（〔唐〕钱起《送僧归日本》）

7. 欲祭疑君在，＿＿＿＿＿＿。（〔唐〕张籍《没蕃故人》）

8. ＿＿＿＿＿＿城阙夜千重。（〔唐〕戴叔伦《江乡故人偶集客舍》）

9. 江上几人在？＿＿＿＿＿＿。（〔唐〕温庭筠《送人东游》）

10. ＿＿＿＿＿＿枯松倒挂倚绝壁。（〔唐〕李白《蜀道难》）

11. ＿＿＿＿＿＿势拔五岳掩赤城。（〔唐〕李白《梦游天姥吟留别》）

12. 晨摇玉佩趋金殿，＿＿＿＿＿＿。（〔唐〕王维《酬郭给事》）

13. ＿＿＿＿＿＿草色遥看近却无。（〔唐〕韩愈《早春呈水部张十八员外二首·其一》）

14. 寂寂江山摇落处，＿＿＿＿＿＿。（〔唐〕刘长卿《长沙过贾谊宅》）

15. ＿＿＿＿＿＿败叶纷随碧水驰。（〔现代〕毛泽东《七律·有所思》）

诗词说"地"

根据提示，把下列带"地"字的诗句填写出来。

1. _____？聚敛魂魄无贤愚。（〔汉乐府〕《蒿里曲》）
2. _____，松门何代丘。（〔唐〕骆宾王《乐大夫挽词五首·其二》）
3. 岚横秋塞雄，_____。（〔唐〕韦应物《西塞山》）
4. _____，桂子落空坛。（〔唐〕皎然《送关小师还金陵》）
5. _____，自有岁寒心。（〔唐〕张九龄《感遇十二首·其七》）
6. 高秋禾黍多，_____。（〔唐〕刘驾《田西边》）
7. _____，终岁不闻丝竹声。（〔唐〕白居易《琵琶行》）
8. _____，黄芦苦竹绕宅生。（〔唐〕白居易《琵琶行》）
9. _____，惊破霓裳羽衣曲。（〔唐〕白居易《长恨歌》）
10. _____，翠翘金雀玉搔头。（〔唐〕白居易《长恨歌》）
11. 排空驭气奔如电，_____。（〔唐〕白居易《长恨歌》）
12. 细雨湿衣看不见，_____。（〔唐〕刘长卿《别严士元》）
13. _____，凉州胡人为我吹。（〔唐〕李颀《听安万善吹觱篥歌》）
14. _____，花柳无私春色偏。（〔宋〕方德麟《春日田园杂兴》）
15. 江上一帆愁，梦犹寻、_____。（〔宋〕黄庭坚《蓦山溪·至宜州作寄赠陈湘》）

诗词之"中"

根据提示，把下列带"中"字的诗句填写出来。

1. _____，似类亲父子。（〔汉乐府〕《上留田行》）

2. _____，万世未可期。（〔晋〕阮籍《咏怀八十二首·其四十九》）

3. 声疏饮露后，_____。（〔南北朝〕张正见《赋新题得寒树晚蝉疏诗》）

4. _____，令严夜寂寥。（〔唐〕杜甫《后出塞五首·其一》）

5. _____，何以守王城？（〔唐〕杜甫《新安吏》）

6. _____，义往难复留。（〔唐〕韦应物《送杨氏女》）

7. 波澜誓不起，_____。（〔唐〕孟郊《列女操》）

8. 长恨春归无觅处，_____。（〔唐〕白居易《大林寺桃花》）

9. _____，日夜经过赵李家。（〔唐〕王维《洛阳女儿行》）

10. 五岳祭秩皆三公，_____。（〔唐〕韩愈《谒衡岳庙遂宿岳寺题门楼》）

11. 世人解听不解赏，_____。（〔唐〕李颀《听安万善吹觱篥歌》）

12. 诗思浮沉樯影里，_____。（〔宋〕戴复古《月夜舟中》）

13. 叹隙中驹，_____，_____。（〔宋〕苏轼《行香子·述怀》）

14. 四十三年，_____，烽火扬州路。（〔宋〕辛弃疾《永遇乐·京口北固亭怀古》）

15. _____。江阔云低，断雁叫西风。（〔宋〕蒋捷《虞美人·听雨》）

诗词之"国"

根据提示，把下列带"国"字的诗句填写出来。

1. 辩之不早，_____。（〔宋〕邵雍《偶书》）

2. _____，愤惋复何有？（〔唐〕杜甫《前出塞九首·其三》）

3. 违此乡山别，_____。（〔唐〕陈子昂《遂州南江别乡曲故人》）

4. _____，万里贡榴花。（〔唐〕元稹《感石榴二十韵》）

5. _____，还乡秋雁飞。（〔唐〕宋之问《送李侍御》）

6. _____，长得君王带笑看。（〔唐〕李白《清平调词三首·其三》）

7. _____，倚天楼殿月分明。（〔唐〕杜牧《过华清宫绝句三首·其三》）

8. _____，潮打空城寂寞回。（〔唐〕刘禹锡《金陵五题并引·石头城》）

9. 来时欢笑去时哀，_____。（〔唐〕韦冰《和三乡诗》）

10. 霍嫖姚，_____，天子将之平朔漠。（〔唐〕贯休《胡无人行》）

11. _____，底用人间紫共黄。（〔宋〕郑刚中《牡丹》）

12. _____，花王从此浪收名。（〔宋〕廖行之《和芍药》）

13. 我欲因之梦寥廓，_____。（〔现代〕毛泽东《七律·答友人》）

14. 算何止、_____，暂回眸、万人肠断。（〔宋〕柳永《柳腰轻（英英妙舞腰肢软）》）

15. _____，一个西施也得。（〔宋〕辛弃疾《杏花天·嘲牡丹》）

诗词之"家"

根据提示，把下列带"家"字的诗句填写出来。

1. 东门之栗，_____。（《诗经·郑风·东门之墠（shàn）》）

2. 远梦归侵晓，_____。（〔唐〕杜牧《旅宿》）

3. _____，耕种从此起。（〔唐〕韦应物《观田家》）

4. 平生自有分，_____。（〔唐〕司空曙《喜外弟卢纶见宿》）

5. _____，野径入桑麻。（〔唐〕皎然《寻陆鸿渐不遇》）

6. 扣门无犬吠，_____。（〔唐〕皎然《寻陆鸿渐不遇》）

7. _____，夷歌数处起渔樵。（〔唐〕杜甫《阁夜》）

8. 云里帝城双凤阙，_____。（〔唐〕王维《奉和圣制从蓬莱向兴庆阁道中留春雨中春望之作应制》）

9. _____，坎轲只得移荆蛮。（〔唐〕韩愈《八月十五夜赠张功曹》）

10. 紫泉宫殿锁烟霞，_____。（〔唐〕李商隐《隋宫》）

11. _____，故垒萧萧芦荻秋。（〔唐〕刘禹锡《西塞山怀古》）

12. 素衣莫起风尘叹，＿＿＿＿＿＿。（〔宋〕陆游《临安春雨初霁》）

13. ＿＿＿＿＿＿，丝毫尘事不相关。（〔宋〕陆游《鹧鸪天（家住苍烟落照间）》）

14. ＿＿＿＿＿＿，燕然未勒归无计，羌管悠悠霜满地。（〔宋〕范仲淹《渔家傲·秋思》）

15. 枯藤老树昏鸦，＿＿＿＿＿＿，古道西风瘦马。（〔元〕马致远《天净沙·秋思》）

诗台点"烛"

根据提示，把下列带"烛"字的诗句填写出来。

1. 昼短苦夜长，＿＿＿＿＿＿？（〔汉〕《古诗十九首·生年不满百》）

2. 日入室中暗，＿＿＿＿＿＿。（〔晋〕陶渊明《归园田居五首·其五》）

3. ＿＿＿＿＿＿，相对如梦寐。（〔唐〕杜甫《羌村三首·其一》）

4. 新帘裙透影，＿＿＿＿＿＿。（〔唐〕元稹《感石榴二十韵》）

5. 我愿君王心，＿＿＿＿＿＿。（〔唐〕聂夷中《伤田家》）

6. ＿＿＿＿＿＿，通宵莫掩扉。（〔唐〕丁仙芝《京中守岁》）

7. ＿＿＿＿＿＿，金榜题名时。（〔宋〕汪洙《喜》）

8. ＿＿＿＿＿＿，敲门唤不应。（〔宋〕李洪《元宵雨十六日晴二首·其二》）

9. ＿＿＿＿＿＿，轻罗小扇扑流萤。（〔唐〕杜牧《秋夕》）

10. ＿＿＿＿＿＿，替人垂泪到天明。（〔唐〕杜牧《赠别二首·其二》）

11. ＿＿＿＿＿＿，美酒一杯声一曲。（〔唐〕李颀《听安万善吹觱篥歌》）

12. 我不识君曾梦见，＿＿＿＿＿＿。（〔宋〕苏轼《书林逋诗后》）

13. ＿＿＿＿＿＿，霏霏凉露沾衣。（〔宋〕周邦彦《夜飞鹊（河桥送人处）》）

14. 少年听雨歌楼上，＿＿＿＿＿＿。（〔宋〕蒋捷《虞美人·听雨》）

15. 借问瘟君欲何往，＿＿＿＿＿＿。（〔现代〕毛泽东《七律二首·送瘟神·其二》）

诗界明"灯"

根据提示，把下列带"灯"字的诗句填写出来。

1. _____，月半明时。（〔元〕徐再思《折桂令·春情》）

2. 今夕复何夕，_____。（〔唐〕杜甫《赠卫八处士》）

3. _____，篷声夜雨船。（〔唐〕温庭筠《送僧东游》）

4. _____，城西雪霰来。（〔唐〕方干《寒食宿先天寺无可上人房》）

5. 今年元夜时，_____。（〔宋〕欧阳修《生查子·元夕》）

6. _____，卷帷望月空长叹。（〔唐〕李白《长相思三首·其一》）

7. 夕殿萤飞思悄然，_____。（〔唐〕白居易《长恨歌》）

8. 移船相近邀相见，_____。（〔唐〕白居易《琵琶行》）

9. _____，此夕闻君谪九江。（〔唐〕元稹《闻乐天授江州司马》）

10. 红楼隔雨相望冷，_____。（〔唐〕李商隐《春雨》）

11. 烟浪溅篷寒不睡，_____。（〔唐〕皮日休《钓侣二章·其二》）

12. 月落星稀天欲明，_____。（〔唐〕李端《闺情》）

13. 寒雨似从心上滴，_____。（〔宋〕陆游《不寐》）

14. 收泪语，_____，玉钗横枕边。（〔唐〕牛峤《更漏子（星渐稀）》）

15. 绕床饥鼠，_____。（〔宋〕辛弃疾《清平乐·独宿博山王氏庵》）

诗词很"火"

根据提示，把下列带"火"字的诗句填写出来。

1. 长旗临广武，_____。（〔南北朝〕庾信《侍从徐国公殿下军行诗》）

2. 追兵待都护，_____。（〔南北朝〕何逊《学古诗三首·其一》）

3. _____，仙桃正发花。（〔唐〕孟浩然《清明日宴梅道士房》）

4. 绿蚁新醅酒，_____。（〔唐〕白居易《问刘十九》）

5. _____，炎气徒相逼。（〔唐〕白居易《啄木曲》）

6. _____，两鬓苍苍十指黑。（〔唐〕白居易《卖炭翁》）

7. _____，三光朝念蕊珠篇。（〔唐〕白居易《白发》）

8. _____，九微片片飞花琐。（〔唐〕王维《洛阳女儿行》）

9. 居延城外猎天骄，_____。（〔唐〕王维《出塞》）

10. _____，谁复著手为摩挲？（〔唐〕韩愈《石鼓歌》）

11. _____，终古垂杨有暮鸦。（〔唐〕李商隐《隋宫》）

12. _____，黄昏饮马傍交河。（〔唐〕李颀《古从军行》）

13. _____，海畔云山拥蓟城。（〔唐〕祖咏《望蓟门》）

14. 潮落夜江斜月里，_____。（〔唐〕张祜《题金陵渡》）

15. _____，步入烟霄孔翠迎。（〔宋〕张孝祥《鹧鸪天·上元启醮》）

诗国寻"梦"

根据提示，把下列带"梦"字的诗句填写出来。

1. _____，明我长相忆。（〔唐〕杜甫《梦李白二首·其一》）

2. _____，情亲见君意。（〔唐〕杜甫《梦李白二首·其二》）

3. _____，夜深前殿按歌声。（〔唐〕白居易《后宫词》）

4. _____，书被催成墨未浓。（〔唐〕李商隐《无题（来是空言去绝踪）》）

5. _____，小姑居处本无郎。（〔唐〕李商隐《无题（重帏深下莫愁堂）》）

6. 远路应悲春畹晚，_____。（〔唐〕李商隐《春雨》）

7. 尚想旧情怜婢仆，_____。（〔唐〕元稹《遣悲怀三首·其二》）

8. 江雨霏霏江草齐，_____。（〔唐〕韦庄《金陵图》）

9. _____，碧天如水夜云轻。（〔唐〕温庭筠《瑶瑟怨》）

10. 书托雁，⬜⬜⬜⬜⬜，觉来江月斜。（〔唐〕牛峤《更漏子（南浦情）》）

11. ⬜⬜⬜⬜，花底离情三月雨。（〔宋〕晏殊《玉楼春·春恨》）

12. ⬜⬜⬜⬜，弄晴时，声声只道不如归。（〔宋〕晏几道《鹧鸪天（十里楼台倚翠微）》）

13. 柔情似水，⬜⬜⬜⬜，忍顾鹊桥归路。（〔宋〕秦观《鹊桥仙（纤云弄巧）》）

14. 尘缘较短，⬜⬜⬜⬜，酒阑歌散。（〔宋〕刘澜《齐天乐·吴兴郡宴遇旧人》）

15. 风一更，雪一更，⬜⬜⬜⬜⬜⬜。（〔清〕纳兰性德《长相思（山一程）》）

诗词追"风"

根据提示，把下列带"风"字的诗句填写出来。

1. ⬜⬜⬜⬜，静夜致清凉。（〔汉〕班固《竹扇诗》）

2. 影照龙门水，⬜⬜⬜⬜。（〔南北朝〕张正见《赋得威凤栖梧诗》）

3. ⬜⬜⬜⬜，曲尽河星稀。（〔唐〕李白《下终南山过斛斯山人宿置酒》）

4. ⬜⬜⬜⬜，抚事煎百虑。（〔唐〕杜甫《羌村三首·其二》）

5. ⬜⬜⬜⬜，君子意如何？（〔唐〕杜甫《天末怀李白》）

6. 芽新才绽日，⬜⬜⬜⬜。（〔唐〕元稹《生春二十首·其九》）

7. 谁知林栖者，⬜⬜⬜⬜。（〔唐〕张九龄《感遇十二首·其一》）

8. 千里其如何，⬜⬜⬜⬜。（〔唐〕王昌龄《同从弟南斋玩月忆山阴崔少府》）

9. 潮平两岸阔，⬜⬜⬜⬜。（〔唐〕王湾《次北固山下》）

10. ⬜⬜⬜⬜，惊猿攀玉折。（〔唐〕皎然《山雪》）

11. 悠悠迟日晚，⬜⬜⬜⬜。（〔唐〕刘遵古《御沟新柳》）

12. 铃与铎，⬜⬜⬜⬜。（〔唐〕易静《兵要望江南四十四首·其三十七》）

13. ＿＿＿＿＿＿，吹皱一池春水。（〔南唐〕冯延巳《谒金门（风乍起）》）

14. ＿＿＿＿＿＿，荒烟埋恨，碑铭残缺应难认。（〔元〕张养浩《山坡羊·北邙山怀古》）

15. ＿＿＿＿＿＿，等闲谈笑，称意即相宜。（〔清〕纳兰性德《少年游（算来好景只如斯）》）

诗空腾"云"

根据提示，把下列带"云"字的诗句填写出来。

1. ＿＿＿＿＿＿，石壁横翠色。（〔唐〕李白《商山四皓》）

2. ＿＿＿＿＿＿，隐者自怡悦。（〔唐〕孟浩然《秋登兰山寄张五》）

3. 清溪深不测，＿＿＿＿＿＿。（〔唐〕常建《宿王昌龄隐居》）

4. ＿＿＿＿＿＿，未得报恩不能归。（〔唐〕李颀《古意》）

5. 醉卧不知白日暮，＿＿＿＿＿＿。（〔唐〕李颀《送陈章甫》）

6. ＿＿＿＿＿＿，战场白骨缠草根。（〔唐〕岑参《轮台歌奉送封大夫出师西征》）

7. ＿＿＿＿＿＿，月出寒通雪山白。（〔唐〕杜甫《古柏行》）

8. ＿＿＿＿＿＿，清风吹空月舒波。（〔唐〕韩愈《八月十五夜赠张功曹》）

9. ＿＿＿＿＿＿，虽有绝顶谁能穷？（〔唐〕韩愈《谒衡岳庙遂宿岳寺题门楼》）

10. 夜投佛寺上高阁，＿＿＿＿＿＿。（〔唐〕韩愈《谒衡岳庙遂宿岳寺题门楼》）

11. 回看天际下中流，＿＿＿＿＿＿。（〔唐〕柳宗元《渔翁》）

12. 有个离人凝泪眼，＿＿＿＿＿＿。（〔宋〕张先《蝶恋花(临水人家深宅院)》）

13. ＿＿＿＿＿＿，刚论隐豹冥鸿。（〔宋〕王千秋《临江仙(者也之乎真太错)》）

14. 一尊搔首东窗里，＿＿＿＿＿＿，此时风味。（〔宋〕辛弃疾《贺新郎（甚矣吾衰矣）》）

15. 君应有语：＿＿＿＿＿＿，千山暮雪，只影向谁去？（〔金〕元好问《摸鱼儿·雁丘词》）

诗空驾"雾"

根据提示，把下列带"雾"字的诗句填写出来。

1. ＿＿＿＿＿＿，众鸟相与飞。（〔晋〕陶渊明《咏贫士七首·其一》）

2. 虽无玄豹姿，＿＿＿＿＿＿。（〔南北朝〕谢朓《之宣城郡出新林浦向板桥》）

3. 飞虹眺卷河，＿＿＿＿＿＿。（〔南北朝〕鲍照《白云诗》）

4. 凄凄去亲爱，＿＿＿＿＿＿。（〔唐〕韦应物《初发扬子寄元大校书》）

5. ＿＿＿＿＿＿，城鸦鸣稍去。（〔唐〕王维《早朝》）

6. ＿＿＿＿＿＿，向日误轻埃。（〔唐〕元稹《浮尘子三首并序·其三》）

7. ＿＿＿＿＿＿，江涵万里天。（〔宋〕郑獬《池州》）

8. 叛陆离其上下兮，＿＿＿＿＿＿。（〔战国〕屈原《远游》）

9. 回头下望人寰处，＿＿＿＿＿＿。（〔唐〕白居易《长恨歌》）

10. ＿＿＿＿＿＿，碣石潇湘无限路。（〔唐〕张若虚《春江花月夜》）

11. ＿＿＿＿＿＿，淘金女伴满江隈。（〔唐〕刘禹锡《浪淘沙词九首·其六》）

12. ＿＿＿＿＿＿，晓霞晖，梁间双燕飞。（〔唐〕毛文锡《更漏子（春夜阑）》）

13. 留得浅红三两朵，＿＿＿＿＿＿。（〔宋〕吕胜己《谒金门（春又过）》）

14. 薇老首阳，芝深商谷，＿＿＿＿＿＿。（〔宋〕陈德武《望海潮二调·寄别浔郡鲁教谕子振、李训道宗深》）

15. 今日欢呼孙大圣，＿＿＿＿＿＿。（〔现代〕毛泽东《七律·和郭沫若同志》）

诗空飞"雨"

根据提示，把下列带"雨"字的诗句填写出来。

1. 守穷者贫贱，＿＿＿＿＿＿。（〔汉〕曹操《善哉行三首·其二》）

2. 灯影秋江寺，▭▭▭▭▭。（〔唐〕温庭筠《送僧东游》）

3. 新鬼烦冤旧鬼哭，▭▭▭▭▭。（〔唐〕杜甫《兵车行》）

4. ▭▭▭▭▭，小弦切切如私语。（〔唐〕白居易《琵琶行》）

5. 行宫见月伤心色，▭▭▭▭▭。（〔唐〕白居易《长恨歌》）

6. 春风桃李花开日，▭▭▭▭▭。（〔唐〕白居易《长恨歌》）

7. 玉容寂寞泪阑干，▭▭▭▭▭。（〔唐〕白居易《长恨歌》）

8. 女娲炼石补天处，▭▭▭▭▭。（〔唐〕李贺《李凭箜篌引》）

9. ▭▭▭▭▭，闲花落地听无声。（〔唐〕刘长卿《送士元》）

10. ▭▭▭▭▭，著麦苗风柳映堤。（〔唐〕无名氏《杂诗》）

11. ▭▭▭▭▭，寒食游人尽出关。（〔宋〕武衍《春日湖上二首·其二》）

12. 海棠不惜胭脂色，▭▭▭▭▭。（〔宋〕陈与义《春寒》）

13. ▭▭▭▭▭，春意阑珊，罗衾不耐五更寒。（〔南唐〕李煜《浪淘沙令（帘外雨潺潺）》）

14. ▭▭▭▭▭，破纸窗间自语。（〔宋〕辛弃疾《清平乐·独宿博山王氏庵》）

15. ▭▭▭▭▭，到黄昏、点点滴滴。（〔宋〕李清照《声声慢（寻寻觅觅）》）

诗空飘"雪"

根据提示，把下列带"雪"字的诗句填写出来。

1. ▭▭▭▭▭，能饮一杯无？（〔唐〕白居易《问刘十九》）

2. 孤舟蓑笠翁，▭▭▭▭▭。（〔唐〕柳宗元《江雪》）

3. ▭▭▭▭▭，风多杂鼓声。（〔唐〕杨炯《从军行》）

4. ▭▭▭▭▭，不待岁寒催。（〔唐〕朱庆馀《宿山居》）

5. 路出寒云外，▭▭▭▭▭。（〔唐〕卢纶《李端公》）

6. 终南阴岭秀，▭▭▭▭▭。（〔唐〕祖咏《终南望余雪》）

7. ▭▭▭▭▭，孤烛异乡春。（〔唐〕崔涂《巴山道中除夜书怀》）

8. 更无花态度，_____。（〔宋〕辛弃疾《临江仙·探梅》）

9. _____，南浦清江万里桥。（〔唐〕杜甫《野望》）

10. _____，三边曙色动危旌。（〔唐〕祖咏《望蓟门》）

11. _____，万里黄河绕黑山。（〔唐〕柳中庸《征人怨》）

12. _____，受降城外月如霜。（〔唐〕李益《夜上受降城闻笛》）

13. _____，五花连钱旋作冰，幕中草檄砚水凝。（〔唐〕岑参《走马川行奉送出师西征》）

14. _____，昨夜月明依旧开。（〔宋〕朱熹《次韵雪后书事二首·其一》）

15. _____，者稀又过四双年。（〔宋〕杨万里《病中复脚痛终日倦坐遣闷》）

诗词之"冰"

根据提示，把下列带"冰"字的诗句填写出来。

1. 笼香销尽火，_____。（〔唐〕白居易《寒闺夜》）

2. 雪岭无人迹，_____。（〔唐〕卢纶《从军行》）

3. _____，燥湿更相息。（〔宋〕李纲《古意四首·其二》）

4. 禽语惊幽枕，_____。（〔宋〕陆游《雪后二首·其一》）

5. _____，将登太行雪满山。（〔唐〕李白《行路难三首·其一》）

6. _____，愁云惨淡万里凝。（〔唐〕岑参《白雪歌送武判官归京》）

7. _____，彩丝穿取当银铮。（〔宋〕杨万里《稚子弄冰》）

8. _____，云栖水宿本臞仙。（〔宋〕杨万里《幽居感兴》）

9. 夜阑卧听风吹雨，_____。（〔宋〕陆游《十一月四日风雨大作二首·其二》）

10. 石涧寒泉空有梦，_____。（〔宋〕陆游《苦热》）

11. _____，籍籍名家第一人。（〔宋〕孔平仲《知郡姚驾部十月三日生日》）

12. _____,捧心西子玉为魂。(〔清〕曹雪芹《咏白海棠》)

13. 应念岭表经年,孤光自照,_____。(〔宋〕张孝祥《念奴娇·过洞庭》)

14. 沟壑皆平,乾坤如画,_____。(〔宋〕朱淑真《念奴娇二首·催雪》)

15. _____,犹有花枝俏。(〔现代〕毛泽东《卜算子·咏梅》)

诗词之"霜"

根据提示,把下列带"霜"字的诗句填写出来。

1. 人寿几何,_____。(〔晋〕陆机《短歌行》)

2. 不知明镜里,_____? (〔唐〕李白《秋浦歌》)

3. 麻姑垂两鬓,_____。(〔唐〕李白《短歌行》)

4. 齿伤朝水冷,_____。(〔唐〕白居易《不如来饮酒七首·其一》)

5. 岂念百草死,_____。(〔唐〕元稹《解秋十首·其八》)

6. _____,与君长相思。(〔唐〕孟郊《宇文秀才斋中海柳咏》)

7. 娟娟空山月,_____。(〔宋〕王安石《秋日不可见》)

8. _____,襟暄野日初。(〔宋〕杨万里《晓登子城》)

9. 开门半山月,_____。(〔元〕方夔《早行》)

10. _____,水边闲坐一绳床。(〔唐〕白居易《秋池》)

11. _____,水萤穿竹不停飞。(〔唐〕项斯《宿山寺》)

12. _____,月落南园树影秋。(〔宋〕陈深《晓望吴城有感》)

13. _____,粉蝶如知合断魂。(〔宋〕林逋《山园小梅二首·其一》)

14. _____,浅碧鳞鳞露远洲。(〔宋〕苏轼《南乡子·重九涵辉楼呈徐君猷》)

15. _____,人不寐,将军白发征夫泪。(〔宋〕范仲淹《渔家傲·秋思》)

诗坛惊"雷"

根据提示，把下列带"雷"字的诗句填写出来。

1. _____，在南山之阳。(《诗经·召南·殷其雷》)

2. _____，在南山之侧。(《诗经·召南·殷其雷》)

3. _____，在南山之下。(《诗经·召南·殷其雷》)

4. 我有亲父兄，_____。(〔汉乐府〕《孔雀东南飞》)

5. 众人贵苟得，_____。(〔唐〕杜甫《前出塞九首·其九》)

6. _____，箭驰入窈窕。(〔唐〕张九龄《入庐山仰望瀑布水》)

7. 燎火如奔电，_____。(〔唐〕李孝贞《巫山高》)

8. 飞湍瀑流争喧豗，_____。(〔唐〕李白《蜀道难》)

9. 翠巘(yǎn)绝高尖插汉，_____。(〔唐〕刘禹锡《瀑布泉》)

10. 蜜甜忘却十年苦，_____。(〔宋〕王之道《送浮屠宗立东游二首·其一》)

11. _____，日斜扶得醉翁回。(〔宋〕范成大《春日田园杂兴十二绝·其五》)

12. 吉日初开种稻包，_____。(〔宋〕范成大《春日田园杂兴十二绝·其十一》)

13. _____，万马齐喑究可哀。(〔清〕龚自珍《己亥杂诗·其一百二十五》)

14. _____，便有精生白骨堆。(〔现代〕毛泽东《七律·和郭沫若同志》)

15. _____，旌旗奋，是人寰。(〔现代〕毛泽东《水调歌头·重上井冈山》)

诗空闪"电"

根据提示，把下列带"电"字的诗句填写出来。

1. _____，不宁不令。(《诗经·小雅·十月之交》)

2. _____，云过听雷声。（〔唐〕元稹《咏廿四气诗·春分二月中》）

3. 马嘶循古道，_____。（〔唐〕刘禹锡《重至衡阳伤柳仪曹》）

4. _____，隐若白虹起。（〔唐〕李白《望庐山瀑布二首·其一》）

5. _____，状同楚汉相攻战。（〔唐〕李白《草书歌行》）

6. _____，升天入地求之遍。（〔唐〕白居易《长恨歌》）

7. _____，七八个星犹在天。（〔唐〕卢延让《松寺》）

8. _____，及此花时天意深。（〔宋〕饶节《趣舒以明主簿入山二首·其二》）

9. 佳人犹唱醉翁词，_____。（〔宋〕苏轼《木兰花令·次欧公西湖韵》）

10. 雨过潮平江海碧，_____。（〔宋〕苏轼《望海楼晚景五绝·其二》）

11. _____，华清花柳咸阳草。（〔宋〕李清照《浯溪中兴颂碑和张文潜韵二首·其一》）

12. _____，不曾记得不曾忘。（〔宋〕陆游《一壶歌五首·其三》）

13. 画鼓喧雷，_____，夺罢锦标方彻。（〔宋〕黄裳《喜迁莺·端午泛湖》）

14. 风吹鼍鼓山河动，_____。（〔明〕朱厚熜《送毛伯温》）

15. 边塞男儿重武功，_____。（〔明〕沙天香《战歌》）

诗苑游"山"

根据提示，把下列带"山"字的诗句填写出来。

1. 会当凌绝顶，_____。（〔唐〕杜甫《望岳》）

2. _____，世事两茫茫。（〔唐〕杜甫《赠卫八处士》）

3. _____，须尽丘壑美。（〔唐〕裴迪《崔九欲往南山马上口号与别》）

4. _____，云傍马头生。（〔唐〕李白《送友人入蜀》）

5. 好为庐山谣，_____。（〔唐〕李白《庐山谣寄卢侍御虚舟》）

6. _____，山月随人归。（〔唐〕李白《终南山过斛斯山人宿置酒》）

7. 别君去兮何时还？且放白鹿青崖间，_____。（〔唐〕李白《梦游天姥吟留别》）

8. 盂兰清晓过平都，_____。（〔唐〕吕岩《登平都访仙二首·其一》）

9. _____，雪上空留马行处。（〔唐〕岑参《白雪歌送武判官归京》）

10. _____，池成不让饮龙川。（〔唐〕沈佺期《侍宴安乐公主新宅应制》）

11. _____，鬓云欲度香腮雪。（〔唐〕温庭筠《菩萨蛮（小山重叠金明灭）》）

12. 萧萧远树疏林外，_____。（〔宋〕寇准《书河上亭壁四首·其三》）

13. 峰峦如聚，波涛如怒，_____。（〔元〕张养浩《山坡羊·潼关怀古》）

14. 天遥地远，_____，知他故宫何处？（〔宋〕赵佶《燕山亭（裁剪冰绡）》）

15. 君应有语：渺万里层云，_____，只影向谁去？（〔金〕元好问《摸鱼儿·雁丘词》）

诗坛戏"水"

根据提示，把下列带"水"字的诗句填写出来。

1. _____，声入洞庭风。（〔南北朝〕张正见《赋得威凤栖梧诗》）

2. _____，无使蛟龙得。（〔唐〕杜甫《梦李白二首·其一》）

3. 归来景常晏，_____。（〔唐〕韦应物《观田家》）

4. _____，悲风过洞庭。（〔唐〕钱起《省试湘灵鼓瑟》）

5. 若非巾柴车，_____。（〔唐〕邱为《寻西山隐者不遇》）

6. _____，芝兰要满庭。（〔宋〕张栻《送祖七侄西归二首·其二》）

7. 山林乾坤静，_____。（〔宋〕文天祥《送三山林溶孙归省》）

8. _____，热不息恶木阴。（〔晋〕陆机《猛虎行》）

9. _____，别意与之谁短长？（〔唐〕李白《金陵酒肆留别》）

10. 自从献宝朝河宗，　　　　　　　。（〔唐〕杜甫《韦讽录事宅观曹将军画马图》）

11. 　　　　　　，濯足洞庭望八荒。（〔唐〕杜甫《寄韩谏议》）

12. 　　　　　　，焉得置之贡玉堂？（〔唐〕杜甫《寄韩谏议》）

13. 铜炉华烛烛增辉，　　　　　　。（〔唐〕李颀《琴歌》）

14. 石鱼湖，似洞庭，　　　　　　。（〔唐〕元结《石鱼湖上醉歌》）

15. 　　　　　　，溪头高卧自威风。（〔宋〕王十朋《卧虎山》）

诗词名"川"

根据提示，把下列带"川"字的诗句填写出来。

1. 　　　　　，阴山下。（〔北朝民歌〕《敕勒歌》）

2. 　　　　　　，惜逝忽若浮。（〔晋〕阮籍《咏怀八十二首·其六十二》）

3. 关山三五月，　　　　　　。（〔南北朝〕徐陵《关山月》）

4. 　　　　　　，嘉鲂得所荐。（〔南北朝〕江淹《李都尉陵从军》）

5. 相送临高台，　　　　　　。（〔唐〕王维《临高台送黎拾遗》）

6. 　　　　　　，凄凉满空洲。（〔唐〕岑参《东归晚次潼关怀古》）

7. 枫叶红霞举，　　　　　　。（〔唐〕刘蕃《状江南·季秋》）

8. 霰雪催残腊，　　　　　　。（〔宋〕张耒《腊日四首·其四》）

9. 　　　　　　，有口莫食首阳蕨。（〔唐〕李白《行路难三首·其三》）

10. 　　　　　，芳草萋萋鹦鹉洲。（〔唐〕崔颢《黄鹤楼》）

11. 誓令疏勒出飞泉，　　　　　　。（〔唐〕王维《老将行》）

12. 茂陵不见封侯印，　　　　　。（〔唐〕温庭筠《苏武庙》）

13. 　　　　　　，云尽遥天霁色空。（〔唐〕刘沧《留别崔澣秀才昆仲》）

14. 　　　　　　，故园三十二年前。（〔现代〕毛泽东《七律·到韶山》）

15. 　　　　　：逝者如斯夫！（〔现代〕毛泽东《水调歌头·游泳》）

诗词大"河"

根据提示，把下列带"河"字的诗句填写出来。

1. _____，绵绵思远道。（〔汉乐府〕《饮马长城窟行》）

2. 欲归家无人，_____。（〔汉乐府〕《悲歌》）

3. _____，犹得备晨炊。（〔唐〕杜甫《石壕吏》）

4. _____，门对孟津口。（〔唐〕王维《杂诗三首·其一》）

5. _____，风雪有行人。（〔唐〕玄宝《路》）

6. _____，体如轻风动流波。（〔南北朝〕刘铄《白纻曲》）

7. _____，奔流到海不复回。（〔唐〕李白《将进酒》）

8. _____，便至四十西营田。（〔唐〕杜甫《兵车行》）

9. _____，一片孤城万仞山。（〔唐〕王之涣《出塞》）

10. 迟迟钟鼓初长夜，_____。（〔唐〕白居易《长恨歌》）

11. _____，乌头虽黑有白时。（〔唐〕白居易《潜别离》）

12. _____，浪淘风簸自天涯。（〔唐〕刘禹锡《浪淘沙词九首·其一》）

13. _____，同到牵牛织女家。（〔唐〕刘禹锡《浪淘沙词九首·其一》）

14. 班姬此夕愁无限，_____。（〔唐〕崔颢《七夕》）

15. 别馆月，_____。（〔唐〕吕温《道州月叹》）

诗词之"江"

根据提示，把下列带"江"字的诗句填写出来。

1. _____，春风花草香。（〔唐〕杜甫《绝句二首·其一》）

2. 月落乌啼霜满天，＿＿＿＿＿＿＿。（〔唐〕张继《枫桥夜泊》）

3. ＿＿＿＿＿＿，海上明月共潮生。（〔唐〕张若虚《春江花月夜》）

4. 滟滟随波千万里，＿＿＿＿＿＿。（〔唐〕张若虚《春江花月夜》）

5. ＿＿＿＿＿＿，月照花林皆似霰。（〔唐〕张若虚《春江花月夜》）

6. ＿＿＿＿＿＿，皎皎空中孤月轮。（〔唐〕张若虚《春江花月夜》）

7. ＿＿＿＿＿＿？江月何年初照人？（〔唐〕张若虚《春江花月夜》）

8. 人生代代无穷已，＿＿＿＿＿＿。（〔唐〕张若虚《春江花月夜》）

9. ＿＿＿＿＿＿，但见长江送流水。（〔唐〕张若虚《春江花月夜》）

10. 江水流春去欲尽，＿＿＿＿＿＿。（〔唐〕张若虚《春江花月夜》）

11. 不知乘月几人归？＿＿＿＿＿＿。（〔唐〕张若虚《春江花月夜》）

12. ＿＿＿＿＿＿，枫叶荻花秋瑟瑟。（〔唐〕白居易《琵琶行》）

13. 醉不成欢惨将别，＿＿＿＿＿＿。（〔唐〕白居易《琵琶行》）

14. 东船西舫悄无言，＿＿＿＿＿＿。（〔唐〕白居易《琵琶行》）

15. 年年后浪推前浪，＿＿＿＿＿＿。（〔现代〕毛泽东《七律·洪都》）

诗词之"湖"

根据提示，把下列带"湖"字的诗句填写出来。

1. ＿＿＿＿＿＿，菡萏发荷花。（〔唐〕李白《子夜四时歌·夏歌》）

2. ＿＿＿＿＿＿，桃花水气春。（〔唐〕白居易《彭蠡湖晚归》）

3. 尺素能相报，＿＿＿＿＿＿？（〔唐〕刘长卿《送姚八之句容旧任便归江南》）

4. ＿＿＿＿＿＿，好登湖上楼。（〔唐〕丘为《湖中寄王侍御》）

5. ＿＿＿＿＿＿，春风不改旧时波。（〔唐〕贺知章《回乡偶书二首·其二》）

6. 日斜江上孤帆影，＿＿＿＿＿＿。（〔唐〕刘长卿《别严士元》）

7. ＿＿＿＿＿＿，豚栅鸡栖半掩扉。（〔唐〕王驾《社日》）

8. 只闻丞相夷三族，＿＿＿＿＿＿＿。（〔唐〕张祜《上元怀古》）

9. ＿＿＿＿＿＿＿，见尽扶桑水到枯。（〔唐〕李群玉《湘妃庙》）

10. ＿＿＿＿＿＿＿，淡妆浓抹总相宜。（〔宋〕苏轼《饮湖上初晴后雨二首·其二》）

11. 山外青山楼外楼，＿＿＿＿＿＿＿？（〔宋〕林升《题临安邸》）

12. ＿＿＿＿＿＿＿，黄尘满袖欲盟鸥。（〔宋〕刘克庄《雪》）

13. 休休莫，＿＿＿＿＿＿＿，不是鸱夷错。（〔宋〕吴潜《点绛唇（禁鼓三敲）》）

14. 明朝事与孤烟冷，＿＿＿＿＿＿、风雨愁人。（〔宋〕吴文英《渡江云三犯·西湖清明》）

15. 更立西江石壁，截断巫山云雨，＿＿＿＿＿＿。（〔现代〕毛泽东《水调歌头·游泳》）

诗词之"海"

根据提示，把下列带"海"字的诗句填写出来。

1. 枯桑知天风，＿＿＿＿＿＿。（〔汉乐府〕《饮马长城窟行》）

2. 高树多悲风，＿＿＿＿＿＿。（〔三国·魏〕曹植《野田黄雀行》）

3. 浮云今可驾，＿＿＿＿＿＿。（〔唐〕王勃《出境游山二首·其一》）

4. ＿＿＿＿＿＿，农夫犹饿死。（〔唐〕李绅《悯农二首·其一》）

5. 迷津欲有问，＿＿＿＿＿＿。（〔唐〕孟浩然《江上思归》）

6. 君不见黄河之水天上来，＿＿＿＿＿＿。（〔唐〕李白《将进酒》）

7. ＿＿＿＿＿＿，古来白骨无人收！（〔唐〕杜甫《兵车行》）

8. ＿＿＿＿＿＿，武皇开边意未已。（〔唐〕杜甫《兵车行》）

9. ＿＿＿＿＿＿，山在虚无缥缈间。（〔唐〕白居易《长恨歌》）

10. 春江潮水连海平，＿＿＿＿＿＿。（〔唐〕张若虚《春江花月夜》）

11. ＿＿＿＿＿＿，碣石潇湘无限路。（〔唐〕张若虚《春江花月夜》）

12. ＿＿＿＿＿＿，秣马龙堆月照营。（〔唐〕岑参《献封大夫破播仙凯歌六

首·其四》）

13. ⬜⬜⬜⬜，友朋情比未为深。（〔唐〕李咸用《和友人喜相遇十首·其十》）

14. 月从海底转天心，⬜⬜⬜⬜。（〔宋〕王庭圭《次韵欧阳叔向水中月》）

15. ⬜⬜⬜⬜，深浅拂，天生红粉真无匹。（〔宋〕欧阳修《渔家傲（二月春耕昌杏密）》）

诗海冲"浪"

根据提示，把下列带"浪"字的诗句填写出来。

1. 平生不可定，⬜⬜⬜⬜。（〔南北朝〕何逊《学古诗三首·其一》）

2. 主人若不顾，⬜⬜⬜⬜。（〔唐〕李白《赠刘都使》）

3. ⬜⬜⬜⬜，入竹万竿斜。（〔唐〕李峤《风》）

4. ⬜⬜⬜⬜，悬崖逆斗风。（〔宋〕沈说《买舟》）

5. ⬜⬜⬜⬜，直挂云帆济沧海。（〔唐〕李白《行路难三首·其一》）

6. ⬜⬜⬜⬜，水边闲坐一绳床。（〔唐〕白居易《秋池》）

7. 南歌未有东西分，⬜⬜⬜⬜。（〔唐〕元稹《酬乐天得微之诗知通州事因成四首·其三》）

8. ⬜⬜⬜⬜，楚客相思益渺然。（〔唐〕刘长卿《自夏口至鹦鹉洲夕望岳阳寄源中丞》）

9. ⬜⬜⬜⬜，津口停舟渡不得。（〔唐〕李颀《送陈章甫》）

10. ⬜⬜⬜⬜，不能废人运酒舫。（〔唐〕元结《石鱼湖上醉歌》）

11. ⬜⬜⬜⬜，更将枯蚌点渔灯。（〔唐〕皮日休《钓侣二章·其二》）

12. ⬜⬜⬜⬜，舟人夜语觉潮生。（〔唐〕卢纶《晚次鄂州》）

13. ⬜⬜⬜⬜，雁逆高风下苇洲。（〔唐〕李中《送庐阜僧归山阳》）

14. ⬜⬜⬜⬜，不见全牛可下刀。（〔宋〕黄庭坚《戏赠水牯庵》）

15. 把酒酹滔滔，⬜⬜⬜⬜。（〔现代〕毛泽东《菩萨蛮·黄鹤楼》）

诗海泛"波"

根据提示，把下列带"波"字的诗句填写出来。

1. ＿＿＿＿＿＿，无使蛟龙得。（〔唐〕杜甫《梦李白二首·其一》）

2. ＿＿＿＿＿＿，舟楫恐失坠。（〔唐〕杜甫《梦李白二首·其二》）

3. ＿＿＿＿＿＿，奔凑似朝东。（〔唐〕岑参《与高适薛据登慈恩寺浮图》）

4. ＿＿＿＿＿＿，妾心井中水。（〔唐〕孟郊《列女操》）

5. ＿＿＿＿＿＿，蝉休露满枝。（〔唐〕李商隐《凉思》）

6. ＿＿＿＿＿＿，冥冥日沉夕。（〔唐〕韦应物《夕次盱眙县》）

7. ＿＿＿＿＿＿，沿洄安得住。（〔唐〕韦应物《初发扬子寄元大校书》）

8. ＿＿＿＿＿＿，鸟亦罢其鸣。（〔唐〕李颀《听董大弹胡笳声兼寄语弄房给事》）

9. ＿＿＿＿＿＿，荷花深处小船通。（〔唐〕白居易《采莲曲》）

10. 观经鸿都尚填咽，＿＿＿＿＿＿。（〔唐〕韩愈《石鼓歌》）

11. 纤云四卷天无河，＿＿＿＿＿＿。（〔唐〕韩愈《八月十五夜赠张功曹》）

12. ＿＿＿＿＿＿，月露谁教桂叶香？（〔唐〕李商隐《无题（重帏深下莫愁堂）》）

13. 今日龙钟人共弃，＿＿＿＿＿＿。（〔唐〕刘长卿《江州重别薛六柳八二员外》）

14. 浣花溪上见卿卿，＿＿＿＿＿＿，黛眉轻。（〔五代〕张泌《江城子（浣花溪上见卿卿）》）

15. ＿＿＿＿＿＿，横箫自向船中坐。（〔元〕王冕《吹箫出峡图》）

诗海惊"涛"

根据提示，把下列带"涛"字的诗句填写出来。

1. 海客谈瀛洲，＿＿＿＿＿＿。（〔唐〕李白《梦游天姥吟留别》）

2. 浙江八月何如此，⬜⬜⬜⬜⬜⬜。（〔唐〕李白《横江词六首·其四》）

3. 海水桑田欲变时，⬜⬜⬜⬜⬜⬜。（〔唐〕白居易《山中五绝句·涧中鱼》）

4. ⬜⬜⬜⬜⬜⬜，头高数丈触山回。（〔唐〕刘禹锡《浪淘沙词九首·其七》）

5. 乱石穿空，⬜⬜⬜⬜，卷起千堆雪。（〔宋〕苏轼《念奴娇·赤壁怀古》）

6. 重感慨，⬜⬜⬜⬜⬜⬜。（〔宋〕黄庭坚《千秋岁（苑边花外）》）

7. 云树绕堤沙，⬜⬜⬜⬜⬜⬜，天堑无涯。（〔宋〕柳永《望海潮（东南形胜）》）

8. 江山如画，⬜⬜⬜⬜，翻输范蠡扁舟。（〔宋〕柳永《双声子（晚天萧索）》）

9. ⬜⬜⬜⬜⬜⬜，手把红旗旗不湿。（〔宋〕潘阆《酒泉子（长忆观潮）》）

10. ⬜⬜⬜⬜⬜⬜，星河欲转千帆舞。（〔宋〕李清照《渔家傲（天接云涛连晓雾）》）

11. 风卷江湖雨暗村，⬜⬜⬜⬜⬜⬜。（〔宋〕陆游《十一月四日风雨大作二首·其一》）

12. 峰峦如聚，⬜⬜⬜⬜⬜⬜，山河表里潼关路。（〔元〕张养浩《山坡羊·潼关怀古》）

13. ⬜⬜⬜⬜⬜，横箫自向船中坐。（〔元〕王冕《吹箫出峡图》）

14. ⬜⬜⬜⬜⬜，雪花飞向钓鱼台。（〔现代〕毛泽东《七绝·观潮》）

15. 艾萧太盛椒兰少，⬜⬜⬜⬜⬜⬜。（〔现代〕毛泽东《七律·屈原》）

诗海"滔"天

根据提示，把下列带"滔"字的诗句填写出来。

1. ⬜⬜⬜⬜⬜⬜，尧咨嗟。（〔唐〕李白《公无渡河》）

2. 江汉浮浮，⬜⬜⬜⬜⬜⬜。（《诗经·大雅·江汉》）

3. ⬜⬜⬜⬜⬜，南国之纪。（《诗经·小雅·四月》）

4. ⬜⬜⬜⬜⬜，草木莽莽。（〔战国〕屈原《怀沙》）

5. _____，鱼鳞鳞兮媵予。（〔战国〕屈原《九歌·河伯》）

6. 霄烟近漠漠，_____。（〔南北朝〕陈叔宝《立春日泛舟玄圃各赋一字六韵成篇》）

7. _____，下民愁悲，上帝愈咨。（〔南北朝〕无名氏《襄陵操》）

8. _____，妨我轻舟理钓丝。（〔宋〕朱翌《观乌龙山瀑布三首·其三》）

9. 问津扬子江头，_____。（〔宋〕陈德武《水龙吟·和雪后过瓜洲渡韵》）

10. _____，飞光忽忽西沉，世间谁是百年人？（〔宋〕朱敦儒《临江仙（堪笑一场颠倒梦）》）

11. _____，挺躯来济苍生灵。（〔明〕朱元璋《咏月诗》）

12. 大河上下，_____。（〔现代〕毛泽东《沁园春·雪》）

13. _____，心潮逐浪高。（〔现代〕毛泽东《菩萨蛮·黄鹤楼》）

14. _____，算人间知己吾和汝。（〔现代〕毛泽东《贺新郎·别友》）

15. 大雨落幽燕，_____，秦皇岛外打鱼船。（〔现代〕毛泽东《浪淘沙·北戴河》）

诗海行"船"

根据提示，把下列带"船"字的诗句填写出来。

1. 欲归家无人，_____。（〔汉乐府〕《悲歌》）

2. 野径云俱黑，_____。（〔唐〕杜甫《春夜喜雨》）

3. 沙明连浦月，_____。（〔唐〕白居易《夜泊旅望》）

4. _____，寄书家中否？（〔唐〕王维《杂诗三首·其一》）

5. 灯影秋江寺，_____。（〔唐〕温庭筠《送僧东游》）

6. 窗含西岭千秋雪，_____。（〔唐〕杜甫《绝句》）

7. _____，举酒欲饮无管弦。（〔唐〕白居易《琵琶行》）

8. ＿＿＿＿＿＿，添酒回灯重开宴。（〔唐〕白居易《琵琶行》）

9. ＿＿＿＿＿＿，唯见江心秋月白。（〔唐〕白居易《琵琶行》）

10. 去来江口守空船，＿＿＿＿＿＿。（〔唐〕白居易《琵琶行》）

11. ＿＿＿＿＿＿，一市春风酒并垆。（〔宋〕司马光《送杨秘丞通判扬州》）

12. 醉后不知天在水，＿＿＿＿＿＿。（〔元〕唐珙《题龙阳县青草湖》）

13. 好借鸱夷盛酒去，＿＿＿＿＿＿。（〔元〕张翥《招韩伯清泛湖二首·其二》）

14. 荷叶五寸荷花娇，＿＿＿＿＿＿。（〔清〕石涛《荷花》）

15. 重到西泠，记芳园载酒，＿＿＿＿＿＿。（〔宋〕周密《秋霁（重到西泠）》）

诗海泛"舟"

根据提示，把下列带"舟"字的诗句填写出来。

1. ＿＿＿＿＿＿，无所喝流声。（〔南北朝〕刘孝绰《棹歌行》）

2. 渔父知世患，＿＿＿＿＿＿。（〔晋〕阮籍《咏怀八十二首·其六十二》）

3. 烟澹月濛濛，＿＿＿＿＿＿。（〔唐〕白居易《江夜舟行》）

4. 风鸣两岸叶，＿＿＿＿＿＿。（〔唐〕孟浩然《宿桐庐江寄广陵旧游》）

5. 居然同物化，＿＿＿＿＿＿？（〔唐〕骆宾王《乐大夫挽词五首·其二》）

6. 桃花迷旧路，＿＿＿＿＿＿。（〔唐〕刘长卿《送姚八之句容旧任便归江南》）

7. ＿＿＿＿＿＿，倏忽遍三吴。（〔宋〕刘敞〔一作司马光〕《送邵兴宗之丹阳》）

8. 新添水槛供垂钓，＿＿＿＿＿＿。（〔唐〕杜甫《江上值水如海势聊短述》）

9. ＿＿＿＿＿＿？何处相思明月楼？（〔唐〕张若虚《春江花月夜》）

10. 吴姬越艳楚王妃，＿＿＿＿＿＿。（〔唐〕王昌龄《采莲曲二首·其一》）

11. ＿＿＿＿＿＿，江南江北互相望。（〔唐〕王勃《秋江送别二首·其二》）

12. ＿＿＿＿＿＿，羡君归老向东吴。（〔唐〕崔颢《维扬送友还苏州》）

13. 只闻丞相夷三族，_____。（〔唐〕张祜《上元怀古》）

14. 犁耕宿雨春风暖，_____。（〔宋〕王用亨《平绿轩》）

15. 那回归去，荡云雪、_____。（〔宋〕姜夔《庆宫春（双桨莼波）》）

诗海扬"帆"

根据提示，把下列带"帆"字的诗句填写出来。

1. 云流千里远，_____。（〔现代〕毛泽东《五言排律·湘江漫游联句》）

2. _____，落日五湖春。（〔唐〕刘长卿《饯别王十一南游》）

3. 乡泪客中尽，_____。（〔唐〕孟浩然《早寒江上有怀》）

4. _____，远水连远树。（〔唐〕皎然《杂言重送皇甫侍御曾》）

5. _____，冥冥鸟去迟。（〔唐〕韦应物《赋得暮雨送李胄》）

6. _____，停舫临孤驿。（〔唐〕韦应物《夕次盱眙县》）

7. _____，枫叶落纷纷。（〔唐〕李白《夜泊牛渚怀古》）

8. 两岸青山相对出，_____。（〔唐〕李白《望天门山》）

9. _____，唯见长江天际流。（〔唐〕李白《黄鹤楼送孟浩然之广陵》）

10. 玉玺不缘归日角，_____。（〔唐〕李商隐《隋宫》）

11. 春风举国裁宫锦，_____。（〔唐〕李商隐《隋堤》）

12. _____，五湖浪向心中白。（〔唐〕贯休《嘲商客》）

13. _____，白帝城边古木疏。（〔唐〕高适《送李少府贬峡中王少府贬长沙》）

14. 云开远见汉阳城，_____。（〔唐〕卢纶《晚次鄂州》）

15. _____，送行淡月微云，尊前不用翠眉颦。（〔宋〕苏轼《临江仙·送钱穆父》）

诗海彼"岸"

根据提示，把下列带"岸"字的诗句填写出来。

1. 哀我填寡，＿＿＿＿＿＿＿。（《诗经·小雅·小宛》）

2. ＿＿＿＿＿＿＿，缘河柳色青。（〔南北朝〕王褒《从军行二首·其一》）

3. ＿＿＿＿＿＿＿，风正一帆悬。（〔唐〕王湾《次北固山下》）

4. ＿＿＿＿＿＿＿，月照一孤舟。（〔唐〕孟浩然《宿桐庐江寄广陵旧游》）

5. ＿＿＿＿＿＿＿，轻舟已过万重山。（〔唐〕李白《早发白帝城》）

6. 李白乘舟将欲行，＿＿＿＿＿＿＿。（〔唐〕李白《赠汪伦》）

7. 渔舟逐水爱山春，＿＿＿＿＿＿＿。（〔唐〕王维《桃源行》）

8. ＿＿＿＿＿＿＿，何处西南任好风？（〔唐〕李商隐《无题（凤尾香罗薄几重）》）

9. ＿＿＿＿＿＿＿，春风吹浪正淘沙。（〔唐〕刘禹锡《浪淘沙九首·其五》）

10. ＿＿＿＿＿＿＿，去日隋堤蓼穗红。（〔唐〕韦庄《自孟津舟西上雨中作》）

11. ＿＿＿＿＿＿＿，今日送君江上头。（〔唐〕元稹《别李十一五绝·其四》）

12. ＿＿＿＿＿＿＿，明月何时照我还？（〔宋〕王安石《泊船瓜洲》）

13. 万里秋风天外意，＿＿＿＿＿＿＿。（〔宋〕欧阳修《鹤》）

14. ＿＿＿＿＿＿＿，争舞红吹白。（〔宋〕石孝友《西地锦（回望玉楼金阙）》）

15. 临水人家深宅院，阶下残花，＿＿＿＿＿＿＿。（〔宋〕张先《蝶恋花（临水人家深宅院）》）

诗词观"日"

根据提示，把下列带"日"字的诗句填写出来。

1. 夸父诞宏志，＿＿＿＿＿＿＿。（〔晋〕陶渊明《读山海经十三首·其九》）

2. _____，握手泪如霰。（〔南北朝〕江淹《李都尉陵从军》）

3. _____，鸟散空林寂。（〔隋〕杨素《山斋独坐赠薛内史诗二首·其一》）

4. _____，汗滴禾下土。（〔唐〕李绅《悯农二首·其二》）

5. _____，马鸣风萧萧。（〔唐〕杜甫《后出塞五首·其二》）

6. _____，蝉鸣枫树黄。（〔唐〕元稹《解秋十首·其三》）

7. _____，人谁感至精？（〔唐〕张九龄《感遇十二首·其三》）

8. _____，清辉照衣裳。（〔唐〕刘眘虚《阙题》）

9. _____，衰疾多时似瘦仙。（〔唐〕白居易《白发》）

10. _____，道是无晴却有晴。（〔唐〕刘禹锡《竹枝词二首·其二》）

11. _____，北风吹雁雪纷纷。（〔唐〕高适《别董大二首·其一》）

12. 丈夫贫贱应未足，_____。（〔唐〕高适《别董大二首·其二》）

13. 飞来山上千寻塔，_____。（〔宋〕王安石《登飞来峰》）

14. _____，眼见四朝全盛时。（〔宋〕邵雍《插花吟》）

15. _____，绿酒一杯歌一遍。（〔南唐〕冯延巳《薄命女（春日宴）》）

诗词赏"月"

根据提示，把下列带"月"字的诗句填写出来。

1. _____，何时可掇？（〔汉〕曹操《短歌行》）

2. _____，潮水带星来。（〔隋〕杨广《春江花月夜二首·其一》）

3. _____，犹疑照颜色。（〔唐〕杜甫《梦李白二首·其一》）

4. 滴泪胡风起，_____。（〔唐〕李中《王昭君》）

5. _____，人约黄昏后。（〔宋〕欧阳修《生查子·元夕》）

6. 钩帘得清景，_____。（〔宋〕孔平仲《发山阳》）

7. _____，树密显高枝。（〔清〕玄烨《咏四面云山》）

8. 俱怀逸兴壮思飞，_____。（〔唐〕李白《宣州谢脁楼饯别校书叔云》）

9. 人攀明月不可得，_____。（〔唐〕李白《把酒问月》）

10. _____，车走雷声语未通。（〔唐〕李商隐《无题(凤尾香罗薄几重)》）

11. 来是空言去绝踪，_____。（〔唐〕李商隐《无题(来是空言去绝踪)》）

12. 夜久无眠秋气清，_____。（〔宋〕朱淑真《秋夜》）

13. _____，隔墙送过秋千影。（〔宋〕张先《青门引·春思》）

14. 起来独自绕阶行，人悄悄，_____。（〔宋〕岳飞《小重山(昨夜寒蛩不住鸣)》）

15. _____，酒入愁肠，化作相思泪。（〔宋〕范仲淹《苏幕遮·怀古》）

诗空摘"星"

根据提示，把下列带"星"字的诗句填写出来。

1. 子兴视夜，_____。（《诗经·郑风·女曰鸡鸣》）

2. 危楼高百尺，_____。（〔唐〕李白《夜宿山寺》）

3. 长歌吟松风，_____。（〔唐〕李白《下终南山过斛斯山人宿置酒》）

4. 岂意贼难料，_____。（〔唐〕杜甫《新安吏》）

5. 捧月三更断，_____。（〔唐〕李商隐《咏云》）

6. 水木深不极，_____。（〔唐〕方干《称心寺中岛》）

7. 明月皎皎照我床，_____。（〔三国·魏〕曹丕《燕歌行二首·其一》）

8. _____，致君尧舜焉肯朽。（〔唐〕杜甫《可叹》）

9. _____，玉楼宴罢醉和春。（〔唐〕白居易《长恨歌》）

10. 迟迟钟鼓初长夜，_____。（〔唐〕白居易《长恨歌》）

11. 天阶夜色凉如水，_____。（〔唐〕杜牧《秋夕》）

12. _____，孤灯未灭梦难成。（〔唐〕李端《闺情》）

13. 穷愁昼夜阴如一，   。（〔宋〕张耒《偶书三首·其二》）

14. 醉后不知天在水，   。（〔元〕唐珙《题龙阳县青草湖》）

15.   ，两三点雨山前。（〔宋〕辛弃疾《西江月·夜行黄沙道中》）

诗词之"光"

根据提示，把下列带"光"字的诗句填写出来。

1.   ，举袖弄双针。（〔南北朝〕刘遵《七夕穿针诗》）

2. 今夕复何夕，   。（〔唐〕杜甫《赠卫八处士》）

3.   ，穷巷牛羊归。（〔唐〕王维《渭川田家》）

4. 淑气催黄鸟，   。（〔唐〕杜审言《和晋陵陆丞早春游望》）

5. 松际露微月，   。（〔唐〕常建《宿王昌龄隐居》）

6.   ，难消夏昼长。（〔唐〕方干《驻紫霞观》）

7.   ，微阳下楚丘。（〔唐〕马戴《楚江怀古三首·其一》）

8. 贵戚权门得笔迹，   。（〔唐〕杜甫《韦讽录事宅观曹将军画马图》）

9. 来如雷霆收震怒，   。（〔唐〕杜甫《观公孙大娘弟子舞剑器行并序》）

10.   ，鬼物图画填青红。（〔唐〕韩愈《谒衡岳庙遂宿岳寺题门楼》）

11. 夜深静卧百虫绝，   。（〔唐〕韩愈《山石》）

12. 荐诸太庙比郜鼎，   ？（〔唐〕韩愈《石鼓歌》）

13.   ，堪向青编万古扬。（〔唐〕勾龙逢《献贺捷诗》）

14.   ，红了樱桃，绿了芭蕉。（〔宋〕蒋捷《一剪梅·舟过吴江》）

15. 飒爽英姿五尺枪，   。（〔现代〕毛泽东《七绝·为女民兵题照》）

诗空赏"云"

根据提示，把下列带"云"字的诗句填写出来。

1. 红颜弃轩冕，　　　　　　　　。（〔唐〕李白《赠孟浩然》）

2. 　　　　　　，游子久不至。（〔唐〕杜甫《梦李白二首·其二》）

3. 　　　　　，妆成上锦车。（〔唐〕刘方平《新春》）

4. 　　　　　，春风拂槛露华浓。（〔唐〕李白《清平调词三首·其一》）

5. 庾信文章老更成，　　　　　　。（〔唐〕杜甫《戏为六绝句·其一》）

6. 　　　　　，芙蓉帐暖度春宵。（〔唐〕白居易《长恨歌》）

7. 　　　　　，仙乐风飘处处闻。（〔唐〕白居易《长恨歌》）

8. 黄埃散漫风萧索，　　　　　　。（〔唐〕白居易《长恨歌》）

9. 　　　　　，其中绰约多仙子。（〔唐〕白居易《长恨歌》）

10. 　　　　　，花冠不整下堂来。（〔唐〕白居易《长恨歌》）

11. 　　　　　，青枫浦上不胜愁。（〔唐〕张若虚《春江花月夜》）

12. 　　　　　，秋日平原好射雕。（〔唐〕王维《出塞》）

13. 　　　　　，直待凌云始道高。（〔唐〕杜荀鹤《小松》）

14. 　　　　　，寒江欲暮，怕过清明燕子时。（〔宋〕方岳《沁园春·用梁权郡韵饯春》）

15. 暖酥消，　　　　，终日厌厌倦梳裹。（〔宋〕柳永《定风波（自春来惨绿愁红）》）

诗园赏"花"

根据提示，把下列带"花"字的诗句填写出来。

1. 　　　　　　，细草当阶积。（〔隋〕杨素《山斋独坐赠薛内史诗二首·其一》）

2. 醉月频中圣，_____。（〔唐〕李白《赠孟浩然》）

3. 来日绮窗前，_____？（〔唐〕王维《杂诗三首·其二》）

4. 解落三秋叶，_____。（〔唐〕李峤《风》）

5. 去年元夜时，_____。（〔宋〕欧阳修《生查子·元夕》）

6. 一朵忽先变，_____。（〔宋〕陈亮《梅花》）

7. 浔阳江头夜送客，_____。（〔唐〕白居易《琵琶行》）

8. _____，幽咽泉流冰下难。（〔唐〕白居易《琵琶行》）

9. _____，往往取酒还独倾。（〔唐〕白居易《琵琶行》）

10. 江流宛转绕芳甸，_____。（〔唐〕张若虚《春江花月夜》）

11. _____，可怜春半不还家。（〔唐〕张若虚《春江花月夜》）

12. 去年花里逢君别，_____。（〔唐〕韦应物《寄李儋元锡》）

13. _____，独立疏篱趣未穷。（〔宋〕郑思肖《寒菊》）

14. _____，丝丝天棘出莓墙。（〔宋〕王淇《春暮游小园》）

15. _____，一种相思，两处闲愁。（〔宋〕李清照《一剪梅（红藕香残玉簟秋）》》）

诗园寻"草"

根据提示，把下列带"草"字的诗句填写出来。

1. _____，惜与故人违。（〔唐〕孟浩然《留别王侍御维》）

2. 何物最先知？_____。（〔唐〕孟郊《春雨后》）

3. 白云依静渚，_____。（〔唐〕刘长卿《寻南溪常山道人隐居》）

4. 风枝惊暗鹊，_____。（〔唐〕戴叔伦《江乡故人偶集客舍》）

5. _____，离别正堪悲。（〔唐〕卢纶《李端公》）

6. _____，处处伴愁颜。（〔唐〕司空曙《贼平后送人北归》）

7. _____，故人殊未来。（〔唐〕韦庄《章台夜思》）

8. _____，蝌蚪自滋生。（〔宋〕赵希迈《蛙》）

9. 金粟堆前木已拱，_____。（〔唐〕杜甫《观公孙大娘弟子舞剑器行并序》）

10. _____，终古垂杨有暮鸦。（〔唐〕李商隐《隋宫》）

11. 虏塞兵气连云屯，_____。（〔唐〕岑参《轮台歌奉送封大夫出师西征》）

12. _____，寒林空见日斜时。（〔唐〕刘长卿《长沙过贾谊宅》）

13. _____，汉使断肠对归客。（〔唐〕李颀《听董大弹胡笳声兼寄语弄房给事》）

14. 疏松影落空坛静，_____。（〔唐〕韩翃《同题仙游观》）

15. 三分春事二分休，_____。（〔宋〕苏泂《听雨诗》）

诗林植"树"

根据提示，把下列带"树"字的诗句填写出来。

1. _____，百草丰茂。（〔汉〕曹操《观沧海》）

2. _____，千山响杜鹃。（〔唐〕王维《送梓州李使君》）

3. 山中一夜雨，_____。（〔唐〕王维《送梓州李使君》）

4. 孤帆带孤屿，_____。（〔唐〕皎然《杂言重送皇甫侍御曾》）

5. _____，疲马入城迟。（〔宋〕梅尧臣《暝》）

6. 君臣已与时际会，_____。（〔唐〕杜甫《古柏行》）

7. _____，行尽青溪不见人。（〔唐〕王维《桃源行》）

8. _____，近入千家散花竹。（〔唐〕王维《桃源行》）

9. _____，百般红紫斗芳菲。（〔唐〕韩愈《晚春二首·其二》）

10. 鸾翔凤翥众仙下，_____。（〔唐〕韩愈《石鼓歌》）

11. _____，万条垂下绿丝绦。（〔唐〕贺知章《咏柳》）

12. 泉眼无声惜细流，_____。（〔宋〕杨万里《小池》）

13. 水痕深，花信足，_____。（〔宋〕张炎《祝英台近·与周草窗话旧》）

14. 长记曾携手处，_____、西湖寒碧。（〔宋〕姜夔《暗香（旧时月色）》）

15. _____，小桥流水人家，古道西风瘦马。（〔元〕马致远《天净沙·秋思》）

诗词有"木"

根据提示，把下列带"木"字的诗句填写出来。

1. _____，不可休思。（《诗经·周南·汉广》）

2. 新家孟城口，_____。（〔唐〕王维《孟城坳》）

3. _____，北风江上寒。（〔唐〕孟浩然《早寒江上有怀》）

4. _____，时有水禽鸣。（〔唐〕张籍《野寺后池寄友》）

5. 猿啼洞庭树，_____。（〔唐〕马戴《楚江怀古三首·春一》）

6. 写啭清弦里，_____。（〔唐〕李峤《莺》）

7. _____，高泉尽日飞。（〔唐〕方干《登雪窦僧家》）

8. 渴不饮盗泉水，_____。（〔晋〕陆机《猛虎行》）

9. 山寂寂兮无人，_____。（〔唐〕王维《送友人归山歌二首·其一》）

10. 君臣已与时际会，_____。（〔唐〕杜甫《古柏行》）

11. _____，寥落寒山对虚牖。（〔唐〕王维《老将行》）

12. 青枫江上秋帆远，_____。（〔唐〕高适《送李少府贬峡中王少府贬长沙》）

13. 江上月明胡雁过，_____。（〔唐〕刘长卿《江州重别薛六柳八二员外》）

14. _____，十年征戍忆辽阳。（〔唐〕沈佺期《古意呈补阙乔知之》）

15. _____，溪傍山石烂如泥。（〔宋〕韦骧《度烂溪（独木为桥度烂溪）》）

诗词造"林"

根据提示，把下列带"林"字的诗句填写出来。

1. 有鹙在梁，　　　　　　　　。(《诗经·小雅·白华》)

2. 自顾无长策，　　　　　　　　。(〔唐〕王维《酬张少府》)

3. 北土非吾愿，　　　　　　　　。(〔唐〕孟浩然《秦中感秋寄远上人》)

4. 　　　　　　　　，开轩览物华。(〔唐〕孟浩然《清明日宴梅道士房》)

5. 野烟含夕渚，　　　　　　　　。(〔唐〕王勃《夜兴》)

6. 闲依农圃邻，　　　　　　　　。(〔唐〕柳宗元《溪居》)

7. 　　　　　　　　，闻风坐相悦。(〔唐〕张九龄《感遇十二首·其一》)

8. 凉月挂层峰，　　　　　　　　。(〔唐〕顾况《山中夜宿》)

9. 天地如蒸湿，　　　　　　　　。(〔唐〕王驾《夏雨》)

10. 熊咆龙吟殷岩泉，　　　　　　　　。(〔唐〕李白《梦游天姥吟留别》)

11. 江流宛转绕芳甸，　　　　　　　　。(〔唐〕张若虚《春江花月夜》)

12. 　　　　　　　　，春城紫禁晓阴阴。(〔唐〕钱起《赠阙下裴舍人》)

13. 　　　　　　　　，人间何必仕公卿？(〔宋〕郑獬《致政李祠部》)

14. 　　　　　　　　，薇蕨清风生瑞芝。(〔宋〕陈著《赞前人第四子良汉周岁》)

15. 平冈细草鸣黄犊，　　　　　　　　。(〔宋〕辛弃疾《鹧鸪天（陌上柔桑破嫩芽）》)

诗词飘"香"

根据提示，把下列带"香"字的诗句填写出来。

1. 可怜零落蕊，　　　　　　　　。(〔唐〕王建《题所赁宅牡丹花》)

85

2. 一朵忽先变，〔宋〕陈亮《梅花》

3. 宝扇迎归九华帐。（〔唐〕王维《洛阳女儿行》）

4. 碧文圆顶夜深缝。（〔唐〕李商隐《无题（凤尾香罗薄几重）》）

5. 风波不信菱枝弱，？（〔唐〕李商隐《无题（重帏深下莫愁堂）》）

6. 收得山丹红蕊粉，（〔唐〕王建《宫词一百首·其四十一》）

7. 疏松影落空坛静，（〔唐〕韩翃《同题仙游观》）

8. 云鬟罢梳还对镜，（〔唐〕薛逢《宫词》）

9. 拟托良媒益自伤。（〔唐〕秦韬玉《贫女》）

10. 本资民用反为殃。（〔明〕于谦《入京》）

11. 万人丛中一握手，（〔清〕龚自珍《投宋于庭》）

12. 杏花红，月明杨柳风。（〔唐〕牛峤《更漏子（星渐稀）》）

13. 几度春深豆蔻梢。（〔宋〕李吕《鹧鸪天·寄情》）

14. 花时爱与愁相续。（〔宋〕辛弃疾《东坡引（花梢红未足）》）

15. 零落成泥碾作尘，（〔宋〕陆游《卜算子·咏梅》）

诗林觅"杨"

根据提示，把下列带"杨"字的诗句填写出来。

1. 绮罗不自持。（〔南北朝〕沈约《春咏诗》）

2. 袅袅上春中。（〔南北朝〕张正见《折杨柳》）

3. 槐色阴清昼，（〔唐〕王维《送丘为往唐州》）

4. 裙妒石榴花。（〔唐〕白居易《和春深二十首·其二十》）

5. 芳草滋旧根。（〔唐〕岑参《春遇南使，贻赵知音》）

6. 娇韵落梅风。（〔唐〕李峤《莺》）

7. 兴来携妓恣经过，？（〔唐〕李白《忆旧游寄谯郡元参军》）

8. 此时行乐难再遇，_____。（〔唐〕李白《忆旧游寄谯郡元参军》）

9. _____，青鸟飞去衔红巾。（〔唐〕杜甫《丽人行》）

10. _____，去日隋堤蓼穗红。（〔唐〕韦庄《自孟津舟西上雨中作》）

11. _____，春风先我入皇州。（〔宋〕王安石《寄平甫》）

12. 问春何去？乱随风飞坠，_____。（〔宋〕何梦桂《酹江月·感旧再和前韵》）

13. 年芳易失，_____，谩自惜。（〔宋〕周密《秋霁》）

14. _____。秋风起、边城一片离索。（〔宋〕姜夔《凄凉犯（绿杨巷陌）》）

15. 我失骄杨君失柳，_____。（〔现代〕毛泽东《蝶恋花·答李淑一》）

诗林寻"柳"

根据提示，把下列带"柳"字的诗句填写出来。

1. 新家孟城口，_____。（〔唐〕王维《孟城坳》）

2. 浙云近吴见，_____。（〔唐〕贾岛《送沈秀才下第东归》）

3. _____，花明草尽长。（〔唐〕齐己《春兴》）

4. _____，芳芽缀柔柯。（〔宋〕韩维《同魏进道晚过湖上》）

5. _____，轻薄桃花逐水流。（〔唐〕杜甫《绝句漫兴九首·其五》）

6. 归来池苑皆依旧，_____。（〔唐〕白居易《长恨歌》）

7. _____，对此如何不泪垂！（〔唐〕白居易《长恨歌》）

8. 诗家清景在新春，_____。（〔唐〕杨巨源《城东早春》）

9. 犁锄相踵地力尽，_____。（〔宋〕方德麟《春日田园杂兴》）

10. 终来不似西湖好，_____。（〔宋〕施枢《雪坡以雨阻山行有诗因亦次韵》）

11. _____，坠轻絮无影。（〔宋〕张先《剪牡丹·舟中闻双琵琶》）

12. _____，人约黄昏后。（〔宋〕欧阳修《生查子·元夕》）

13. 候馆梅残，_____。（〔宋〕欧阳修《踏莎行（候馆梅残）》）

14. _____，碧桃深巷，回首曾行乐。（〔宋〕何梦桂《酹江月·感旧再和前韵》）

15. _____。帘外潇潇微雨、做轻寒。（〔宋〕苏轼《虞美人（深深庭院清明过）》）

诗园结"果"

根据提示，把下列带"果"字的诗句填写出来。

1. _____，亦施于宇。（《诗经·豳风·东山》）

2. 嘉肴重叠来，_____。（〔三国·魏〕曹丕《夏日诗》）

3. _____，灯下草虫鸣。（〔唐〕王维《秋夜独坐》）

4. _____，羁策任蛮儿。（〔唐〕李贺《马诗二十三首·其八》）

5. _____，全身以为宝。（〔唐〕李白《赠韦侍御黄裳二首·其二》）

6. 鲜肥属时禁，_____。（〔唐〕韦应物《郡斋雨中与诸文士燕集》）

7. _____，寒蝉落叶中。（〔唐〕羊士谔《山寺题壁》）

8. _____，工夫在诗外。（〔宋〕陆游《示子遹》）

9. 渌潭桂楫浮青雀，_____。（〔隋〕杨广《江都宫乐歌》）

10. 虎可搏，河难凭，_____。（〔唐〕李白《公无渡河》）

11. _____，溪友得钱留白鱼。（〔唐〕杜甫《解闷十二首·其一》）

12. _____，水萤穿竹不停飞。（〔唐〕项斯《宿山寺》）

13. 直南即是阴陵路，_____。（〔宋〕范成大《睢水》）

14. _____，惜春啼鸟怒人攀。（〔宋〕王十朋《九华山九首·其六》）

15. _____，拜月桂花影里。（〔清〕胡纫荪《念奴娇·中秋坐月和姑大人韵》）

诗园摘"桃"

根据提示，把下列带"桃"字的诗句填写出来。

1. _____，报之以琼瑶。（《诗经·卫风·木瓜》）

2. 丹灶初开火，_____。（〔唐〕孟浩然《清明日宴梅道士房》）

3. _____，萍叶荡归舟。（〔唐〕刘长卿《送姚八之句容旧任便归江南》）

4. _____，不及汪伦送我情。（〔唐〕李白《赠汪伦》）

5. 人间四月芳菲尽，_____。（〔唐〕白居易《大林寺桃花》）

6. 何处曾经同望月？_____。（〔唐〕白居易《感月悲逝者》）

7. 渔舟逐水爱山春，_____。（〔唐〕王维《桃源行》）

8. _____，不辨仙源何处寻。（〔唐〕王维《桃源行》）

9. 画阁朱楼尽相望，_____。（〔唐〕王维《洛阳女儿行》）

10. _____，洞在清溪何处边？（〔唐〕张旭《桃花溪》）

11. _____，未央前殿月轮高。（〔唐〕王昌龄《春宫曲》）

12. 长笛声中海月飞，_____。（〔唐〕李中《怀旧夜吟寄赵杞》）

13. 雨如梅子初黄日，_____。（〔宋〕陆游《雨中遣怀》）

14. _____，说与凄凉意。愁无际。（〔宋〕周邦彦《点绛唇·伤感》）

15. 细柳重门，_____，回首曾行乐。（〔宋〕何梦桂《酹江月·感旧再和前韵》）

诗园觅"李"

根据提示，把下列带"李"字的诗句填写出来。

1. 南山有杞，_____。（《诗经·小雅·南山有台》）

89

2. _____，报之以琼玖。（《诗经·卫风·木瓜》）

3. 瓜田不纳履，_____。（〔汉乐府〕《君子行》）

4. 南国有佳人，_____。（〔三国·魏〕曹植《杂诗七首·其四》）

5. _____，谁能久荧荧？（〔晋〕阮籍《咏怀八十二首·其十四》）

6. _____，灼灼有辉光。（〔晋〕阮籍《咏怀八十二首·其十六》）

7. _____，成蹊将天伤。（〔晋〕阮籍《咏怀八十二首·其二十一》）

8. _____，二月柳争梅。（〔南北朝〕江总《雉子斑》）

9. 风蒲猎猎小池塘，过雨荷花满院香，_____。（〔宋〕李重元《忆王孙·夏词》）

10. 李白前时原有月，_____。（〔明〕唐寅《把酒对月歌》）

11. _____，月在青天几圆缺？（〔明〕唐寅《把酒对月歌》）

12. 今人犹歌李白诗，_____。（〔明〕唐寅《把酒对月歌》）

13. _____，白与明月安能知！（〔明〕唐寅《把酒对月歌》）

14. _____，我今百杯复千首。（〔明〕唐寅《把酒对月歌》）

15. _____，料应月不嫌我丑。（〔明〕唐寅《把酒对月歌》）

诗林一"叶"

根据提示，把下列带"叶"字的诗句填写出来。

1. 明朝挂帆席，_____。（〔唐〕李白《夜泊牛渚怀古》）

2. _____，青楼自管弦。（〔唐〕李商隐《风雨》）

3. _____？寒云路几层？（〔唐〕李商隐《北青萝》）

4. _____，长亭酒一瓢。（〔唐〕许浑《秋日赴阙题潼关驿楼》）

5. _____，自觉老烟波。（〔唐〕许浑《早秋三首·其一》）

6. _____，灯下白头人。（〔唐〕司空曙《喜外弟卢纶见宿》）

7. 凉月挂层峰，＿＿＿＿＿＿＿。（〔唐〕顾况《山中夜宿》）

8. ＿＿＿＿＿＿＿，低低半搭篷。（〔宋〕沈说《买舟》）

9. 鸿飞冥冥日月白，＿＿＿＿＿＿＿。（〔唐〕杜甫《寄韩谏议》）

10. 苦心岂免容蝼蚁？＿＿＿＿＿＿＿。（〔唐〕杜甫《古柏行》）

11. ＿＿＿＿＿＿＿，荷花深处小船通。（〔唐〕白居易《采莲曲》）

12. 升堂坐阶新雨足，＿＿＿＿＿＿＿。（〔唐〕韩愈《山石》）

13. ＿＿＿＿＿＿＿，难得闲人话白云。（〔唐〕王建《晚秋病中》）

14. ＿＿＿＿＿＿＿，酴醾香里柳绵飞。（〔宋〕徐玑《春晚》）

15. ＿＿＿＿＿＿＿，葱葱鼠耳翠成双。（〔宋〕范成大《夏日田园杂兴十二绝·其八》）

诗词之"根"

根据提示，把下列带"根"字的诗句填写出来。

1. ＿＿＿＿＿＿＿，口如含朱丹。（〔汉乐府〕《孔雀东南飞》）

2. ＿＿＿＿＿＿＿，李树代桃僵。（〔汉乐府〕《鸡鸣》）

3. ＿＿＿＿＿＿＿，伤根葵不生。（〔汉〕《古诗二首·其一》）

4. 似叶飘辞树，＿＿＿＿＿＿＿。（〔唐〕白居易《途中题山泉》）

5. ＿＿＿＿＿＿＿，不如遭弃捐。（〔唐〕白居易《京兆府新栽莲》）

6. ＿＿＿＿＿＿＿，天街雪似盐。（〔唐〕李贺《马诗二十三首·其二》）

7. ＿＿＿＿＿＿＿，比兴得佳人。（〔宋〕刘敞《芷亭（籍甚离骚后）》）

8. ＿＿＿＿＿＿＿，凌霜势不摧。（〔宋〕文彦博《问栝》）

9. ＿＿＿＿＿＿＿，还我旧山河。（〔宋〕朱继芳《题丘芳仲月林》）

10. ＿＿＿＿＿＿＿，天地阔远随飞扬。（〔唐〕韩愈《听颖师弹琴》）

11. ＿＿＿＿＿＿＿，心地忘机酒半酣。（〔唐〕白居易《琴酒》）

12. ＿＿＿＿＿＿＿，会尽山中寂静源。（〔唐〕皮日休《奉和鲁望闲居杂题五首·

醒闻桧》）

13. ＿＿＿＿＿＿＿，炊烟不起自酸辛。（〔宋〕王炎《田间麦秀因成绝句》）

14. ＿＿＿＿＿＿＿，幻化须知花有神。（〔宋〕叶耷《送芍药·其一》）

15. 倚杖月生人影瘦，＿＿＿＿＿＿＿。（〔宋〕陆游《睡起已亭午终日凉甚有赋》）

诗林听"鸟"

根据提示，把下列带"鸟"字的诗句填写出来。

1. ＿＿＿＿＿＿＿，白旆央央。（《诗经·小雅·六月》）

2. 蝉噪林逾静，＿＿＿＿＿＿＿。（〔南北朝〕王籍《入若耶溪》）

3. 日出远岫明，＿＿＿＿＿＿＿。（〔隋〕杨素《山斋独坐赠薛内史》）

4. ＿＿＿＿＿＿＿，江猿啸晚风。（〔唐〕李白《江夏别宋之悌》）

5. 已见寒梅发，＿＿＿＿＿＿＿。（〔唐〕王维《杂诗三首·其三》）

6. ＿＿＿＿＿＿＿，磴叠上鱼鳞。（〔唐〕王勃《出境游山二首·其一》）

7. ＿＿＿＿＿＿＿，因之传远情。（〔唐〕张九龄《感遇十二首·其二》）

8. ＿＿＿＿＿＿＿，羌迅高而难当。（〔战国〕屈原《九章·思美人》）

9. 杨花雪落覆白苹，＿＿＿＿＿＿＿。（〔唐〕杜甫《丽人行》）

10. 老去诗篇浑漫兴，＿＿＿＿＿＿＿。（〔唐〕杜甫《江上值水如海势聊短述》）

11. ＿＿＿＿＿＿＿，在地愿为连理枝。（〔唐〕白居易《长恨歌》）

12. ＿＿＿＿＿＿＿，伥魂夜啸虎行多。（〔唐〕元稹《酬乐天得微之诗知通州事因成四首·其三》）

13. ＿＿＿＿＿＿＿，一派寒冰忽开散。（〔唐〕卢纶《陈翃郎中北亭送侯钊侍御赋得带冰流歌》）

14. 来往白云知岁久，＿＿＿＿＿＿＿。（〔唐〕马戴《送僧二首·其二》）

15. ＿＿＿＿＿＿＿，隔江闻夜笛。（〔宋〕周密《闻鹊喜·吴山观涛》）

诗苑猎"兽"

根据提示，把下列带"兽"字的诗句填写出来。

1. 建旐设旄，_____。(《诗经·小雅·车攻》)

2. 义门近横塘，_____。(〔晋〕傅玄《长歌行》)

3. 龙舟移棹晚，_____。(〔唐〕杜甫《寄李十二白二十韵》)

4. 凄凉大同殿，_____。(〔唐〕杜甫《北征》)

5. _____，弓势月初三。(〔唐〕白居易《秋思》)

6. _____，步步比肩行。(〔唐〕白居易《长相思》)

7. 千钟合尧禹，_____。(〔唐〕李世民《帝京篇十首·其八》)

8. 《离骚》喻草香，_____。(〔宋〕欧阳修《七交七首·梅主簿》)

9. _____，貂裘狐白相宜。(〔唐〕刘蕃《忆长安·十一月》)

10. _____，草苴比而不芳。(〔战国〕屈原《九章·悲回风》)

11. _____，蛮馆四方犀入苑。(〔唐〕白居易《驯犀》)

12. 蒐于岐阳骋雄俊，_____。(〔唐〕韩愈《石鼓歌》)

13. _____，水滴铜龙昼漏长。(〔唐〕薛逢《宫词》)

14. 薄雾浓云愁永昼，_____。(〔宋〕李清照《醉花阴(薄雾浓云愁永昼)》)

15. _____，办金船、羔酒镕脂。(〔宋〕王沂孙《声声慢·催雪》)

诗林捉"虫"

根据提示，把下列带"虫"字的诗句填写出来。

1. 后任竖刁，_____。(〔汉〕曹操《善哉行三首·其一》)

2. _____，李树代桃僵。（〔汉乐府〕《鸡鸣》）

3. 叫曙嗷嗷雁，_____。（〔唐〕白居易《江夜舟行》）

4. 气收禾黍熟，_____。（〔唐〕元稹《咏廿四气诗·处暑七月中》）

5. 风枝惊暗鹊，_____。（〔唐〕戴叔伦《江乡故人偶集客舍》）

6. _____，造化借羽翼。（〔唐〕卢仝《蜻蜓歌》）

7. _____，清月出岭光入扉。（〔唐〕韩愈《山石》）

8. 今夜偏知春气暖，_____。（〔唐〕刘方平《月夜》）

9. 卷帘飞燕还拂水，_____。（〔唐〕李商隐《水斋》）

10. _____，日西蝉噪古槐风。（〔唐〕刘沧《留别崔澣秀才昆仲》）

11. 秋野明，秋风白，_____。（〔唐〕李贺《南山田中行》）

12. 绿水青山枉自多，_____。（〔现代〕毛泽东《七律二首·送瘟神·其一》）

13. 尊前谈笑人依旧，_____。（〔现代〕毛泽东《七律·和周世钊同志》）

14. 春来我不先开口，_____？（〔现代〕毛泽东《七绝·咏蛙》）

15. _____，全无敌。（〔现代〕毛泽东《满江红·和郭沫若同志》）

诗苑捕"鱼"

根据提示，把下列带"鱼"字的诗句填写出来。

1. 鱼戏莲叶间。_____，_____，_____，_____。（〔汉乐府〕《江南》）

2. 客从远方来，_____。（〔汉乐府〕《饮马长城窟行》）

3. _____，中有尺素书。（〔汉乐府〕《饮马长城窟行》）

4. 沧江好烟月，_____。（〔唐〕杜牧《旅宿》）

5. _____，天寒梦泽深。（〔唐〕孟浩然《与诸子登岘山》）

6. 水月通禅寂，＿＿＿＿＿＿＿。（〔唐〕钱起《送僧归日本》）

7. 鸿雁长飞光不度，＿＿＿＿＿＿。（〔唐〕张若虚《春江花月夜》）

8. 良人玉勒乘骢马，＿＿＿＿＿＿。（〔唐〕王维《洛阳女儿行》）

9. 才饮长沙水，＿＿＿＿＿。（〔现代〕毛泽东《水调歌头·游泳》）

10. 清清见卵石，＿＿＿＿＿。（〔现代〕毛泽东《五言诗·井》）

11. 千里波涛滚滚来，＿＿＿＿＿＿。（〔现代〕毛泽东《七绝·观潮》）

12. 莫道昆明池水浅，＿＿＿＿＿。（〔现代〕毛泽东《七律·和柳亚子先生》）

13. 夏日消溶，江河横溢，＿＿＿＿＿＿。（〔现代〕毛泽东《念奴娇·昆仑》）

14. 大雨落幽燕，白浪滔天，＿＿＿＿＿＿。（〔现代〕毛泽东《浪淘沙·北戴河》）

15. 鹰击长空，＿＿＿＿＿，万类霜天竞自由。（〔现代〕毛泽东《沁园春·长沙》）

"龙"腾诗空

根据提示，把下列带"龙"字的诗句填写出来。

1. 一朝长鸣去，＿＿＿＿＿。（〔唐〕李白《送张秀才从军》）

2. 天子重开边，＿＿＿＿＿。（〔唐〕王勃《陇西行十首·其六》）

3. 水深波浪阔，＿＿＿＿＿。（〔唐〕杜甫《梦李白二首·其一》）

4. ＿＿＿＿＿，一洗万古凡马空。（〔唐〕杜甫《丹青引赠曹将军霸》）

5. 曾貌先帝照夜白，＿＿＿＿＿。（〔唐〕杜甫《韦讽录事宅观曹将军画马图》）

6. 君不见金粟堆前松柏里，＿＿＿＿＿＿＿＿。（〔唐〕杜甫《韦讽录事宅观曹将军画马图》）

7. ＿＿＿＿＿，万籁百泉相与秋。（〔唐〕李颀《听安万善吹觱篥歌》）

8. ＿＿＿＿＿，料敌谋攻后出师。（〔宋〕文彦博《题筹笔驿》）

9. _____，犹制小诗赋管弦。（〔现代〕毛泽东《七绝二首·纪念鲁迅八十寿辰·其一》）

10. 骤雨东风对远湾，_____。（〔现代〕毛泽东《七律·游学即景》）

11. _____，孔学名高实秕糠。（〔现代〕毛泽东《七律·读〈封建论〉呈郭老》）

12. _____，搅得周天寒彻。（〔现代〕毛泽东《念奴娇·昆仑》）

13. 今日长缨在手，_____？（〔现代〕毛泽东《清平乐·六盘山》）

14. 红旗越过汀江，_____。（〔现代〕毛泽东《清平乐·蒋桂战争》）

15. _____，齐声唤，前头捉了张辉瓒。（〔现代〕毛泽东《渔家傲·反第一次大"围剿"》）

"虎"跃诗山

根据提示，把下列带"虎"字的诗句填写出来。

1. _____，浸渍解胶漆。（〔汉〕孔融《临终诗》）

2. _____，于焉自休息。（〔唐〕李白《商山四皓》）

3. 神与枣兮如瓜，_____。（〔唐〕王维《送友人归山歌二首·其一》）

4. _____，肯数邺下黄须儿？（〔唐〕王维《老将行》）

5. 陈侯立身何坦荡，_____。（〔唐〕李颀《送陈章甫》）

6. 别后料添新梦寐，_____。（〔唐〕元稹《别李十一五绝·其四》）

7. _____，回首眈眈气象雄。（〔宋〕王十朋《卧虎山》）

8. _____，烟草漫漫青万里。（〔宋〕文天祥《望郢州》）

9. 凶恶之人，所居之处，_____，使人怕怖。（〔宋〕邵雍《偶书》）

10. _____，懦夫奋臂。（〔现代〕毛泽东《四言诗》）

11. 师称机械化，_____。（〔现代〕毛泽东《五律·挽戴安澜将军》）

12. _____，天翻地覆慨而慷。（〔现代〕毛泽东《七律·人民解放军占

领南京》）

13. ＿＿＿＿＿＿，更无豪杰怕熊罴。（〔现代〕毛泽东《七律·冬云》）

14. ＿＿＿＿＿＿，绿荫树下养精神。（〔现代〕毛泽东《七绝·咏蛙》）

15. ＿＿＿＿＿＿，泪飞顿作倾盆雨。（〔现代〕毛泽东《蝶恋花·答李淑一》）

诗坛逐"鹿"

根据提示，把下列带"鹿"字的诗句填写出来。

1. ＿＿＿＿＿＿，食野之苹。（《诗经·小雅·鹿鸣》）

2. ＿＿＿＿＿＿，食野之蒿。（《诗经·小雅·鹿鸣》）

3. ＿＿＿＿＿＿，食野之芩。（《诗经·小雅·鹿鸣》）

4. ＿＿＿＿＿＿，区宇以宁。（〔现代〕毛泽东《四言诗·祭黄帝陵》）

5. ＿＿＿＿＿＿，可值千万余。（〔汉乐府〕《陌上桑》）

6. ＿＿＿＿＿＿，逐之若飞蓬。（〔唐〕李白《登广武古战场怀古》）

7. ＿＿＿＿＿＿，日暮隐蓬蒿。（〔唐〕王维《春园即事》）

8. 机心久已忘，＿＿＿＿＿＿？（〔唐〕柳宗元《秋晓行南谷经荒村》）

9. 霜落熊升树，＿＿＿＿＿＿。（〔宋〕梅尧臣《鲁山山行》）

10. 人随沙路向江村，＿＿＿＿＿＿。（〔唐〕孟浩然《夜归鹿门山歌》）

11. ＿＿＿＿＿＿，忽到庞公栖隐处。（〔唐〕孟浩然《夜归鹿门山歌》）

12. 迸泉飒飒飞木末，＿＿＿＿＿＿。（〔唐〕李颀《听董大弹胡笳声兼寄语弄房给事》）

13. 别君去兮何时还？＿＿＿＿＿＿，须行即骑访名山。（〔唐〕李白《梦游天姥吟留别》）

14. ＿＿＿＿＿＿，不知终日梦为鱼。（〔宋〕黄庭坚《杂诗七首·其一》）

15. 繁华处，悄无睹，＿＿＿＿＿＿。（〔宋〕柳永《双声子（晚天萧索）》）

诗苑牧"羊"

根据提示，把下列带"羊"字的诗句填写出来。

1. ＿＿＿＿＿＿＿＿，车轮为之摧。（〔汉〕曹操《苦寒行》）

2. ＿＿＿＿＿＿＿，各已闭柴门。（〔唐〕杜甫《日暮》）

3. ＿＿＿＿＿＿＿，读罢泪沾襟。（〔唐〕孟浩然《与诸子登岘山》）

4. ＿＿＿＿＿＿，千年岘首碑。（〔唐〕齐己《读岘山碑》）

5. 斜阳照墟落，＿＿＿＿＿＿＿＿。（〔唐〕王维《渭川田家》）

6. 剑戟归田尽，＿＿＿＿＿＿＿。（〔唐〕张仲素《王昭君》）

7. 高秋禾黍多，＿＿＿＿＿＿＿。（〔唐〕刘驾《田西边》）

8. 小弟闻姊来，＿＿＿＿＿＿＿。（〔北朝民歌〕《木兰诗》）

9. 天苍苍，野茫茫，＿＿＿＿＿＿＿。（〔北朝民歌〕《敕勒歌》）

10. ＿＿＿＿＿＿，会须一饮三百杯。（〔唐〕李白《将进酒》）

11. 五月相呼渡太行，＿＿＿＿＿＿＿。（〔唐〕李白《忆旧游寄谯郡元参军》）

12. 云边雁断胡天月，＿＿＿＿＿＿＿。（〔唐〕温庭筠《苏武庙》）

13. ＿＿＿＿＿＿，绝胜九仞见回鸾。（〔宋〕毛滂《次韵曹子方》）

14. 今夜送归灯火冷，河塘，＿＿＿＿＿＿＿。（〔宋〕苏轼《南乡子·和杨元素。时移守密州》）

15. 鲲鹏展翅，九万里，＿＿＿＿＿＿。（〔现代〕毛泽东《念奴娇·鸟儿问答》）

诗人骑"驴"

根据提示，把下列带"驴"字的诗句填写出来。

1. ＿＿＿＿＿＿，旅食京华春。（〔唐〕杜甫《奉赠韦左丞丈二十二韵》）

2. ⬜⬜⬜⬜，肥马当风嘶。（〔唐〕白居易《秦中吟十首·伤友》）

3. 不见三公后，⬜⬜⬜⬜⬜。（〔唐〕韩愈《符读书城南》）

4. 乌尖峰顶水，⬜⬜⬜⬜。（〔宋〕王栐《白水山》）

5. 骅骝拳跼不能食，⬜⬜⬜⬜。（〔唐〕李白《答王十二寒夜独酌有怀》）

6. ⬜⬜⬜⬜，一回言别泪千行。（〔唐〕卢纶《赠别李纷》）

7. ⬜⬜⬜⬜⬜，静投孤店日初沉。（〔唐〕孙定《寄孙储》）

8. 郊外凌兢西复东，⬜⬜⬜⬜。（〔唐〕唐彦谦《忆孟浩然》）

9. ⬜⬜⬜⬜，想见先生未病时。（〔宋〕苏轼《次荆公韵四绝·其三》）

10. 往日崎岖还记否？⬜⬜⬜⬜⬜。（〔宋〕苏轼《和子由渑池怀旧》）

11. 此身合是诗人未？⬜⬜⬜⬜。（〔宋〕陆游《剑门道中遇微雨》）

12. ⬜⬜⬜⬜，爱酒一樽常在旁。（〔宋〕陆游《自嘲》）

13. ⬜⬜⬜⬜，嵬昂不须宗武扶。（〔宋〕陆游《夜从父老饮酒村店作》）

14. 又对团团红树，⬜⬜⬜⬜，山水澹丰容。（〔宋〕王灼《水调歌头（长江飞鸟外）》）

15. 此身今在幻人宫，⬜⬜⬜⬜⬜，分付马牛风。（〔宋〕王千秋《临江仙（者也之乎真太错）》）

诗厩相"马"

根据提示，把下列带"马"字的诗句填写出来。

1. ⬜⬜⬜⬜，欲行远道迷。（〔唐〕李白《奔亡道中五首·其五》）

2. 草枯鹰眼疾，⬜⬜⬜⬜。（〔唐〕王维《观猎》）

3. 巢禽投树尽，⬜⬜⬜⬜。（〔宋〕梅尧臣《暝》）

4. 开门半山月，⬜⬜⬜⬜。（〔元〕方夔《早行》）

5. ⬜⬜⬜⬜，举酒欲饮无管弦。（〔唐〕白居易《琵琶行》）

6. 登山寻水应无力，⬜⬜⬜⬜。（〔唐〕白居易《寄题庐山旧草堂兼呈二

林寺道侣》)

7. ＿＿＿＿＿，秋日平原好射雕。(〔唐〕王维《出塞作》)

8. ＿＿＿＿＿，汉家将赐霍嫖姚。(〔唐〕王维《出塞作》)

9. ＿＿＿＿＿，雕眄青云睡眼开。(〔唐〕刘禹锡《始闻秋风》)

10. 出门莫恨无人随，＿＿＿＿＿。(〔宋〕赵恒《劝学诗》)

11. 酒肉如山鼓吹喧，＿＿＿＿＿。(〔宋〕陆游《梦范参政》)

12. ＿＿＿＿＿，岂若妇女不下堂？(〔宋〕陆游《陇头水》)

13. 九州生气恃风雷，＿＿＿＿＿。(〔清〕龚自珍《己亥杂诗·其一百二十五》)

14. 来相召、＿＿＿＿＿，谢他酒朋诗侣。(〔宋〕李清照《永遇乐（落日熔金）》)

15. 曲岸持觞，＿＿＿＿＿，此地曾轻别。(〔宋〕辛弃疾《念奴娇·书东流村壁》)

诗词真"牛"

根据提示，把下列带"牛"字的诗句填写出来。

1. ＿＿＿＿＿，松高白鹤眠。(〔唐〕李白《寻雍尊师隐居》)

2. ＿＿＿＿＿，青天无片云。(〔唐〕李白《夜泊牛渚怀古》)

3. 斜光照墟落，＿＿＿＿＿。(〔唐〕王维《渭川田家》)

4. 白雾鱼龙气，＿＿＿＿＿。(〔唐〕孟云卿《汴河阻风》)

5. 大厦如倾要梁栋，＿＿＿＿＿。(〔唐〕杜甫《古柏行》)

6. ＿＿＿＿＿，谁复著手为摩挲？(〔唐〕韩愈《石鼓歌》)

7. 此日六军同驻马，＿＿＿＿＿。(〔唐〕李商隐《马嵬》)

8. ＿＿＿＿＿，市南门外泥中歇。(〔唐〕白居易《卖炭翁》)

9. 手把文书口称敕，＿＿＿＿＿。(〔唐〕白居易《卖炭翁》)

10. 半匹红绡一丈绫，＿＿＿＿＿。(〔唐〕白居易《卖炭翁》)

11. 班姬此夕愁无限，_____。（〔唐〕崔颢《七夕》）

12. 华亭浪说吹毛剑，_____。（〔宋〕黄庭坚《戏赠水牯庵》）

13. _____，高田低田齐下秧。（〔宋〕方岳《题曹兄耕绿轩》）

14. 横眉冷对千夫指，_____。（〔近现代〕鲁迅《自嘲》）

15. 此身今在幻人宫，要将驴佛我，_____。（〔宋〕王千秋《临江仙（者也之乎真太错）》）

诗词有"物"

根据提示，把下列带"物"字的诗句填写出来。

1. _____，谁论世上名？（〔唐〕孟浩然《自洛之越》）

2. 林卧愁春尽，_____。（〔唐〕孟浩然《清明日宴梅道士房》）

3. 独有宦游人，_____。（〔唐〕杜审言《和晋陵陆丞早春游望》）

4. _____，夜凉清机发。（〔唐〕宋之问《卧闻嵩山钟》）

5. 基构白石层，_____。（〔宋〕冯山《开州盛山十二题·其一·宿云亭》）

6. _____，且用交里闾。（〔宋〕陆游《晚秋农家八首·其四》）

7. 声有隐而相感兮，_____。（〔战国〕屈原《九章·悲回风》）

8. 忆昔霓旌下南苑，_____。（〔唐〕杜甫《哀江头》）

9. 居人共住武陵源，_____。（〔唐〕王维《桃源行》）

10. 纷墙丹柱动光彩，_____。（〔唐〕韩愈《谒衡岳庙遂宿岳寺题门楼》）

11. 雨淋日炙野火燎，_____。（〔唐〕韩愈《石鼓歌》）

12. _____，休将文字占时名。（〔唐〕柳宗元《衡阳与梦得分路赠别》）

13. _____，四座无言星欲稀。（〔唐〕李颀《琴歌》）

14. _____，饱饮游神向悬圃。（〔唐〕齐己《读李白集》）

15. _____，尘埃分付与人闲。（〔宋〕陈著《到梅山处三首·其一》）

诗词有"神"

根据提示，把下列带"神"字的诗句填写出来。

1. ＿＿＿＿＿＿，犹有竟时。（〔汉〕曹操《龟虽寿》）

2. 裳衣佩云气，＿＿＿＿＿＿。（〔晋〕阮籍《咏怀八十二首·其四十九》）

3. ＿＿＿＿＿，阴阳割昏晓。（〔唐〕杜甫《望岳》）

4. ＿＿＿＿＿，虎卖杏兮收谷。（〔唐〕王维《送友人归山歌二首·其一》）

5. 南京久客耕南亩，＿＿＿＿＿。（〔唐〕杜甫《进艇》）

6. ＿＿＿＿＿，万念千忧一时歇。（〔唐〕白居易《啄木曲》）

7. ＿＿＿＿＿，老鱼跳波瘦蛟舞。（〔唐〕李贺《李凭箜篌引》）

8. 令人忽忆潇湘渚，＿＿＿＿＿。（〔唐〕刘禹锡《浪淘沙词九首·其九》）

9. 人间物象不供取，＿＿＿＿＿。（〔唐〕齐己《读李白集》）

10. 莫道人生难际会，＿＿＿＿＿。（〔唐〕韩偓《偶见背面是夕兼梦》）

11. 诗书渐与心为一，＿＿＿＿＿。（〔宋〕胡寅《和单令》）

12. ＿＿＿＿＿，子母相依孝义山。（〔宋〕王十朋《九华山九首·其六》）

13. ＿＿＿＿＿？满眼风光北固楼。（〔宋〕辛弃疾《南乡子·登京口北固亭有怀》）

14. 当日丹青谁第一？＿＿＿＿＿。（〔元〕柯九思《题赵松雪画马》）

15. ＿＿＿＿＿，薄幸如何销得？（〔宋〕宋江《念奴娇（天南地北）》）

诗词之"人"

根据提示，把下列带"人"字的诗句填写出来。

1. ＿＿＿＿＿，良人其良。（〔清〕戚惠琳《素履之往》）

2. 灰心寄枯宅，_____。（〔晋〕阮籍《咏怀八十二首·其六十五》）

3. _____，云傍马头生。（〔唐〕李白《送友人入蜀》）

4. _____，动如参与商。（〔唐〕杜甫《赠卫八处士》）

5. _____，未有不阴时。（〔唐〕杜甫《人日二首·其一》）

6. _____，长歌楚天碧。（〔唐〕柳宗元《溪居》）

7. _____，滞虑洗孤清。（〔唐〕张九龄《感遇十二首·其三》）

8. 销磨岁月成高位，_____。（〔唐〕白居易《喜入新年自咏》）

9. 今朝人日逢人喜，_____。（〔唐〕司空图《乙丑人日》）

10. 芳菲歇去何须恨，_____。（〔宋〕秦观《三月晦日偶题》）

11. 一岁还随一岁来，_____。（〔宋〕刘敞《立春日过荐福寺》）

12. _____，借问蚕姑无个在。（〔元〕王冕《陌上桑》）

13. 闲来写就青山卖，_____。（〔明〕唐寅《言志》）

14. _____，欢也飘零，悲也飘零，都作连江点点萍。（〔清〕王国维《采桑子（高城鼓动兰釭灺）》）

15. _____，岁岁重阳，今又重阳。（〔现代〕毛泽东《采桑子·重阳》）

诗人之"身"

根据提示，把下列带"身"字的诗句填写出来。

1. 脚著谢公屐，_____。（〔唐〕李白《梦游天姥吟留别》）

2. _____，事简疏交游。（〔唐〕宗密《座右铭》）

3. 处世闲难得，_____。（〔唐〕许棠《新年呈友》）

4. 欲往从之梁父艰，_____。（〔汉〕张衡《四愁诗》）

5. 欲往从之湘水深，_____。（〔汉〕张衡《四愁诗》）

6. 欲往从之陇阪长，_____。（〔汉〕张衡《四愁诗》）

7. 欲往从之雪雰雰， _____ 。（〔汉〕张衡《四愁诗》）

8. 吾观自古贤达人， _____ 。（〔唐〕李白《行路难三首·其三》）

9. 且乐生前一杯酒， _____ ？（〔唐〕李白《行路难三首·其三》）

10. _____ ，不废江河万古流。（〔唐〕杜甫《戏为六绝句·其二》）

11. _____ ，一日日知前事非。（〔唐〕白居易《将归渭村先寄舍弟》）

12. 卖炭得钱何所营？ _____ 。（〔唐〕白居易《卖炭翁》）

13. _____ ，五千貂锦丧胡尘。（〔唐〕陈陶《陇西行四首·其二》）

14. 一气同生天地人， _____ ？（〔宋〕辛弃疾《偶作》）

15. _____ ，要将驴佛我，分付马牛风。（〔宋〕王千秋《临江仙（者也之乎真太错）》）

诗人有"心"

根据提示，把下列带"心"字的诗句填写出来。

1. _____ ，载饥载渴。（《诗经·小雅·采薇》）

2. _____ ，如匪浣衣。（《诗经·邶风·柏舟》）

3. _____ ，于我归处。（《诗经·曹风·蜉蝣》）

4. _____ ，于我归息。（《诗经·曹风·蜉蝣》）

5. _____ ，于我归说。（《诗经·曹风·蜉蝣》）

6. 迹与孤云远， _____ 。（〔唐〕韦应物《赠丘员外二首·其一》）

7. 私自怜兮何极？ _____ 。（〔战国〕宋玉《九辩》）

8. 改过必生智慧， _____ 。（〔唐〕慧能《无相颂》）

9. _____ ，欲自适而不可。（〔战国〕屈原《离骚》）

10. _____ ，等闲平地起波澜。（〔唐〕刘禹锡《竹枝词九首·其七》）

11. 眼看菊蕊重阳泪， _____ 。（〔唐〕白居易《陵园妾》）

12. 识者阅见一生事，_____。（〔唐〕高适《送蔡山人》）

13. 年年桥上行人过，_____？（〔唐〕胡曾《咏史诗·豫让桥》）

14. 辽鹤归来，_____。（〔宋〕周邦彦《点绛唇·伤感》）

15. _____，追忆去年游。（〔宋〕张孝祥《水调歌头·桂林中秋》）

诗人泣"血"

根据提示，把下列带"血"字的诗句填写出来。

1. _____，哀今征敛无。（〔唐〕杜甫《客从》）

2. 春旱天地昏，_____。（〔唐〕杜甫《喜雨》）

3. _____，随鸾撼玉珂。（〔唐〕李贺《马诗二十三首·其二十二》）

4. 朝避猛虎，夕避长蛇；_____，杀人如麻。（〔唐〕李白《蜀道难》）

5. _____，白骨相撑如乱麻。（〔唐〕李白《扶风豪士歌》）

6. _____，深涧游鱼乐不知。（〔唐〕白居易《山中五绝句·涧中鱼》）

7. 弓断阵前争日月，_____。（〔唐〕栖一《项王庙》）

8. _____，不信东风唤不回。（〔宋〕王令《送春》）

9. 壮志饥餐胡虏肉，_____。（〔宋〕岳飞《满江红·写怀》）

10. 平生故人端有几？_____。（〔宋〕陆游《梦范参政》）

11. 从今别却江南路，_____。（〔宋〕文天祥《金陵驿二首·其一》）

12. _____，半脱骊龙颔下须。（〔宋〕文天祥《金陵驿二首·其二》）

13. 独倚花锄泪暗洒，_____。（〔清〕曹雪芹《葬花吟》）

14. _____，千里空收骏骨，正目断关河路绝。（〔宋〕辛弃疾《贺新郎·同父见和，再用韵答之》）

15. 从头越，苍山如海，_____。（〔现代〕毛泽东《忆秦娥·娄山关》）

诗人多"情"

根据提示，把下列带"情"字的诗句填写出来。

1. 语已多，_____。（〔五代〕牛希济《生查子（春山烟欲收）》）

2. _____，略相似。（〔宋〕辛弃疾《贺新郎（甚矣吾衰矣）》）

3. _____，热如火。（〔元〕管道升《我侬词》）

4. _____，无悲亦无思。（〔晋〕阮籍《咏怀八十二首·其六十五》）

5. 三夜频梦君，_____。（〔唐〕杜甫《梦李白二首·其二》）

6. _____，竟夕起相思。（〔唐〕张九龄《望月怀远》）

7. 持此谢高鸟，_____。（〔唐〕张九龄《感遇十二首·其二》）

8. 忙时向闲处，_____。（〔唐〕杜荀鹤《登天台寺》）

9. _____，梦绕吴峰翠。（〔宋〕谢逸《千秋岁·咏夏景》）

10. _____，如列宿之错置。（〔战国〕屈原《九章·昔往日》）

11. _____，又蔽而莫之白。（〔战国〕屈原《九章·惜诵》）

12. 思报德兮邈已绝，_____。（〔晋〕嵇康《思亲诗》）

13. 愁奈何兮悲思多，_____。（〔晋〕嵇康《思亲诗》）

14. 言迟更速皆应手，_____。（〔唐〕李颀《听董大弹胡笳声兼寄语弄房给事》）

15. _____，生不相从死相从。（〔清〕董小宛《与冒辟疆》）

诗人有"恨"

根据提示，把下列带"恨"字的诗句填写出来。

1. _____，离杯惜共传。（〔唐〕司空曙《云阳馆与韩绅宿别》）

2. 脸浓花自发，_____。（〔唐〕张祜《题苏小小墓》）

3. _____，人间得盛名。（〔唐〕方干《过朱协律故山》）

4. 学书初学卫夫人，_____。（〔唐〕杜甫《丹青引赠曹将军霸》）

5. 天长地久有时尽，_____。（〔唐〕白居易《长恨歌》）

6. _____，贫贱夫妻百事哀。（〔唐〕元稹《遣悲怀三首·其二》）

7. _____，更隔蓬山一万重。（〔唐〕李商隐《无题（来是空言去绝踪）》）

8. 他年锦里经祠庙，_____。（〔唐〕李商隐《筹笔驿》）

9. _____，霄汉长怀捧日心。（〔唐〕钱起《赠阙下裴舍人》）

10. _____，为他人作嫁衣裳。（〔唐〕秦韬玉《贫女》）

11. _____，楼上花枝笑独眠。（〔唐〕皇甫冉《春思》）

12. 惊起却回头，_____。（〔宋〕苏轼《卜算子·黄州定慧院寓居作》）

13. _____，几度春深豆蔻梢。（〔宋〕李吕《鹧鸪天·寄情》）

14. _____，恨古人不见吾狂耳。（〔宋〕辛弃疾《贺新郎（甚矣吾衰矣）》）

15. 悲风成阵，_____，碑铭残缺应难认。（〔元〕张养浩《山坡羊·北邙山怀古》）

诗人惜"别"

根据提示，把下列带"别"字的诗句填写出来。

1. _____，生别常恻恻。（〔唐〕杜甫《梦李白二首·其一》）

2. _____，儿女忽成行。（〔唐〕杜甫《赠卫八处士》）

3. _____，何处还相遇？（〔唐〕韦应物《初发扬子寄元大校书》）

4. _____，鬓丝生几缕。（〔唐〕韦应物《长安遇冯著》）

5. 难作别时心，_____。（〔唐〕皎然《杂言重送皇甫侍御曾》）

6. _____，不似相逢好。（〔宋〕晏几道《生查子（关山魂梦长）》）

7. 飘零疏酒盏，_____。（〔宋〕秦观《千秋岁（水边沙外）》）

8. _____？且放白鹿青崖间，须行即骑访名山。（〔唐〕李白《梦游天姥吟留别》）

9. 请君试问东流水，_____？（〔唐〕李白《金陵酒肆留别》）

10. _____，胡骑长驱五六年。（〔唐〕杜甫《恨别》）

11. _____，嘶马出门思旧乡。（〔唐〕李颀《送陈章甫》）

12. _____，重见云英掌上身。（〔唐〕罗隐《偶题/嘲钟陵妓云英》）

13. _____，一寸离肠千万结。（〔唐〕韦庄《应天长（别来半岁音书绝）》）

14. 难相见，_____，又是玉楼花似雪。（〔唐〕韦庄《应天长（别来半岁音书绝）》）

15. _____，触目柔肠断。（〔南唐〕李煜《清平乐（别来春半）》）

诗人"离"殇

根据提示，把下列带"离"字的诗句填写出来。

1. 入春才七日，_____。（〔隋〕薛道衡《人日思归》）

2. _____，同是宦游人。（〔唐〕王勃《送杜少府之任蜀州》）

3. _____，宗族忍相遗。（〔唐〕杜甫《奉使崔都水翁下峡》）

4. _____，见尔当何秋？（〔唐〕韦应物《送杨氏女》）

5. 故关衰草遍，_____。（〔唐〕卢纶《李端公》）

6. _____，长大一相逢。（〔唐〕李益《喜见外弟又言别》）

7. 更有明朝恨，_____。（〔唐〕司空曙《云阳馆与韩绅宿别》）

8. 蕃汉断消息，_____。（〔唐〕张籍《没蕃故人》）

9. _____，南来驿使疏。（〔宋〕刘克庄《得家讯一首》）

10. 别来半岁音书绝，_____。（〔唐〕韦庄《应天长（别来半岁音书绝）》）

11. 细看来，不是杨花点点，_____。（〔宋〕苏轼《水龙吟·次韵章质夫杨花词》）

12. 晓来谁染霜林醉？_____。（〔元〕王实甫《长亭送别》）
13. 惊回首，_____。（〔现代〕毛泽东《十六字令三首·其一》）
14. 晓来百念都灰烬，_____。（〔现代〕毛泽东《虞美人·枕上》）
15. _____，国有疑难可问谁？（〔现代〕毛泽东《七律·吊罗荣桓同志》）

诗词多"愁"

根据提示，把下列带"愁"字的诗句填写出来。

1. 君子多苦心，_____。（〔汉〕曹操《善哉行三首·其三》）
2. 雁思来天北，_____。（〔唐〕白居易《秋思》）
3. _____，情郁结兮不可化。（〔晋〕嵇康《思亲诗》）
4. 日色已尽花含烟，_____。（〔唐〕李白《长相思三首·其一》）
5. _____，此时无声胜有声。（〔唐〕白居易《琵琶行》）
6. 白云一片去悠悠，_____。（〔唐〕张若虚《春江花月夜》）
7. 城上高楼接大荒，_____。（〔唐〕柳宗元《登柳州城楼寄漳汀封连四州刺史》）
8. _____，更教明月照流黄？（〔唐〕沈佺期《古意呈补阙乔知之》）
9. 金陵津渡小山楼，_____。（〔唐〕张祜《题金陵渡》）
10. _____，河汉三更看斗牛。（〔唐〕崔颢《七夕》）
11. 争知我，倚栏杆处，_____！（〔宋〕柳永《八声甘州（对潇潇暮雨洒江天）》）
12. _____，谩长门夜悄，锦筝弹怨。（〔宋〕张炎《解连环·孤雁》）
13. _____，鬓丝几缕茶烟里。（〔宋〕陆游《渔家傲·寄仲高》）
14. 只恐双溪舴艋舟，_____！（〔宋〕李清照《武陵春·春晚》）
15. _____，春在溪头荠菜花。（〔宋〕辛弃疾《鹧鸪天·代人赋》）

诗人善"感"

根据提示，把下列带"感"字的诗句填写出来。

1. 恺恻慈祥，_____。（〔现代〕毛泽东《四言诗·祭母文》）

2. _____，踯躅南城隈。（〔现代〕毛泽东《五古·挽易昌陶》）

3. _____四坐皆欢悦。（〔汉〕曹操《善哉行三首·其三》）

4. _____恨别鸟惊心。（〔唐〕杜甫《春望》）

5. 十觞亦不醉，_____。（〔唐〕杜甫《赠卫八处士》）

6. 日夕怀空意，_____？（〔唐〕张九龄《感遇十二首·其二》）

7. 居闲始自遣，_____。（〔唐〕韦应物《送杨氏女》）

8. _____，遂教方士殷勤觅。（〔唐〕白居易《长恨歌》）

9. _____，却坐促弦弦转急。（〔唐〕白居易《琵琶行》）

10. _____，酬恩一寸岁寒心。（〔唐〕白居易《除忠州寄谢崔相公》）

11. _____，输肝剖胆效英才。（〔唐〕李白《行路难三首·其二》）

12. _____，宾从杂沓实要津。（〔唐〕杜甫《丽人行》）

13. 与余问答既有以，_____。（〔唐〕杜甫《观公孙大娘弟子舞剑器行并序》）

14. 潜心默祷若有应，_____？（〔唐〕韩愈《谒衡岳庙遂宿岳寺题门楼》）

15. _____，不解潜销逸妒心。（〔宋〕李纲《谒寇忠愍祠堂六首·其六》）

诗人洒"泪"

根据提示，把下列带"泪"字的诗句填写出来。

1. 日暮浮云滋，_____。（〔南北朝〕江淹《李都尉陵从军》）

2. 围腰无一尺，[   ]。（〔南北朝〕庾信《王昭君》）

3. 歌罢仰天叹，[   ]。（〔唐〕杜甫《羌村三首·其三》）

4. 一声何满子，[   ]。（〔唐〕张祜《宫词二首·其一》）

5. 忧来思君不敢忘，[   ]。（〔三国·魏〕曹丕《燕歌行二首·其一》）

6. 夜深忽梦少年事，[   ]。（〔唐〕白居易《琵琶行》）

7. [   ]，夜深前殿按歌声。（〔唐〕白居易《后宫词》）

8. 纱窗日落渐黄昏，[   ]。（〔唐〕刘方平《春怨》）

9. [   ]，米粮丝税将奈何？（〔元〕王冕《陌上桑》）

10. [   ]，背灯眠，玉钗横枕边。（〔唐〕牛峤《更漏子（星渐稀）》）

11. [   ]，乱红飞过秋千去。（〔宋〕欧阳修《蝶恋花（庭院深深深
几许）》）

12. [   ]，淡烟芳草连云远。（〔宋〕张先《蝶恋花（临水人家深宅院）》）

13. 叶落灞陵如翦，[   ]。（〔宋〕张先《玉联环·送临淄相公》）

14. 明月楼高休独倚，酒入愁肠，[   ]。（〔宋〕范仲淹《苏幕遮·怀旧》）

15. [   ]，红霞万朵百重衣。（〔现代〕毛泽东《七律·答友人》）

诗人傲"骨"

根据提示，把下列带"骨"字的诗句填写出来。

1. 黄尘足今古，[   ]。（〔唐〕王昌龄《塞下曲》）

2. [   ]，转于僮仆亲。（〔唐〕崔涂《巴山道中除夜有怀》）

3. 倚岩顾我笑，[   ]。（〔唐〕宋之问《卧闻嵩山钟》）

4. [   ]，天地终无情。（〔唐〕杜甫《新安吏》）

5. 夜深经战场，[   ]。（〔唐〕杜甫《北征》）

6. 虽同君臣有旧礼，[   ]。（〔唐〕杜甫《杜鹃行》）

7. 腾骧磊落三万匹，ㅤㅤㅤㅤㅤ。（〔唐〕杜甫《韦讽录事宅观曹将军画马图》）

8. ㅤㅤㅤㅤㅤ，忍使骅骝气凋丧。（〔唐〕杜甫《丹青引赠曹将军霸》）

9. 金鞭断折九马死，ㅤㅤㅤㅤㅤ。（〔唐〕杜甫《哀王孙》）

10. 虏塞兵气连云屯，ㅤㅤㅤㅤㅤ。（〔唐〕岑参《轮台歌奉送封大夫出师西征》）

11. ㅤㅤㅤㅤㅤ，空见蒲桃入汉家。（〔唐〕李颀《古从军行》）

12. ㅤㅤㅤㅤㅤ，犹是春闺梦里人。（〔唐〕陈陶《陇西行四首·其二》）

13. 神爽朗，ㅤㅤㅤㅤㅤ，壶天日月旧因缘。（〔宋〕李鼐《鹧鸪天（种得门阑五福全）》）

14. ㅤㅤㅤㅤㅤ，人生无处不青山。（〔现代〕毛泽东《七绝·改诗赠父亲》）

15. 一从大地起风雷，ㅤㅤㅤㅤㅤ。（〔现代〕毛泽东《七律·和郭沫若同志》）

诗词多"肉"

根据提示，把下列带"肉"字的诗句填写出来。

1. 结交在相知，ㅤㅤㅤㅤㅤ？（〔汉乐府〕《箜篌谣》）

2. 落地为兄弟，ㅤㅤㅤㅤㅤ？（〔晋〕陶渊明《杂诗》）

3. 官高何足论，ㅤㅤㅤㅤㅤ。（〔唐〕杜甫《佳人》）

4. ㅤㅤㅤㅤㅤ，派别从兹始。（〔唐〕白居易《和答诗十首·和分水岭》）

5. ㅤㅤㅤㅤㅤ，发少头清凉。（〔唐〕白居易《旱热二首·其二》）

6. ㅤㅤㅤㅤㅤ，蓄怒时未扬。（〔唐〕孟郊《猛将吟》）

7. ㅤㅤㅤㅤㅤ，不解上青天。（〔唐〕李贺《马诗二十三首·其二十三》）

8. 医得眼前疮，ㅤㅤㅤㅤㅤ。（〔唐〕聂夷中《伤田家》）

9. 饿虎不食子，ㅤㅤㅤㅤㅤ。（〔唐〕聂夷中《过比干墓》）

10. ㅤㅤㅤㅤㅤ，恩割伤不收。（〔宋〕王令《饿虎不食子》）

11. ㅤㅤㅤㅤㅤ，豹死有皮留。（〔宋〕刘克庄《寄题沙县死事祝将祠堂》）

12. 谁道群生性命微? _____。(〔唐〕白居易《鸟》)

13. _____, 古人忧国愿年丰。(〔宋〕王安石《苦雨》)

14. _____, 有时巾褐过城南。(〔宋〕刘克庄《鹤会三首·其二》)

15. 老夫昔是青城客, _____? (〔宋〕陆游《假中闭户终日偶得绝句三首·其二》)

诗苑采"茶"

根据提示, 把下列带"茶"字的诗句填写出来。

1. 食罢一觉睡, _____。(〔唐〕白居易《食后》)

2. 驱愁知酒力, _____。(〔唐〕白居易《赠东邻王十三》)

3. _____, 腰暖日阳中。(〔唐〕白居易《闲卧寄刘同州》)

4. 薪拾纷纷叶, _____。(〔唐〕贯休《赠灵鹫山道润禅师院》)

5. 诗战蜂腰怯, _____。(〔宋〕左纬《九峰》)

6. _____, 霜荔锦幨垂。(〔宋〕叶适《项君先有幽兴堂其子木即以名庵》)

7. 商人重利轻别离, _____。(〔唐〕白居易《琵琶行》)

8. _____, 月明沽酒过溪南。(〔唐〕许浑《秋晚怀茅山石涵村舍》)

9. 未须绝迹便餐霞, _____。(〔宋〕邓肃《和邹宣教》)

10. _____, 乱山深处长官清。(〔宋〕苏轼《新城道中二首·其二》)

11. 唤得南村跛童子, _____。(〔宋〕陆游《题老学庵壁》)

12. _____, 江山满眼随处游。(〔元〕王冕《吹箫出峡图》)

13. 酒困路长惟欲睡, _____, 敲门试问野人家。(〔宋〕苏轼《浣溪沙(簌簌衣巾落枣花)》)

14. 芳菲歇, 养蚕天气, _____。(〔宋〕刘克庄《忆秦娥·暮春》)

15. 愁无寐, _____。(〔宋〕陆游《渔家傲·寄仲高》)

诗坛品"酒"

根据提示，把下列带"酒"字的诗句填写出来。

1. _____，与子偕老。(《诗经·郑风·女日鸡鸣》)

2. _____，遣兴莫过诗。(〔唐〕杜甫《可惜》)

3. 开轩面场圃，_____。(〔唐〕孟浩然《过故人庄》)

4. 欢言得所憩，_____。(〔唐〕李白《下终南山过斛斯山人宿置酒》)

5. _____，能更几回眠？(〔唐〕高适《醉后赠张九旭》)

6. 强欲登高去，_____。(〔唐〕岑参《行军九日思长安故园》)

7. _____，已负邻翁期。(〔宋〕王观《九日石庄阻雨》)

8. 头上花枝照酒卮，_____。(〔宋〕邵雍《插花吟》)

9. _____，车马结束有行色。(〔宋〕陆游《梦范参政》)

10. 春日宴，_____。(〔南唐〕冯延巳《薄命女（春日宴）》)

11. 歌再起，人再舞，_____。(〔宋〕辛弃疾《乌夜啼（晚花露叶风条）》)

12. 寒食后，_____。(〔宋〕苏轼《望江南·暮春》)

13. 来相召、香车宝马，_____。(〔宋〕李清照《永遇乐（落日熔金）》)

14. 明月楼高休独倚，_____，化作相思泪。(〔宋〕范仲淹《苏幕遮·怀旧》)

15. _____，高咏谁听？(〔现代〕夏承焘《浪淘沙·过七里泷》)

诗中买"醉"

根据提示，把下列带"醉"字的诗句填写出来。

1. _____，迷花不事君。(〔唐〕李白《赠孟浩然》)

114

2. _____，狂歌五柳前。（〔唐〕王维《辋川闲居赠裴秀才迪》）

3. 童颜若可驻，_____？（〔唐〕孟浩然《清明日宴梅道士房》）

4. 江汉曾为客，_____。（〔唐〕韦应物《淮上喜会梁川故人》）

5. _____，此别数年期。（〔唐〕韦应物《送宣城路录事》）

6. _____，相留畏晓钟。（〔唐〕戴叔伦《江乡故人偶集客舍》）

7. _____，雷鼓动山川。（〔唐〕卢纶《塞下曲六首·其四》）

8. 金星妆成娇侍夜，_____。（〔唐〕白居易《长恨歌》）

9. _____，别时茫茫江浸月。（〔唐〕白居易《琵琶行》）

10. 其余便被春收拾，_____。（〔唐〕白居易《白发》）

11. _____，犹残口业未抛诗。（〔唐〕白居易《寄题庐山旧草堂兼呈二林寺道侣》）

12. 生涯岂料承优诏？_____。（〔唐〕刘长卿《江州重别薛六柳八二员外》）

13. 且欲竟寻彭泽宰，_____。（〔唐〕崔曙《九日登望仙台呈刘明府》）

14. 他年功业定如何，_____。（〔宋〕王十朋《戏酬毛虞卿见和》）

15. _____，今见康强九九年。（〔宋〕李鼐《鹧鸪天（种得门阑五福全）》）

诗词含"烟"

根据提示，把下列带"烟"字的诗句填写出来。

1. 渡头余落日，_____。（〔唐〕王维《辋川闲居赠裴秀才迪》）

2. _____，门系钓鱼船。（〔唐〕杜牧《旅宿》）

3. 凄凄去亲爱，_____。（〔唐〕韦应物《初发扬子寄元大校书》）

4. _____，挥手泪沾巾。（〔唐〕刘长卿《饯别王十一南游》）

5. 岭猿同旦暮，_____。（〔唐〕刘长卿《新年作》）

6. 淮南一叶下，_____。（〔唐〕许浑《早秋三首·其一》）

7. 孤灯寒照雨，_____。（〔唐〕司空曙《云阳馆与韩绅宿别》）

8. 其余七匹亦殊绝，_____。（〔唐〕杜甫《韦讽录事宅观曹将军画马图》）

9. _____，将军下笔开生面。（〔唐〕杜甫《丹青引赠曹将军霸》）

10. _____，影动倒景摇潇湘。（〔唐〕杜甫《寄韩谏议》）

11. _____，女乐余姿映寒日。（〔唐〕杜甫《观公孙大娘弟子舞剑器行并序》）

12. _____，忽到庞公栖隐处。（〔唐〕孟浩然《夜归鹿门山歌》）

13. 天明独去无道路，_____。（〔唐〕韩愈《山石》）

14. _____，欸乃一声山水绿。（〔唐〕柳宗元《渔翁》）

15. _____，汉兵屯在轮台北。（〔唐〕岑参《轮台歌奉送封大夫出师西征》）

诗中有"声"

根据提示，把下列带"声"字的诗句填写出来。

1. 弹筝奋逸响，_____。（〔汉〕《古诗十九首·今日良宴会》）

2. _____，音响一何悲。（〔汉〕《古诗十九首·西北有高楼》）

3. 舟子行催棹，_____。（〔南北朝〕刘孝绰《棹歌行》）

4. 穷达皆由命，_____？（〔五代〕冯道《天道》）

5. 树色遥藏店，_____。（〔唐〕韦庄《早发》）

6. _____，朝绅仰典型。（〔宋〕司马光《安之朝议哀辞二首·其一》）

7. 时移音律改，_____？（〔唐〕白居易《和令狐仆射小饮听阮咸》）

8. _____，物有纯而不可为。（〔战国〕屈原《九章·悲回风》）

9. _____，影落杯中五老峰。（〔唐〕白居易《题元十八溪居》）

10. 扇裁月魄羞难掩，_____。（〔唐〕李商隐《无题（凤尾香罗薄几重）》）

11. _____，江上秋风动客情。（〔宋〕叶绍翁《夜书所见》）

12. 晴窗早觉爱朝曦，_____。（〔宋〕刘克庄《冬景》）

13. _____，半脱骊龙颔下须。（〔宋〕文天祥《金陵驿二首·其一》）

14. 塞下秋来风景异，衡阳雁去无留意，_____。（〔宋〕范仲淹《渔家傲·秋思》）

15. 宝马雕车香满路，_____，玉壶光转，一夜鱼龙舞。（〔宋〕辛弃疾《青玉案·元夕》）

诗中听"音"

根据提示，把下列带"音"字的诗句填写出来。

1. 燕燕于飞，_____。（《诗经·邶风·燕燕》）

2. _____，弦急知柱促。（〔汉〕《古诗十九首·东城高且长》）

3. 当路谁相假，_____。（〔唐〕孟浩然《留别王侍御维》）

4. 道路日乖隔，_____。（〔唐〕白居易《寄微之三首·其一》）

5. _____，终岁不闻丝竹声。（〔唐〕白居易《琵琶行》）

6. 含情凝睇谢君王，_____。（〔唐〕白居易《长恨歌》）

7. 卧龙跃马终黄土，_____。（〔唐〕杜甫《阁夜》）

8. _____，关塞萧条行路难。（〔唐〕杜甫《宿府》）

9. 共来百越文身地，_____。（〔唐〕柳宗元《登柳州城楼寄漳汀封连四州》）

10. _____，长风吹林雨堕瓦。（〔唐〕李颀《听董大弹胡笳声兼寄语弄房给事》）

11. 乐游原上清秋节，_____。（〔唐〕李白《忆秦娥（箫声咽）》）

12. _____，西风残照，汉家陵阙。（〔唐〕李白《忆秦娥（箫声咽）》）

13. 欲将心事付瑶琴，　　　　　　　，弦断有谁听？（〔宋〕岳飞《小重山（昨夜寒蛩不住鸣）》）

14. 　　　　　　　，妻儿信未通。（〔现代〕毛泽东《五律·喜闻捷报》）

15. 最喜诗人高唱至，　　　　　　　，妙香山上战旗妍。（〔现代〕毛泽东《浣溪沙·和柳亚子先生》）

诗中观"色"

根据提示，把下列带"色"字的诗句填写出来。

1. 落月满屋梁，　　　　　　　。（〔唐〕杜甫《梦李白二首·其一》）

2. 　　　　　　　，一似去年时。（〔唐〕白居易《元家花》）

3. 　　　　　　　，西施宁久微。（〔唐〕王维《西施咏》）

4. 道人庭宇静，　　　　　　　。（〔唐〕柳宗元《晨诣超师院读禅经》）

5. 　　　　　　　，远岳起烟岚。（〔唐〕贾岛《二月晦日留别鄠中友人》）

6. 　　　　　　　，汉广夕阳迟。（〔唐〕刘长卿《赠别卢司直之闽中》）

7. 　　　　　　　，苍然满关中。（〔唐〕岑参《与高适薛据登慈恩寺浮图》）

8. 　　　　　　　，将军下笔开生面。（〔唐〕杜甫《丹青引赠曹将军霸》）

9. 国家成败吾岂敢　　　　　　　。（〔唐〕杜甫《寄韩谏议》）

10. 双皮溜雨四十围，　　　　　　　。（〔唐〕杜甫《古柏行》）

11. 回眸一笑百媚生，　　　　　　　。（〔唐〕白居易《长恨歌》）

12. 　　　　　　　，眼眶泪滴深两眸。（〔唐〕王昌龄《箜篌引》）

13. 　　　　　　　，只留清气满乾坤。（〔宋〕王冕《墨梅》）

14. 碧云天，黄叶地，　　　　　　　，波上寒烟翠。（〔宋〕范仲淹《苏幕遮·怀旧》）

15. 　　　　　　　，夜扫梧桐叶。（〔明〕夏完淳《卜算子（秋色到空闺）》）

诗词成"书"

根据提示，把下列带"书"字的诗句填写出来。

1. 长跪读素书，_____。（〔汉乐府〕《饮马长城窟行》）

2. _____，步出东斋读。（〔唐〕柳宗元《晨诣超师院读禅经》）

3. 江湖慰寂寞，_____。（〔宋〕李石《周参政惠书喭及亡儿开二首·其一》）

4. _____，单于已在金山西。（〔唐〕岑参《轮台歌奉送封大夫出师西征》）

5. _____，罪从大辟皆除死。（〔唐〕韩愈《八月十五夜赠张功曹》）

6. 表曰臣愈昧死上，_____。（〔唐〕李商隐《韩碑》）

7. _____，口角流沫右手胝。（〔唐〕李商隐《韩碑》）

8. _____，清晨再拜铺丹墀。（〔唐〕李商隐《韩碑》）

9. _____，不肯低头在草莽。（〔唐〕李颀《送陈章甫》）

10. 乐工不识长安道，_____。（〔唐〕方干《江南闻新曲》）

11. 富家不用买良田，_____。（〔宋〕赵恒《劝学诗》）

12. 安居不用架高堂，_____。（〔宋〕赵恒《劝学诗》）

13. 出门莫恨无人随，_____。（〔宋〕赵恒《劝学诗》）

14. 娶妻莫恨无良媒，_____。（〔宋〕赵恒《劝学诗》）

15. 须信衡阳万里，有谁家、_____？（〔宋〕苏轼《水龙吟·雁》）

诗词有"信"

根据提示，把下列带"信"字的诗句填写出来。

1. 平生不可定，_____。（〔南北朝〕何逊《学古诗三首·其一》）

119

2. _____，反是生女好。（〔唐〕杜甫《兵车行》）

3. _____，谁为表予心？（〔唐〕骆宾王《在狱咏蝉》）

4. _____，期君万里程。（〔宋〕彭汝砺《吕睦仲赴诏以病不及送作诗与之》）

5. _____，汉朝公卿忌贾生。（〔唐〕李白《行路难三首·其二》）

6. 君臣相顾尽沾衣，_____。（〔唐〕白居易《长恨歌》）

7. _____，说尽心中无限事。（〔唐〕白居易《琵琶行》）

8. _____，暮年诗赋动江关。（〔唐〕杜甫《咏怀古迹五首·其一》）

9. _____，凌云健笔意纵横。（〔唐〕杜甫《戏为六绝句·其一》）

10. _____，月露谁教桂叶香？（〔唐〕李商隐《无题（重帷深下莫愁堂）》）

11. _____，瑶阶金阁数萤流。（〔唐〕崔颢《七夕》）

12. _____，事如春梦了无痕。（〔宋〕苏轼《正月二十日与潘郭二生出郊寻春忽记去年是日同至女王城作诗乃和前韵》）

13. 天也妒，_____，莺儿燕子俱黄土。（〔金〕元好问《摸鱼儿·雁丘词》）

14. _____，十万大军下历城。（〔现代〕毛泽东《七言诗·戏改李白〈梁父吟〉》）

15. 不管风吹浪打，_____，今日得宽余。（〔现代〕毛泽东《水调歌头·游泳》）

诗中藏"画"

根据提示，把下列带"画"字的诗句填写出来。

1. _____，前图未改。（〔战国〕屈原《九章·怀沙》）

2. _____，未改此度也。（〔战国〕屈原《九章·思美人》）

3. _____，凤曲不同闻。（〔唐〕卢仝《感秋别怨》）

4. 眸子剪秋水，_____。（〔宋〕郭祥正《上巳席上有赠》）

5. ＿＿＿＿＿，稚子敲针作钓钩。（〔唐〕杜甫《江村》）

6. ＿＿＿＿＿，四弦一声如裂帛。（〔唐〕白居易《琵琶行》）

7. ＿＿＿＿＿，轻罗小扇扑流萤。（〔唐〕杜牧《秋夕》）

8. ＿＿＿＿＿，红桃绿柳垂檐向。（〔唐〕王维《洛阳女儿行》）

9. ＿＿＿＿＿，以火来照所见稀。（〔唐〕韩愈《山石》）

10. 碧阑干外绣帘垂，＿＿＿＿＿。（〔唐〕韩偓《已凉》）

11. 敢将十指夸针巧，＿＿＿＿＿。（〔唐〕秦韬玉《贫女》）

12. ＿＿＿＿＿，春睡起来无力。（〔唐〕欧阳炯《西江月（一名白蘋香，一名步虚词）》）

13. 双燕飞来垂柳院，＿＿＿＿＿。（〔南唐〕冯延巳《清平乐（雨晴烟晚）》）

14. ＿＿＿＿＿，双双款语怜飞乙。（〔宋〕欧阳修《渔家傲（二月春耕昌杏密）》）

15. 未羞他、双燕归来，＿＿＿＿＿。（〔宋〕张炎《解连环·孤雁》）

诗中有"诗"

根据提示，把下列带"诗"字的诗句填写出来。

1. 宽心应是酒，＿＿＿＿＿。（〔唐〕杜甫《可惜》）

2. ＿＿＿＿＿，飘然思不群。（〔唐〕杜甫《春日忆李白》）

3. 光阴与时节，＿＿＿＿＿。（〔唐〕白居易《新秋喜凉》）

4. 功名非我事，＿＿＿＿＿。（〔宋〕杜范《和杨兄五言二首·其二》）

5. 仙去逍遥境，＿＿＿＿＿。（〔唐〕白居易《昭德皇后挽歌词》）

6. 珠状崔嵬里，＿＿＿＿＿。（〔清〕玄烨《咏四面云山》）

7. 晴空一鹤排云上，＿＿＿＿＿。（〔唐〕刘禹锡《秋词》）

8. ＿＿＿＿＿，二雅褊迫无委蛇。（〔唐〕韩愈《石鼓歌》）

9. 点窜尧典舜典字，＿＿＿＿＿。（〔唐〕李商隐《韩碑》）

10. _____，绿柳才黄半未匀。（〔唐〕杨巨源《城东早春》）

11. _____，不能空放马头回。（〔唐〕王仁裕《与诸门生春日会饮繁台赋》）

12. 暮归冲雨寒无睡，_____。（〔宋〕苏洵《九日和韩魏公》）

13. _____，梦魂摇曳橹声中。（〔宋〕戴复古《月夜舟中》）

14. _____，千峰故隔一帘珠。（〔宋〕杨万里《小雨》）

15. 来相召、香车宝马，_____。（〔宋〕李清照《永遇乐（落日熔金）》）

诗中有"词"

根据提示，把下列带"词"字的诗句填写出来。

1. _____，三男邺城戍。（〔唐〕杜甫《石壕吏》）

2. 饮柏泛仙味，_____。（〔唐〕孟郊《宇文秀才斋中海柳咏》）

3. 吕梁有出入，_____。（〔唐〕张九龄《夏日奉使南海在道中作》）

4. 薪和野花束，_____。（〔唐〕陆龟蒙《樵人十咏·樵子》）

5. 欢来意不持，_____。（〔明〕唐寅《春江花月夜二首·其二》）

6. 羯胡事主终无赖，_____。（〔唐〕杜甫《咏怀古迹五首·其一》）

7. 临别殷勤重寄词，_____。（〔唐〕白居易《长恨歌》）

8. 邓攸无子寻知命，_____。（〔唐〕元稹《遣悲怀三首·其三》）

9. _____，声味虽同迹自疏。（〔唐〕刘禹锡《酬郓州令狐相公官舍言怀见寄兼呈乐天》）

10. 讴歌已入云韶曲，_____。（〔唐〕杨巨源《寄昭应王丞》）

11. 蒿棘空存百尺基，_____。（〔唐〕林宽《歌风台》）

12. 浣纱游女出关东，_____。（〔唐〕王涤《和三乡诗》）

13. _____，去年天气旧亭台。（〔宋〕晏殊《浣溪沙（一曲新词酒一杯）》）

14. 东风半面，料准拟、 _____ 。（〔宋〕吴文英《解语花·梅花》）

15. 爱上层楼， _____ 。（〔宋〕辛弃疾《丑奴儿·书博山道中壁》）

诗中有"曲"

根据提示，把下列带"曲"字的诗句填写出来。

1. 被服罗裳衣， _____ 。（〔汉〕《古诗十九首·东城高且长》）

2. 长歌吟松风， _____ 。（〔唐〕李白《下终南山过斛斯山人宿置酒》）

3. _____ ，人间能得几回闻？（〔唐〕杜甫《赠花卿》）

4. 临颍美人在白帝， _____ 。（〔唐〕杜甫《观公孙大娘弟子舞剑器行并序》）

5. _____ ，乐极哀来月东出。（〔唐〕杜甫《观公孙大娘弟子舞剑器行并序》）

6. 渔阳鼙鼓动地来， _____ 。（〔唐〕白居易《长恨歌》）

7. 转轴拨弦三两声， _____ 。（〔唐〕白居易《琵琶行》）

8. _____ ，四弦一声如裂帛。（〔唐〕白居易《琵琶行》）

9. _____ ，妆成每被秋娘妒。（〔唐〕白居易《琵琶行》）

10. _____ ，为君翻作琵琶行。（〔唐〕白居易《琵琶行》）

11. _____ ，妆成只是薰香坐。（〔唐〕王维《洛阳女儿行》）

12. _____ ，凉州胡人为我吹。（〔唐〕李颀《听安万善吹觱篥歌》）

13. 岁夜高堂列明烛， _____ 。（〔唐〕李颀《听安万善吹觱篥歌》）

14. 独有凤凰池上客， _____ 。（〔唐〕岑参《奉和中书舍人贾至早朝大明宫》）

15. _____ ，狂飙为我从天落。（〔现代〕毛泽东《蝶恋花·从汀州向长沙》）

诗中有"赋"

根据提示，把下列带"赋"字的诗句填写出来。

1. 情欣新知欢，_____。（〔晋〕陶渊明《乞食》）

2. 书论秦逐客，_____。（〔唐〕李商隐《献寄旧府开封公》）

3. _____，赫赫曹公谋。（〔唐〕岑参《东归晚次潼关怀古》）

4. 纲纪多闲日，_____。（〔唐〕韦应物《送宣城路录事》）

5. _____，不漫说长沙。（〔唐〕于鹄《送迁客二首·其一》）

6. 此时行乐难再遇，_____。（〔唐〕李白《忆旧游寄谯郡元参军》）

7. _____，不觉前贤畏后生。（〔唐〕杜甫《戏为六绝句·其一》）

8. _____，争教容易见文君？（〔唐〕李群玉《同郑相并歌姬小饮戏赠》）

9. 已约年年为此会，_____。（〔宋〕苏轼《正月二十日与潘郭二生出郊寻春忽记去年是日同至女王城作诗乃和前韵》）

10. _____，莫遣儿曹取次知。（〔宋〕苏轼《与毛令方尉游西菩提寺二首·其二》）

11. _____，记当时，送君南浦。（〔宋〕姜夔《玲珑四犯·越中岁暮闻箫鼓感怀》）

12. 爱上层楼，_____。（〔宋〕辛弃疾《丑奴儿·书博山道中壁》）

13. 外侮需人御，_____。（〔现代〕毛泽东《五律·挽戴安澜将军》）

14. 龙华喋血不眠夜，_____。（〔现代〕毛泽东《七律二首·纪念鲁迅八十寿辰·其一》）

15. _____，手中握有杀人刀。（〔现代〕毛泽东《七律·屈原》）

诗词成"文"

根据提示，把下列带"文"字的诗句填写出来。

1. _____，魑魅喜人过。（〔唐〕杜甫《天末怀李白》）

2. 英雄割据虽已矣，_____。（〔唐〕杜甫《丹青引赠曹将军霸》）

3. _____，未辞翦伐谁能送？（〔唐〕杜甫《古柏行》）

4. _____，劝我试作石鼓歌。（〔唐〕韩愈《石鼓歌》）

5. _____，清晨再拜铺丹墀。（〔唐〕李商隐《韩碑》）

6. _____，先时已入人肝脾。（〔唐〕李商隐《韩碑》）

7. 试拂铁衣如雪色，_____。（〔唐〕王维《老将行》）

8. _____，湘水无情吊岂知？（〔唐〕刘长卿《长沙过贾谊宅》）

9. 百代都行秦政法，_____。（〔现代〕毛泽东《七律·读〈封建论〉呈郭老》）

10. 熟读唐人封建论，_____。（〔现代〕毛泽东《七律·读〈封建论〉呈郭老》）

11. 贾生才调世无伦，_____。（〔现代〕毛泽东《七绝·贾谊》）

12. _____，胆照华国树千台。（〔现代〕毛泽东《七律·咏贾谊》）

13. 指点江山，_____，粪土当年万户侯。（〔现代〕毛泽东《沁园春·长沙》）

14. 阵图开向陇山东，_____，今日武将军。（〔现代〕毛泽东《临江仙·给丁玲同志》）

15. 惜秦皇汉武，_____；唐宗宋祖，稍逊风骚。（〔现代〕毛泽东《沁园春·雪》）

125

诗词之"武"

根据提示，把下列带"武"字的诗句填写出来。

1. 有严有翼，＿＿＿＿＿＿＿。（《诗经·小雅·六月》）

2. ＿＿＿＿＿＿，以定王国。（《诗经·小雅·六月》）

3. ＿＿＿＿＿＿，万邦为宪。（《诗经·小雅·六月》）

4. 边庭流血成海水，＿＿＿＿＿＿。（〔唐〕杜甫《兵车行》）

5. ＿＿＿＿＿＿，一体君臣祭祀同。（〔唐〕杜甫《咏怀古迹五首·其四》）

6. ＿＿＿＿＿＿，于今为庶为清门。（〔唐〕杜甫《丹青引赠曹将军霸》）

7. ＿＿＿＿＿＿，彼何人哉轩与羲。（〔唐〕李商隐《韩碑》）

8. ＿＿＿＿＿＿，仪曹外郎载笔随。（〔唐〕李商隐《韩碑》）

9. ＿＿＿＿＿＿，古祠高树两茫然。（〔唐〕温庭筠《苏武庙》）

10. ＿＿＿＿＿＿，堪向青编万古扬。（〔唐〕勾龙逢《献贺捷诗》）

11. ＿＿＿＿＿＿，风虎云龙，兴王只在谈笑中。（〔宋〕王安石《浪淘沙令（伊吕两衰翁）》）

12. 岂其苗裔，＿＿＿＿＿＿。（〔现代〕毛泽东《四言诗·祭黄帝陵》）

13. ＿＿＿＿＿＿，昭告列祖。（〔现代〕毛泽东《四言诗·祭黄帝陵》）

14. 中华儿女多奇志，＿＿＿＿＿＿。（〔现代〕毛泽东《七绝·为女民兵题照》）

15. 往事越千年，＿＿＿＿＿＿，东临碣石有遗篇。（〔现代〕毛泽东《浪淘沙·北戴河》）

诗词之"兵"

根据提示，把下列带"兵"字的诗句填写出来。

1. 八风占阵气，＿＿＿＿＿＿。（〔南北朝〕庾信《侍从徐国公殿下军行诗》）

2. 阵后云逾直，_____。（〔南北朝〕庾信《侍从徐国公殿下军行诗》）

3. 闻道黄龙戍，_____。（〔唐〕沈佺期《杂诗三首·其三》）

4. _____，宴寝凝清香。（〔唐〕韦应物《郡斋雨中与诸文士燕集》）

5. _____，穷边有客游。（〔唐〕张乔《书边事》）

6. _____，关中粟未多。（〔宋〕梅尧臣《送陕西都运彭待制》）

7. 草木变衰行剑外，_____。（〔唐〕杜甫《恨别》）

8. _____，虏骑崩腾畏蒺藜。（〔唐〕王维《老将行》）

9. 戍楼西望烟尘黑，_____。（〔唐〕岑参《轮台歌奉送封大夫出师西征》）

10. _____，战场白骨缠草根。（〔唐〕岑参《轮台歌奉送封大夫出师西征》）

11. 忆别悠悠岁月长，_____。（〔唐〕唐彦谦《无题十首·其八》）

12. 纤笔一枝谁与似？_____。（〔现代〕毛泽东《临江仙·给丁玲同志》）

13. 飒爽英姿五尺枪，_____。（〔现代〕毛泽东《七绝·为女民兵题照》）

14. 万木霜天红烂漫，_____。（〔现代〕毛泽东《渔家傲·反第一次大"围剿"》）

15. _____，万丈长缨要把鲲鹏缚。（〔现代〕毛泽东《蝶恋花·从汀州向长沙》）

诗词之"军"

根据提示，把下列带"军"字的诗句填写出来。

1. 今为羌笛出塞声，_____。（〔唐〕李颀《古意》）

2. 凌烟功臣少颜色，_____。（〔唐〕杜甫《丹青引赠曹将军霸》）

3. _____，意匠惨淡经营中。（〔唐〕杜甫《丹青引赠曹将军霸》）

4. _____，偶逢佳士亦写真。（〔唐〕杜甫《丹青引赠曹将军霸》）

5. _____，宛转蛾眉马前死。（〔唐〕白居易《长恨歌》）

6. _____，暮去朝来颜色故。（〔唐〕白居易《琵琶行》）

7. 上将拥旄西出征，＿＿＿＿＿＿。（〔唐〕岑参《轮台歌奉送封大夫出师西征》）

8. 风云突变，＿＿＿＿＿＿。（〔现代〕毛泽东《清平乐·蒋桂战争》）

9. 漫天皆白，＿＿＿＿＿＿。（〔现代〕毛泽东《减字木兰花·广昌路上》）

10. ＿＿＿＿＿＿，旗号镰刀斧头。（〔现代〕毛泽东《西江月·秋收起义》）

11. ＿＿＿＿＿＿，我自岿然不动。（〔现代〕毛泽东《西江月·井冈山》）

12. 黄洋界上炮声隆，＿＿＿＿＿＿。（〔现代〕毛泽东《西江月·井冈山》）

13. ＿＿＿＿＿＿，风烟滚滚来天半。（〔现代〕毛泽东《渔家傲·反第一次大"围剿"》）

14. 七百里驱十五日，赣水苍茫闽山碧，＿＿＿＿＿＿。（〔现代〕毛泽东《渔家傲·反第二次大"围剿"》）

15. 山高路远坑深，＿＿＿＿＿＿。谁敢横刀立马？＿＿＿＿＿＿。
（〔现代〕毛泽东《六言诗·给彭德怀同志》）

诗词之"旗"

根据提示，把下列带"旗"字的诗句填写出来。

1. ＿＿＿＿＿＿，一为取龙城？（〔唐〕沈佺期《杂诗三首·其三》）

2. 故山有深霞，＿＿＿＿＿＿。（〔唐〕贯休《拟齐梁体寄冯使君三首·其一》）

3. 峨嵋山下少人行，＿＿＿＿＿＿。（〔唐〕白居易《长恨歌》）

4. ＿＿＿＿＿＿，影动倒景摇潇湘。（〔唐〕杜甫《寄韩谏议》）

5. 腰悬相印作都统，＿＿＿＿＿＿。（〔唐〕李商隐《韩碑》）

6. 横笛闻声不见人，＿＿＿＿＿＿。（〔唐〕陈羽《从军行》）

7. 风雷动，＿＿＿＿＿＿，是人寰。（〔现代〕毛泽东《水调歌头·重上井冈山》）

8. 山下，山下，＿＿＿＿＿＿。（〔现代〕毛泽东《如梦令·元旦》）

9. 头上高山，＿＿＿＿＿＿。（〔现代〕毛泽东《减字木兰花·广昌路上》）

10. ＿＿＿＿＿＿，直下龙岩上杭。（〔现代〕毛泽东《清平乐·蒋桂战争》）

11. 六盘山上高峰，＿＿＿＿＿＿。（〔现代〕毛泽东《清平乐·六盘山》）

12. ＿＿＿＿＿＿，山头鼓角相闻。（〔现代〕毛泽东《西江月·井冈山》）

13. ＿＿＿＿＿＿，西风漫卷孤城。（〔现代〕毛泽东《临江仙·给丁玲同志》）

14. ＿＿＿＿＿＿，黑手高悬霸主鞭。（〔现代〕毛泽东《七律·到韶山》）

15. 唤起工农千百万，同心干，＿＿＿＿＿＿。（〔现代〕毛泽东《渔家傲·反第一次大"围剿"》）

诗词如"棋"

根据提示，把下列带"棋"字的诗句填写出来。

1. 方如棋局，＿＿＿＿＿。＿＿＿＿＿，＿＿＿＿＿。（〔唐〕张说《咏方圆动静示李泌》）

2. ＿＿＿＿＿，博弈合双扬。（〔三国·魏〕曹丕《夏日诗》）

3. ＿＿＿＿＿，中心最不平。（〔唐〕李商隐《无题（照梁初有情）》）

4. 通宵成乐部，＿＿＿＿＿。（〔宋〕赵希迈《蛙》）

5. 井底点灯深烛伊，＿＿＿＿＿。（〔唐〕温庭筠《南歌子词二首·其二》）

6. ＿＿＿＿＿，杀中棋杀胜丝牵。（〔唐〕司空图《杂题二首·其一》）

7. ＿＿＿＿＿，诗是天才肯易酬。（〔唐〕齐己《寄欧阳侍郎》）

8. ＿＿＿＿＿，鹤向潭边退数翎。（〔唐〕刘得仁《山中寻道人不遇》）

9. ＿＿＿＿＿，琴少知音不愿弹。（〔宋〕邵雍《代书寄友人》）

10. 山深未省人间世，＿＿＿＿＿。（〔宋〕方岳《山中》）

11. ＿＿＿＿＿，夜眠还有不应时。（〔宋〕叶适《陈待制挽诗·其四》）

12. 人生枕上皆槐国，＿＿＿＿＿。（〔宋〕陈著《次韵单君范》）

13. 有约不来过夜半，＿＿＿＿＿。（〔宋〕赵师秀《约客》）

14. 身健尚堪松下饭，＿＿＿＿＿。（〔宋〕文天祥《借朱约山韵就贺挂冠》）

15. 碧纱窗下水沉烟，＿＿＿＿＿。（〔宋〕苏轼《阮郎归·初夏》）

第3章

挑战级
组合联句飞花令

诗满"中""国"

根据提示，把下列诗句填写完整，让整联诗句出现"中"与"国"，二字的位置不限。

1. ＿＿＿＿＿＿＿，以绥四方。（《诗经·大雅·民劳》）

2. ＿＿＿＿＿＿＿，以为民逑。（《诗经·大雅·民劳》）

3. ＿＿＿＿＿＿，俾民忧泄。（《诗经·大雅·民劳》）

4. ＿＿＿＿＿＿，国无有残。（《诗经·大雅·民劳》）

5. ＿＿＿＿＿＿，万古下泉诗。（〔宋〕郑思肖《德祐二年岁旦·其一》）

6. 就中云幕椒房亲，＿＿＿＿＿＿。（〔唐〕杜甫《丽人行》）

7. ＿＿＿＿＿＿，不用无端更乱华。（〔唐〕韩愈《赠译经僧》）

8. 江娥啼竹素女愁，＿＿＿＿＿＿。（〔唐〕李贺《李凭箜篌引》）

9. 何处偏伤万国心，＿＿＿＿＿＿。（〔唐〕李贺《昆仑使者》）

10. 夜掩朝开多异香，＿＿＿＿＿＿。（〔唐〕岑参《优钵罗花歌》）

11. 未离海底千山墨，＿＿＿＿＿＿。（〔宋〕赵匡胤《咏月诗》）

12. ＿＿＿＿＿＿，本朝前日可嗟轻。（〔宋〕王令《闻富并州入相》）

13. 九世旧仇犹有憾，＿＿＿＿＿＿。（〔宋〕陈宓《嘉定间赠丁寺丞煜使虏》）

14. ＿＿＿＿＿＿，竿上无钩可钓贤。（〔宋〕华岳《三衢道中》）

15. ＿＿＿＿＿＿，沉沉一线穿南北。（〔现代〕毛泽东《菩萨蛮·黄鹤楼》）

诗词"国""家"

根据提示，把下列诗句填写完整，让整联诗句出现"国"与"家"，二字的位置不限。

1. ＿＿＿＿＿＿，乐无央兮。（〔汉〕霍去病《琴歌》）

2. 辩之不早，＿＿＿＿＿＿。（〔宋〕邵雍《偶书》）

3. _____，东家枣树完。（〔南北朝〕庾信《拟咏怀二十七首·其二十二》）

4. 用人如用己，_____。（〔唐〕元稹《遣兴十首·其七》）

5. _____，方秋不在家。（〔唐〕马戴《别家后次飞狐西即事》）

6. _____，还家一日程。（〔宋〕吕本中《离新郑》）

7. _____，名家重典刑。（〔宋〕张栻《送祖七侄西归二首·其二》）

8. _____，作咸阳之布衣。（〔隋〕无名氏《王子思归歌》）

9. _____，三千里地山河。（〔南唐〕李煜《破阵子（四十年来家国）》）

10. _____，色难腥腐餐枫香。（〔唐〕杜甫《寄韩谏议》）

11. _____，吴人何苦怨西施？（〔唐〕罗隐《西施》）

12. 来时欢笑去时哀，_____。（〔唐〕韦冰《和三乡诗》）

13. _____，洛阳行子空叹息。（〔唐〕李颀《送陈章甫》）

14. _____，赋到沧桑句便工。（〔清〕赵翼《题遗山诗》）

15. _____，岂因祸福避趋之？（〔清〕林则徐《赴戍登程口占示家人》）

"春""风"送暖

根据提示，把下列诗句填写完整，让整联诗句出现"春"与"风"，二字的位置不限。

1. _____，何事入罗帏？（〔唐〕李白《春思》）

2. _____？别殿饶芳草。（〔唐〕温庭筠《嘲春风》）

3. _____，白日落梁州。（〔唐〕张乔《书边事》）

4. _____，吹向玉阶飞。（〔唐〕丘为《左掖梨花》）

5. 夜月人何待，_____。（〔唐〕张祜《题苏小小墓》）

6. 候晓起徒驭，_____。（〔唐〕权德舆《早发杭州泛富春江寄陆三十一公佐》）

7. 今年欢笑复明年，_____。（〔唐〕白居易《琵琶行》）

8. _____，半作障泥半作帆。（〔唐〕李商隐《隋宫》）

9. ＿＿＿＿＿＿＿＿，纵复芳菲不可留。（〔唐〕刘长卿《留辞》）

10. 酷怜风月为多情，＿＿＿＿＿＿＿。（〔唐〕张泌《寄人·其二》）

11. 黄犊山南又山北，＿＿＿＿＿＿＿。（〔宋〕方岳《次韵程弟·其五》）

12. ＿＿＿＿＿＿＿，且作人间长寿仙。（〔宋〕李鼐《鹧鸪天（种得门阑五福全）》）

13. ＿＿＿＿＿＿＿，春在溪头荠菜花。（〔宋〕辛弃疾《鹧鸪天·代人赋》）

14. ＿＿＿＿＿＿＿，乱随风飞堕，杨花篱落。（〔宋〕何梦桂《醉江月·感旧再和前韵》）

15. 白发渔樵江渚上，＿＿＿＿＿＿＿。（〔明〕杨慎《临江仙（滚滚长江东逝水）》）

"春""雨"含情

根据提示，把下列诗句填写完整，让整联诗句出现"春"与"雨"，二字的位置不限。

1. ＿＿＿＿＿＿＿，当春乃发生。（〔唐〕杜甫《春夜喜雨》）

2. ＿＿＿＿＿＿＿，新炊间黄粱。（〔唐〕杜甫《赠卫八处士》）

3. ＿＿＿＿＿＿＿，秋雨梧桐叶落时。（〔唐〕白居易《长恨歌》）

4. 玉容寂寞泪阑干，＿＿＿＿＿＿＿。（〔唐〕白居易《长恨歌》）

5. 云里帝城双凤阙，＿＿＿＿＿＿＿。（〔唐〕王维《奉和圣制从蓬莱向兴庆阁道中留春雨中春望之作应制》）

6. ＿＿＿＿＿＿＿，江湖夜雨十年灯。（〔宋〕黄庭坚《寄黄几复》）

7. 垂地寒云吞大漠，＿＿＿＿＿＿＿。（〔唐〕方干《水墨松石》）

8. 何事晚来微雨后，＿＿＿＿＿＿＿。（〔唐〕郑谷《蜀中春日》）

9. ＿＿＿＿＿＿＿，舟撼清流夜雨寒。（〔宋〕王用亨《平绿轩》）

10. ＿＿＿＿＿＿＿，谁把繁阴为扫除。（〔宋〕韦骧《又和》）

11. 步屧（xiè）寻春有好怀，＿＿＿＿＿＿＿。（〔宋〕范成大《春日田园杂兴十二绝·其九》）

12. ＿＿＿＿＿＿。＿＿＿＿＿，罗衾不耐五更寒。（〔南唐〕李煜《浪淘沙令（帘外雨潺潺）》）

13. ＿＿＿＿＿，＿＿＿＿＿，梅子青时节。（〔宋〕张先《千秋岁（数声鶗鴂）》）

14. 春又过，＿＿＿＿＿＿。（〔宋〕吕胜己《谒金门（春又过）》）

15. 鸳鸯渚，＿＿＿＿＿＿。（〔宋〕张元干《谒金门（鸳鸯渚）》）

"春""雪"犹存

根据提示，把下列诗句填写完整，让整联诗句出现"春"与"雪"，二字的位置不限。

1. 风雨送春归，＿＿＿＿＿＿。（〔现代〕毛泽东《卜算子·咏梅》）

2. 不信今春晚，＿＿＿＿＿＿。（〔南北朝〕庾信《梅花诗》）

3. ＿＿＿＿＿＿，参差间早梅。（〔唐〕李世民《春池柳》）

4. ＿＿＿＿＿＿，徘徊乱绕空。（〔唐〕刘方平《春雪》）

5. 绿叶霜中夏，＿＿＿＿＿＿。（〔唐〕上官仪《假作屏风诗》）

6. 晓风催鸟啭，＿＿＿＿＿＿。（〔唐〕张谓《宴郑伯玙宅》）

7. 二八如回雪，＿＿＿＿＿＿。（〔唐〕杨师道《咏舞》）

8. 万里敦煌道，＿＿＿＿＿＿。（〔明〕王偁《赋得边城雪送行人胡敬使灵武》）

9. ＿＿＿＿＿＿，谁见人啼花照户。（〔南北朝〕江总《杂曲三首·其一》）

10. ＿＿＿＿＿＿，满身香雾簇朝霞。（〔唐〕韦庄《浣溪沙（惆怅梦余山月斜）》）

11. ＿＿＿＿＿＿，骚人搁笔费评章。（〔宋〕卢梅坡《雪梅二首·其一》）

12. 日暮诗成天又雪，＿＿＿＿＿＿。（〔宋〕卢梅坡《雪梅二首·其二》）

13. 书意勤渠诗意新，＿＿＿＿＿＿。（〔宋〕司马光《和李君锡惠书及诗勉以早归》）

14. ＿＿＿＿＿＿，今日是何朝？（〔宋〕王安石《甘露歌（折得一枝香在手）》）

15. 舞风仙子，＿＿＿＿＿＿。（〔宋〕徐去非《满庭芳（凤历书元）》）

135

"春" "草" 萋萋

根据提示，把下列诗句填写完整，让整联诗句出现"春"与"草"，二字的位置不限。

1. _____，春水绿波。（〔现代〕毛泽东《四言诗》）
2. _____，园柳变鸣禽。（〔南北朝〕谢灵运《登池上楼》）
3. 国破山河在，_____。（〔唐〕杜甫《春望》）
4. _____，王孙归不归？（〔唐〕王维《山中送别》）
5. _____，畏向阶前生。（〔唐〕王维《杂诗三首·其三》）
6. 白云依静渚，_____。（〔唐〕刘长卿《寻南溪常山道人隐居》）
7. _____，行人看夕阳。（〔唐〕刘长卿《出丰县界寄韩明府》）
8. _____，罗生玉堂阴。（〔唐〕李白《独酌》）
9. _____，王宫没古丘。（〔唐〕李白《金陵三首·其二》）
10. 他日相思一梦君，_____。（〔唐〕李白《送舍弟》）
11. 耕夫召募逐楼船，_____。（〔唐〕张继《阊门即事》）
12. _____，阶前梧叶已秋声。（〔宋〕朱熹《偶成》）
13. 落花深，芳草暗，_____。（〔宋〕史达祖《祝英台近》）
14. 江南二月春深浅，_____，燕子来迟。（〔宋〕吴元可《采桑子·春夜》）
15. 春水满池塘，春风吹柳。_____。（〔宋〕叶景山《感皇恩（春水满池塘）》）

"春" "花" 烂漫

根据提示，把下列诗句填写完整，让整联诗句出现"春"与"花"，二字的位置不限。

1. 别前秋叶落，_____。（〔南北朝〕萧统《有所思》）
2. _____，还以惜春时。（〔南北朝〕萧绎《春日诗》）

3. ＿＿＿＿＿＿，春鸟弦歌声。（〔南北朝〕王德《春词》）

4. 暮江平不动，＿＿＿＿＿＿。（〔隋〕杨广《春江花月夜二首·其一》）

5. 寂寞空庭春欲晚，＿＿＿＿＿＿。（〔唐〕刘方平《春怨》）

6. ＿＿＿＿＿＿，桂枝摧折九秋风。（〔唐〕刘希夷《死马赋》）

7. ＿＿＿＿＿＿，白日清宵是散仙。（〔唐〕鱼玄机《题隐雾亭》）

8. ＿＿＿＿＿＿，梅花柳花夹长道。（〔唐〕许稷《江南春》）

9. ＿＿＿＿＿＿？往事知多少。（〔南唐〕李煜《虞美人（春花秋月何时了）》）

10. ＿＿＿＿＿＿，天上人间。（〔南唐〕李煜《浪淘沙令（帘外雨潺潺）》）

11. ＿＿＿＿＿＿，花时候。（〔宋〕叶景山《感皇恩（春水满池塘）》）

12. 随分夏凉冬暖，＿＿＿＿＿＿。（〔宋〕陈三聘《朝中措（求田何处是生涯）》）

13. 小楼一夜听春雨，＿＿＿＿＿＿。（〔宋〕陆游《临安春雨初霁》）

14. 城中桃李愁风雨，＿＿＿＿＿＿。（〔宋〕辛弃疾《鹧鸪天·代人赋》）

15. 便人间天上，尘缘未断，＿＿＿＿＿＿，触绪还伤。（〔清〕纳兰性德《沁园春（瞬息浮生）》）

"惜""春"无限

根据提示，把下列诗句填写完整，让整联诗句出现"惜"与"春"，二字的位置不限。

1. ＿＿＿＿＿＿，行行犹未归。（〔唐〕上官仪《八咏应制二首·其二》）

2. 但令千日醉，＿＿＿＿＿＿。（〔唐〕王绩《尝春酒》）

3. 留思芳树饮，＿＿＿＿＿＿。（〔唐〕韦应物《送姚孙还河中》）

4. ＿＿＿＿＿＿，徒令客思悬。（〔唐〕卢照邻《于时春也，慨然有江湖之思，寄赠柳九陇》）

5. 亦应知暮节，＿＿＿＿＿＿。（〔唐〕司空图《重阳》）

6. 老来不得登高看，＿＿＿＿＿＿。（〔唐〕司空图《九月八日》）

7. ＿＿＿＿＿＿，无嫌酒盏深。（〔唐〕白居易《清明日观妓舞听客诗》）

8. ＿＿＿＿＿＿，惜夜相将秉烛游。（〔唐〕白居易《城上夜宴》）

9. 可惜莺啼花落处，＿＿＿＿＿＿。（〔唐〕白居易《快活》）

10. ＿＿＿＿＿＿，养病躁于猱。（〔唐〕皮日休《早春病中书事寄鲁望》）

11. ＿＿＿＿＿＿，又到年年惜别时。（〔宋〕李昉《依韵和残春有感二首·其一》）

12. 莫教行乐晚，＿＿＿＿＿＿。（〔宋〕孔平仲《口号》）

13. 汉主山河锦绣中，＿＿＿＿＿＿。（〔宋〕文天祥《胡笳曲·九拍》）

14. 莫向山中摘花果，＿＿＿＿＿＿。（〔宋〕王十朋《九华山九首·其六》）

15. ＿＿＿＿＿＿，老眼待花如待哺。（〔宋〕王十朋《次韵程泰之酴醿》）

"夏""热"难耐

根据提示，把下列诗句填写完整，让整联诗句出现"夏"与"热"，二字的位置不限。

1. 力尽不知热，＿＿＿＿＿＿。（〔唐〕白居易《观刈麦》）

2. ＿＿＿＿＿＿，身热汗如泉。（〔唐〕范灯《状江南·季夏》）

3. 人皆苦炎热，＿＿＿＿＿＿。（〔宋〕苏轼《戏足柳公权联句》）

4. ＿＿＿＿＿＿，如逢晚秋霜。（〔宋〕朱翌《重午菊有花遂与菖蒲同采》）

5. ＿＿＿＿＿＿，宵寒不似秋。（〔宋〕萧立之《归至三衢怀芸庄兄留京》）

6. 春在已愁热，＿＿＿＿＿＿。（〔宋〕杨万里《和仲良春晚即事五首·其二》）

7. ＿＿＿＿＿＿，寒梅暑亦开。（〔宋〕杨万里《七月二十三日题李亨之墨梅》）

8. ＿＿＿＿＿＿，临池憩午凉。（〔明〕朱高炽《池亭纳凉》）

9. 人皆炎热之畏，＿＿＿＿＿＿。（〔宋〕周必大《使臣李汝发写平园真求赞》）

10. ＿＿＿＿＿＿，到此清风忽满襟。（〔宋〕吴芾《早行·其二》）

11. ＿＿＿＿＿＿，水来不少热更多。（〔宋〕李石《大雨水忧三堰决坏且念吾挺之在病无与共此忧者因走笔为问四首·其一》）

12. 试数六宵还五雨，＿＿＿＿＿＿。（〔宋〕杨万里《暮雨既霁将儿辈登多稼亭》）

138

13. _____，若到秋高何似生。（〔宋〕杨万里《夏夜诚斋望月》）

14. _____，那知秋热政无端。（〔宋〕杨万里《新秋盛热》）

15. _____，秋凉老眼又偏醒。（〔宋〕杨万里《秋夕不寐二首·其二》）

"夏""雨"绵绵

　　根据提示，把下列诗句填写完整，让整联诗句出现"夏"与"雨"，二字的位置不限。

1. _____，雨余草木繁。（〔唐〕韦应物《始夏南园思旧里》）

2. _____，闲院绿阴生。（〔唐〕韦应物《答端》）

3. _____，社雨报年登。（〔唐〕韦应物《假中对雨呈县中僚友》）

4. _____，为我生凉风。（〔唐〕皎然《夏日集裴录事北亭避暑》）

5. _____，碧岭横春虹。（〔唐〕杨师道《赋终南山用风字韵应诏》）

6. 风吹古木晴天雨，_____。（〔唐〕白居易《江楼夕望招客》）

7. _____，小楼腰褥怕单轻。（〔唐〕元稹《友封体》）

8. _____，晓作狂霖晚又晴。（〔唐〕韦庄《暴雨》）

9. 岩溜喷空晴似雨，_____。（〔唐〕方干《题报恩寺上方》）

10. _____，雨收残水入天河。（〔唐〕王建《新晴》）

11. _____，绿莎细软不妨行。（〔宋〕司马光《效赵学士体成口号十章献开府太师·其八》）

12. _____，傍云荣木老渊明。（〔宋〕汪莘《春夏之交风雨弥旬耳目所触即事十绝·其三》）

13. _____，梅子空黄无雨来。（〔宋〕汪梦斗《端午》）

14. _____，_____，绿苔绕地初遍。（〔宋〕吴则礼《声声慢·风林园词》）

15. _____，一洗北尘昏。（〔宋〕程珌《水调歌头·登甘露寺多景楼望淮有感》）

139

"夏""木"阴阴

根据提示，把下列诗句填写完整，让整联诗句出现"夏"与"木"，二字的位置不限。

1. ＿＿＿＿＿＿，绕屋树扶疏。（〔晋〕陶渊明《读山海经十三首·其一》）

2. ＿＿＿＿＿＿，木叶动秋声。（〔南北朝〕周弘让《立秋》）

3. ＿＿＿＿＿＿，脱身得西走。（〔唐〕杜甫《述怀》）

4. ＿＿＿＿＿＿，南风草木香。（〔唐〕白居易《早夏游平原回》）

5. 水积春塘晚，＿＿＿＿＿＿。（〔唐〕白居易《池上早夏》）

6. ＿＿＿＿＿＿，树木有繁阴。（〔唐〕元稹《表夏十首·其一》）

7. 春禽犹竞啭，＿＿＿＿＿＿。（〔唐〕雍裕之《四气》）

8. 百里长堤上，＿＿＿＿＿＿。（〔元〕贡奎《次韵袁伯长舟中杂书三首·其一》）

9. 漠漠水田飞白鹭，＿＿＿＿＿＿。（〔唐〕王维《积雨辋川庄作》）

10. 风吹古木晴天雨，＿＿＿＿＿＿。（〔唐〕白居易《江楼夕望招客》）

11. 芳菲歇去何须恨，＿＿＿＿＿＿。（〔宋〕秦观《三月晦日偶题》）

12. ＿＿＿＿＿＿，时有莺声似故乡。（〔宋〕寇准《临海驿夏日》）

13. 正阴阴、＿＿＿＿＿＿，百啭语惺忪。（〔宋〕袁去华《八声甘州（正阴阴）》）

14. 扇留风，冰却暑。＿＿＿＿＿＿，相对黄鹂语。（〔宋〕方千里《苏幕遮（扇留风）》）

15. 漠漠水田飞白鹭＿＿＿＿＿＿，巧啭黄鹂语。（〔宋〕洪适《蝶恋花（漠漠水田飞白鹭）》）

"秋""风"萧瑟

根据提示，把下列诗句填写完整，让整联诗句出现"秋"与"风"，二字的位置不限。

1. ＿＿＿＿＿＿，总是玉关情。（〔唐〕李白《子夜四时歌·秋歌》）

2. ＿＿＿＿＿＿＿＿＿，水寒风似刀。（〔唐〕王昌龄《塞下曲》）

3. 居高声自远，＿＿＿＿＿＿＿＿。（〔唐〕虞世南《蝉》）

4. 惟将两鬓雪，＿＿＿＿＿＿＿＿。（〔唐〕李益《立秋前一日览镜》）

5. 魄堪寒夜月，＿＿＿＿＿＿＿＿。（〔宋〕何云《西施吟》）

6. ＿＿＿＿＿＿＿＿，草木黄落兮雁南归。（〔汉〕刘彻《秋风辞》）

7. ＿＿＿＿＿＿＿＿，草木摇落露为霜。（〔三国·魏〕曹丕《燕歌行二首·其一》）

8. 君不见吴中张翰称达生，＿＿＿＿＿＿＿＿。（〔唐〕李白《行路难三首·其三》）

9. 萧索风高洙泗上，＿＿＿＿＿＿＿＿。（〔唐〕刘沧《经曲阜城》）

10. ＿＿＿＿＿＿＿＿，阴气晦昧无清风。（〔唐〕韩愈《谒衡岳庙遂宿岳寺题门楼》）

11. ＿＿＿＿＿＿＿＿，不卷征帆任晚风。（〔唐〕韦庄《自孟津舟西上雨中作》）

12. ＿＿＿＿＿＿＿＿，日斜闲啄岸边苔。（〔宋〕欧阳修《鹤》）

13. 萧萧梧叶送寒声，＿＿＿＿＿＿＿＿。（〔宋〕叶绍翁《夜书所见》）

14. ＿＿＿＿＿＿＿＿，梦回寒月照人孤。（〔宋〕文天祥《金陵驿二首·其二》）

15. ＿＿＿＿＿＿＿＿，金凤花残满地红。（〔南唐〕冯延巳《南乡子（细雨泣秋风）》）

"秋""实"累累

根据提示，把下列诗句填写完整，让整联诗句出现"秋"与"实"，二字的位置不限。

1. ＿＿＿＿＿＿＿＿，庶子及家臣。（〔南北朝〕陆厥《奉答内兄希叔》）

2. ＿＿＿＿＿＿＿＿，槐花半成实。（〔唐〕白居易《秋日》）

3. ＿＿＿＿＿＿＿＿，幽径恐多蹊。（〔唐〕杜甫《白露》）

4. 九日重阳数，＿＿＿＿＿＿＿＿。（〔唐〕张说《九日进茱萸山诗五首·其四》）

5. ＿＿＿＿＿＿＿＿，经夏绿阴寒。（〔唐〕许浑《洞灵观冬青》）

6. ＿＿＿＿＿＿＿＿，此日待嘉宾。（〔宋〕司马光《席上赋得榛》）

7. 远浦芦花白，＿＿＿＿＿＿＿＿。（〔宋〕戴复古《秋兴有感》）

8. 英肇萌于朱夏，_____。（〔南北朝〕陆玠《赋得杂言咏栗诗》）

9. 莫羡三春桃与李，_____。（〔唐〕刘禹锡《答乐天所寄咏怀，且释其枯树之叹》）

10. 茱萸满宫红实垂，_____。（〔唐〕张籍《吴宫怨》）

11. _____，菱花结实蒲叶齐。（〔唐〕王建《野池》）

12. 茨山有薇兮颍水有漪，_____。（〔唐〕卢照邻《释疾文三歌·其三》）

13. _____，不见霜包结实时。（〔宋〕李纲《仙橘》）

14. _____，灶突无烟已三日。（〔宋〕张耒《一亩》）

15. _____，娇红脉脉，似见胭脂脸。（〔宋〕欧阳修《凉州令·东堂石榴》）

望穿"秋""水"

根据提示，把下列诗句填写完整，让整联诗句出现"秋"与"水"，二字的位置不限。

1. _____，江水清且深。（〔汉〕《古绝句四首·其二》）

2. _____，寒水送荆轲。（〔南北朝〕庾信《拟咏怀二十七首·其二十六》）

3. 鸿雁几时到，_____。（〔唐〕杜甫《天末怀李白》）

4. 寒山转苍翠，_____。（〔唐〕王维《辋川闲居赠裴秀才迪》）

5. _____，水寒风似刀。（〔唐〕王昌龄《塞下曲》）

6. 若非巾柴车，_____。（〔唐〕邱为《寻西山隐者不遇》）

7. _____，风静夜猿哀。（〔唐〕李孝贞《巫山高》）

8. _____，吴江水兮鲈鱼肥。（〔晋〕张翰《思吴江歌》）

9. _____，濯足洞庭望八荒。（〔唐〕杜甫《寄韩谏议》）

10. _____，焉得置之贡玉堂？（〔唐〕杜甫《寄韩谏议》）

11. 汉口夕阳斜渡鸟，_____。（〔唐〕刘长卿《自夏口至鹦鹉洲夕望岳

阳寄源中丞》)

12. ＿＿＿＿＿＿＿，光射寒潭晓未沉。(〔宋〕王庭圭《次韵欧阳叔向水中月》)

13. ＿＿＿＿＿＿＿，旧游空在。(〔宋〕周密《秋霁》)

14. ＿＿＿＿＿＿＿，相对盈盈里。(〔宋〕吴潜《卜算子（苕雪水能清）》)

15. 浣花溪上见卿卿，＿＿＿＿＿＿＿，黛眉轻。(〔宋〕张泌《江城子（浣花溪上见卿卿）》)

"寒""冬"凛冽

根据提示，把下列诗句填写完整，让整联诗句出现"寒"与"冬"，二字的位置不限。

1. ＿＿＿＿＿＿＿，北风何惨栗。(〔汉〕《古诗十九首·孟冬寒气至》)

2. ＿＿＿＿＿＿＿，寒风西北吹。(〔南北朝〕吴均《梅花落》)

3. ＿＿＿＿＿＿＿，寒云掩落晖。(〔南北朝〕萧纲《大同十一月庚戌诗》)

4. 昼夜沦雾雨，＿＿＿＿＿＿＿。(〔南北朝〕鲍照《登翻车岘诗》)

5. ＿＿＿＿＿＿＿，唯有岁寒知。(〔唐〕虞世南《赋得临池竹应制》)

6. ＿＿＿＿＿＿＿，此夜如何其。(〔唐〕吕温《早觉有感》)

7. 江天寒意少，＿＿＿＿＿＿＿。(〔唐〕张鼎《江南遇雨》)

8. ＿＿＿＿＿＿＿，能守岁寒心。(〔唐〕李孝贞《园中杂咏橘树诗》)

9. ＿＿＿＿＿＿＿，败叶与林齐。(〔唐〕鲍溶《山中冬思二首·其一》)

10. 下有万玉虬，＿＿＿＿＿＿＿。(〔宋〕朱熹《次刘秀野蔬食十三诗韵·新笋》)

11. ＿＿＿＿＿＿＿，悲风入闺霜依庭。(〔南北朝〕谢灵运《燕歌行》)

12. ＿＿＿＿＿＿＿，沉吟久坐坐北堂。(〔唐〕李白《夜坐吟》)

13. 寒灯一点静相照，＿＿＿＿＿＿＿。(〔宋〕孔平仲《寄常父二首·其一》)

14. ＿＿＿＿＿＿＿，春亦有、幽兰相逐。(〔宋〕王质《真珠帘·栽竹》)

15. 天寒岁欲暮，＿＿＿＿＿＿＿，苦心停欲度。(〔魏晋〕无名氏《月节折杨柳歌十三首·十二月歌》)

143

"冬""雪"飘飘

根据提示，把下列诗句填写完整，让整联诗句出现"冬"与"雪"，二字的位置不限。

1. _____，正月已闻雷。（〔唐〕白居易《闻雷》）

2. _____，积雪凝苍翠。（〔唐〕王维《赠从弟司库员外绿》）

3. 自古承春早，_____。（〔唐〕朱庆余《早梅》）

4. _____，庭昏未夕阴。（〔唐〕祖咏《苏氏别业》）

5. 春至苔为叶，_____。（〔唐〕王泠然《古木卧平沙》）

6. _____，松短没蓬蒿。（〔宋〕司马光《送丁正臣通判复州》）

7. 秋桂月中藏影，_____。（〔宋〕白玉蟾《题丹晨书院壁》）

8. 驯犀生处南方热，_____。（〔唐〕白居易《驯犀》）

9. _____，尽在刺桐花下行。（〔唐〕朱庆余《南岭路》）

10. 不知近水花先发，_____。（〔唐〕张谓《早梅》）

11. 落日风沙长暝早，_____。（〔唐〕李频《朔中即事》）

12. _____，庭户凝霜雪。（〔南唐〕冯延巳《清平乐（深冬寒月）》）

13. 袖手看飞雪，_____。（〔宋〕张元干《水调歌头（袖手看飞雪）》）

14. _____，是天心未肯，化工非拙。（〔宋〕朱淑真《念奴娇·催雪》）

15. _____，万花纷谢一时稀。（〔现代〕毛泽东《七律·冬云》）

"冬""风"似刀

根据提示，把下列诗句填写完整，让整联诗句出现"冬"与"风"，二字的位置不限。

1. _____，飘风发发。（《诗经·小雅·四月》）

2. ＿＿＿＿＿＿＿＿，北风徘徊。（〔汉〕曹操《步出夏门行》）

3. ＿＿＿＿＿＿＿＿，云汉复霜棱。（〔唐〕陈子昂《登蓟城西北楼送崔著作融入都并序》）

4. ＿＿＿＿＿＿＿＿，中夜哀鸿去。（〔唐〕钱起《冬夜题旅馆》）

5. 不说风霜苦，＿＿＿＿＿＿＿＿。（〔唐〕杜荀鹤《溪居叟》）

6. ＿＿＿＿＿＿＿＿，草木俱披靡。（〔宋〕周端臣《孟冬多风霜》）

7. 荒城足风雨，＿＿＿＿＿＿＿＿。（〔宋〕吕本中《海陵杂兴八首·其四》）

8. 乘鄂渚而反顾兮，＿＿＿＿＿＿＿＿。（〔战国〕屈原《九章·涉江》）

9. ＿＿＿＿＿＿＿＿，悲风入闺霜依庭。（〔南北朝〕谢灵运《燕歌行》）

10. 春欢雨露同沾泽，＿＿＿＿＿＿＿＿。（〔唐〕白居易《送韦侍御量移金州司马》）

11. ＿＿＿＿＿＿＿＿，北户迎风夏月凉。（〔唐〕白居易《香炉峰下新卜山居草堂初成偶题东壁》）

12. ＿＿＿＿＿＿＿＿，中间梅花岁岁妍。（〔宋〕华镇《梅花》）

13. ＿＿＿＿＿＿＿＿，雪压风欺后。（〔宋〕周必大《点绛唇（踏白江梅）》）

14. ＿＿＿＿＿＿＿＿，晓日千门。（〔宋〕李从周《风入松·冬至》）

15. ＿＿＿＿＿＿＿＿，雪消残腊，天时人事相催。（〔宋〕陈德武《庆春宫·立春》）

乍"暖"还"寒"

根据提示，把下列诗句填写完整，让整联诗句出现"暖"与"寒"，二字的位置不限。

1. 岂伊地气暖，＿＿＿＿＿＿＿＿。（〔唐〕张九龄《感遇十二首·其七》）

2. 腊近晴多暖，＿＿＿＿＿＿＿＿。（〔唐〕卢纶《春日书情赠别司空曙》）

3. ＿＿＿＿＿＿＿＿，正朝发早梅。（〔唐〕张说《正朝摘梅》）

4. ＿＿＿＿＿＿＿＿，况是从来少睡人。（〔唐〕徐凝《二月望日》）

5. _____，须怕晴空暖并开。（〔唐〕司空图《重阳四首·其二》）

6. 寒随御水波光散，_____。（〔唐〕徐夤《东归出城留别知己》）

7. _____，溪南溪北两村名。（〔唐〕徐夤《酒醒》）

8. _____，越台风送晓钟声。（〔唐〕方干《叙钱塘异胜》）

9. 暖日映山调正气，_____。（〔唐〕方干《元日》）

10. _____，最难将息。（〔宋〕李清照《声声慢（寻寻觅觅）》）

11. _____，又是牡丹花候。（〔宋〕吴潜《如梦令（一饷园林绿就）》）

12. _____，赏花天气春将半。（〔宋〕赵长卿《点绛唇·春半》）

13. _____，半阴半晴云暮。（〔宋〕万俟咏《三台·清明应制》）

14. 金沙水拍云崖暖，_____。（〔现代〕毛泽东《七律·长征》）

15. 高天滚滚寒流急，_____。（〔现代〕毛泽东《七律·冬云》）

人间"冷""暖"

根据提示，把下列诗句填写完整，让整联诗句出现"冷"与"暖"，二字的位置不限。

1. 画堂鹦鹉鸟，_____。（〔唐〕白居易《乌夜啼》）

2. _____，手冷未梳头。（〔唐〕白居易《初冬早起寄梦得》）

3. _____，是非闲论任交亲。（〔唐〕白居易《迂叟》）

4. _____，二月因何更有冰？（〔唐〕白居易《和韩侍郎题杨舍人林池见寄》）

5. _____，濯缨人足识炎凉。（〔唐〕罗隐《句》）

6. 自怜南北枝先后，_____。（〔宋〕何梦桂《赠李梅仙谈命》）

7. 近日阴晴多不定，_____。（〔宋〕张侃《冬后书事》）

8. 一泓清可沁诗脾，_____。（〔宋〕林稹《冷泉亭》）

9. _____，冷烟凄雨便归休。（〔宋〕张继先《庵居杂咏九首·其八》）

10. _____，尺书频寄塞鸿回。（〔宋〕周紫芝《次韵次卿见寄》）

11. _____，但看老色几分增。（〔宋〕周必大《觉报长老道谌写予兄弟真求赞次七兄韵》）

12. _____，风雨晚来方定。（〔宋〕张先《青门引·春思》）

13. _____，做冷催教谢。（〔宋〕刘克庄《卜算子·惜海棠》）

14. _____，翻覆手间雨云。（〔宋〕刘克庄《春夜温故六言二十首·其八》）

15. 垂杨暗吴苑，正旗亭烟冷，_____。（〔宋〕吴文英《瑞鹤仙（晴丝牵绪乱）》）

"阴""晴"不定

根据提示，把下列诗句填写完整，让整联诗句出现"阴"与"晴"，二字的位置不限。

1. 欲开未开花，_____。（〔唐〕杜牧《春日茶山病不饮酒因呈宾客》）

2. 分野中峰变，_____。（〔唐〕王维《终南山》）

3. _____，残花落尽见流莺。（〔唐〕武元衡《春兴》）

4. 空山百鸟散还合，_____。（〔唐〕李颀《听董大弹胡笳声兼寄语弄房给事》）

5. _____，万户千门开闭时。（〔唐〕李商隐《流莺》）

6. 春风倚棹阖闾城，_____。（〔唐〕刘长卿《别严士元》）

7. _____，愁对花时尽日吟。（〔唐〕李绅《溯西江》）

8. _____，浮云绕天难夜行。（〔唐〕鲍溶《鸣雁行》）

9. _____，雨脚垂垂日脚明。（〔宋〕王希吕《湖山十咏·其三》）

10. _____，几重山水几重云。（〔宋〕程元岳《和竹坞过曹柘岭》）

11. _____，授衣时节轻寒嫩。（〔宋〕欧阳修《渔家傲（九月霜秋秋已尽）》）

12. 人有悲欢离合，_____，此事古难全。（〔宋〕苏轼《水调歌头（明月几时有）》）

13. 片时欢笑且相亲，_____。（〔宋〕朱敦儒《西江月（世事短如春梦）》）

14. 小院深深，悄镇日、_____。（〔宋〕岳珂《满江红（小院深深）》）

15. _____，人多哀乐，从来此事难凭度。（〔宋〕陈德武《踏莎行·中秋不见月》）

"阴""雨"连连

根据提示，把下列诗句填写完整，让整联诗句出现"阴"与"雨"，二字的位置不限。

1. 习习谷风，_____。（《诗经·邶风·谷风》）

2. 芃芃黍苗，_____。（《诗经·曹风·下泉》）

3. 终其永怀，_____。（《诗经·小雅·正月》）

4. 暮宿河南怅望，_____。（〔汉〕蔡邕《初平诗》）

5. 夕阳连雨足，_____。（〔唐〕孟浩然《题义公禅房》）

6. 溪水变为雨，_____。（〔唐〕孟郊《过分水岭》）

7. _____，风落松花细。（〔唐〕戴叔伦《松鹤》）

8. 春雨夜不散，_____。（〔唐〕卢纶《同吉中孚梦桃源二首·其一》）

9. 霜叶无风自落，_____。（〔唐〕卢纶《送万巨》）

10. 新鬼烦冤旧鬼哭，_____。（〔唐〕杜甫《兵车行》）

11. _____，留得枯荷听雨声。（〔唐〕李商隐《宿骆氏亭寄怀崔雍崔衮》）

12. 江山如画供诗眼，_____。（〔宋〕王炎《湘中杂咏十绝·其三》）

13. _____，今夕何夕月满林。（〔宋〕刘学箕《春夜对月弹琴有怀》）

14. _____，隔叶闻莺语。（〔宋〕叶梦得《虞美人·逋堂睡起，同吹洞箫》）

15. 风老莺雏，雨肥梅子，_____。（〔宋〕周邦彦《满庭芳·夏日溧水无想山作》）

谈"天"说"地"

根据提示，把下列诗句填写完整，让整联诗句出现"天"与"地"，二字的位置不限。

1. 地理南溟阔，⬚⬚⬚⬚⬚⬚⬚。（〔唐〕李商隐《献寄旧府开封公》）

2. ⬚⬚⬚⬚⬚⬚，千秋尚凛然。（〔唐〕刘禹锡《蜀先主庙》）

3. 中州唯此地，⬚⬚⬚⬚⬚⬚。（〔唐〕方干《称心寺中岛》）

4. ⬚⬚⬚⬚⬚⬚，园林似却春。（〔唐〕王驾《夏雨》）

5. 无限山河泪，⬚⬚⬚⬚⬚⬚！（〔明〕夏完淳《别云间》）

6. ⬚⬚⬚⬚⬚⬚，独怆然而涕下！（〔唐〕陈子昂《登幽州台歌》）

7. 地崩山摧壮士死，⬚⬚⬚⬚⬚⬚。（〔唐〕李白《蜀道难》）

8. 支离东北风尘际，⬚⬚⬚⬚⬚⬚。（〔唐〕杜甫《咏怀古迹五首·其一》）

9. ⬚⬚⬚⬚⬚⬚，到此踯躅不能去。（〔唐〕白居易《长恨歌》）

10. 在天愿作比翼鸟，⬚⬚⬚⬚⬚⬚。（〔唐〕白居易《长恨歌》）

11. ⬚⬚⬚⬚⬚⬚，此恨绵绵无绝期。（〔唐〕白居易《长恨歌》）

12. ⬚⬚⬚⬚⬚⬚，天假神柄专其雄。（〔唐〕韩愈《谒衡岳庙遂宿岳寺题门楼》）

13. ⬚⬚⬚⬚⬚⬚，云烟衮衮出毫端。（〔宋〕史弥宁《书苏道士江行图后三首·其一》）

14. ⬚⬚⬚⬚⬚⬚，不知何者是吾身？（〔宋〕辛弃疾《偶作》）

15. ⬚⬚⬚⬚⬚⬚，老翅几回寒暑。（〔金〕元好问《摸鱼儿·雁丘词》）

"风""云"变幻

根据提示，把下列诗句填写完整，让整联诗句出现"风"与"云"，二字的位置不限。

1. ⬚⬚⬚⬚⬚⬚⬚⬚，威加海内兮归故乡，安得猛士兮守四方！（〔汉〕刘邦《大风歌》）

2. ＿＿＿＿＿＿＿＿，草木黄落兮雁南归。（〔汉〕刘彻《秋风辞》）

3. 五味风雨集，＿＿＿＿＿＿＿。（〔三国·魏〕阮瑀《公燕诗》）

4. 寒风振山冈，＿＿＿＿＿＿＿。（〔晋〕阮籍《咏怀八十二首·其九》）

5. 居山四望阻，＿＿＿＿＿＿。（〔隋〕杨素《山斋独坐赠薛内史二首·其一》）

6. ＿＿＿＿＿＿，富无饥寒忧。（〔唐〕白居易《秦中吟十首·歌舞》）

7. ＿＿＿＿＿＿，花叶自相摧。（〔唐〕刘禹锡《送春曲三首·其一》）

8. 白云飞兮江上阻，＿＿＿＿＿＿。（〔南北朝〕萧统《示云麾弟》）

9. ＿＿＿＿＿＿，安得猛士兮守四方。（〔唐〕李白《胡无人行》）

10. 江间波浪兼天涌，＿＿＿＿＿＿。（〔唐〕杜甫《秋兴八首·其一》）

11. 猿鸟犹疑畏简书，＿＿＿＿＿＿。（〔唐〕李商隐《筹笔驿》）

12. 寰海沸兮争战苦，＿＿＿＿＿＿。（〔唐〕王毂《鸿门宴》）

13. 道通天地有形外，＿＿＿＿＿＿。（〔宋〕程颢《偶成》）

14. 江左沉酣求名者，岂识浊醪妙理？回首叫、＿＿＿＿＿＿。（〔宋〕辛弃疾《贺新郎（甚矣吾衰矣）》）

15. ＿＿＿＿＿＿，都做北邙山下尘。（〔元〕张养浩《山坡羊·北邙山怀古》）

"风""雨"无阻

根据提示，把下列诗句填写完整，让整联诗句出现"风"与"雨"，二字的位置不限。

1. ＿＿＿＿＿＿，萧瑟动寒林。（〔唐〕张说《幽州夜饮》）

2. ＿＿＿＿＿＿，逍遥池阁凉。（〔唐〕韦应物《郡斋雨中与诸文士燕集》）

3. 巅崖出飞泉，＿＿＿＿＿＿。（〔宋〕朱熹《瀑布》）

4. 园林芳事歇，＿＿＿＿＿＿。（〔元〕黄庚《晚春即事》）

5. ＿＿＿＿＿＿，飞雪迎春到。（〔现代〕毛泽东《卜算子·咏梅》）

6. 幽音变调忽飘洒，＿＿＿＿＿＿。（〔唐〕李颀《听董大弹胡笳声兼寄语弄房给事》）

150

7. 仙台初见五城楼，____。（〔唐〕韩翃《同题仙游观》）

8. 安得广厦千万间，大庇天下寒士俱欢颜，____。（〔唐〕杜甫《茅屋为秋风所破歌》）

9. 峥山融川取世界，____。（〔宋〕朱熹《题祝生画》）

10. ____，朦胧淡月云来去。（〔宋〕贺铸《蝶恋花·改徐冠卿词》）

11. 留客醉花迎晓日，金盏溢，____。（〔宋〕欧阳修《渔家傲（二月春耕昌杏密）》）

12. ____，莫送断肠红，斜枝倚。（〔宋〕黄庭坚《蓦山溪·至宜州作，寄赠陈湘》）

13. ____，已归燕子，未入人家。（〔宋〕冯伟寿《眼儿媚·春情》）

14. 回首向来萧瑟处，归去，____！（〔宋〕苏轼《定风波（莫听穿林打叶声）》）

15. 秋娘渡与泰娘桥，____，____。（〔宋〕蒋捷《一剪梅·舟过吴江》）

根据提示，把下列诗句填写完整，让整联诗句出现"云"与"雾"，二字的位置不限。

1. 晨游泰山，____。（〔三国·魏〕曹植《飞龙篇》）

2. 绣衣金缕，____。（〔唐〕韦庄《河传·其三》）

3. 月夜三江静，____。（〔南北朝〕朱超《夜泊巴陵诗》）

4. 秋昏塞外云，____。（〔隋〕杨广《饮马长城窟行》）

5. ____，清辉玉臂寒。（〔唐〕杜甫《月夜》）

6. ____，飞鸟不可越。（〔唐〕白居易《寄微之三首·其一》）

7. ____，游子几时还？（〔唐〕王勃《普安建阴题壁》）

8. 江上风烟积，____。（〔唐〕王勃《别人四首·其二》）

9. 故人渺何际，[   ]。（〔唐〕王勃《焦岸早行和陆四》）

10. [   ]，云暗玉坛空。（〔唐〕王勃《秋日仙游观赠道士》）

11. 云间迷树影，[   ]。（〔唐〕王勃《易阳早发》）

12. [   ]，归心浦溆悬。（〔唐〕王昌龄《沙苑南渡头》）

13. [   ]，云昏大漠沙。（〔唐〕李义府《和边城秋气早》）

14. [   ]，犹有六朝僧。（〔唐〕钱珝《江行望匡庐》）

15. [   ]，算人间知己吾和汝。（〔现代〕毛泽东《贺新郎·别友》）

"雨""雪"霏霏

　　根据提示，把下列诗句填写完整，让整联诗句出现"雨"与"雪"，二字的位置不限。

1. 今我来思，[   ]。（《诗经·小雅·采薇》）

2. 今我来思，[   ]。（《诗经·小雅·出车》）

3. 北风其凉，[   ]。（《诗经·邶风·北风》）

4. 北风其喈，[   ]。（《诗经·邶风·北风》）

5. [   ]，军行入高山。（〔唐〕杜甫《前出塞九首·其七》）

6. [   ]，独立君始悟。（〔唐〕王昌龄《听弹风入松阕赠杨补阙》）

7. 洒尽穷途泪，[   ]。（〔明〕夏完淳《毗陵遇辕文》）

8. 风雨送春归，[   ]。（〔现代〕毛泽东《卜算子·咏梅》）

9. 黄河捧土尚可塞，[   ]。（〔唐〕李白《北风行》）

10. 渡头轻雨洒寒梅，[   ]。（〔唐〕刘禹锡《松滋渡望峡中》）

11. 野云万里无城郭，[   ]。（〔唐〕李颀《古从军行》）

12. 濛濛暮雨春鸡唱，[   ]。（〔唐〕韦庄《尹喜宅》）

13. [   ]，春雨和风湿画屏。（〔唐〕韦庄《奉和观察郎中春暮忆花言怀见寄四韵之什》）

14. 几为芳菲眠细草，[   ]。（〔唐〕翁绶《咏酒》）

15. 雨淋麟阁名臣画，[   ]。（〔唐〕司空图《南北史感遇十首·其一》）

"冰""霜"同降

根据提示，把下列诗句填写完整，让整联诗句出现"冰"与"霜"，二字的位置不限。

1. 尾大于身，[   ]。（〔宋〕邵雍《偶书八首·其三》）

2. [   ]，终岁常端正。（〔汉〕刘桢《赠从弟》）

3. [   ]，积寒风愈切。（〔南北朝〕谢惠连《咏冬诗》）

4. 瓶冰知冬寒，[   ]。（〔唐〕李白《拟古十二首·其一》）

5. 江汉春风起，[   ]。（〔唐〕杜甫《远怀舍弟颖观等》）

6. [   ]，冰生后院池。（〔唐〕白居易《冬夜对酒寄皇甫十》）

7. [   ]，轻冰渌水漫。（〔唐〕元稹《咏廿四气诗·立冬十月节》）

8. 冰结泉声绝，[   ]。（〔唐〕皇甫冉《寄刘方平大谷田家》）

9. [   ]，先回草树秋。（〔宋〕王安石《秋兴和冲卿》）

10. [   ]，春到人间草木知。（〔宋〕张栻《立春偶成》）

11. [   ]，星斗罗胸却似愁。（〔宋〕孔武仲《巴陵界中作三首·其二》）

12. [   ]，我谓坚冰似君子。（〔宋〕孔武仲《食冰》）

13. 龙驭九重瞻日月，[   ]。（〔明〕程通《和靖江府钟纪善韵三首·其三》）

14. [   ]，饥对肉酪兮不能餐。（〔汉〕蔡文姬《胡笳十八拍》）

15. 树坚不怕风吹动，节操棱棱还自持，[   ]。（〔明〕于谦《北风吹》）

"冰"天"雪"地

根据提示，把下列诗句填写完整，让整联诗句出现"冰"与"雪"，二字的位置不限。

1. ＿＿＿＿＿＿＿＿，纷纷霰雪落。（〔南北朝〕谢灵运《苦寒行》）

2. 雪花开六出，＿＿＿＿＿＿＿＿。（〔南北朝〕庾信《郊行值雪诗》）

3. ＿＿＿＿＿＿，饥餐天上雪。（〔唐〕李白《苏武》）

4. 捷报春信来，＿＿＿＿＿＿＿。（〔宋〕王炎《次韵朱晦翁十梅·寒梅》）

5. 之子方热中，＿＿＿＿＿＿＿。（〔宋〕许开《茉莉花》）

6. 或为辽东帽，＿＿＿＿＿＿＿。（〔宋〕文天祥《正气歌》）

7. ＿＿＿＿＿＿＿，谁见人啼花照户。（〔南北朝〕江总《杂曲三首·其一》）

8. ＿＿＿＿＿＿，将登太行雪满山。（〔唐〕李白《行路难三首·其一》）

9. ＿＿＿＿＿，＿＿＿＿＿，幕中草檄砚水凝。（〔唐〕岑参《走马川行奉送出师西征》）

10. ＿＿＿＿＿＿＿，依倚春风笑野棠。（〔宋〕王安石《与微之同赋梅花得香字三首·其三》）

11. ＿＿＿＿＿＿，不听陈玄只听天。（〔宋〕杨万里《读张文潜诗二首·其一》）

12. ＿＿＿＿＿＿，不同桃李混芳尘。（〔元〕王冕《白梅》）

13. 风蒲猎猎小池塘，过雨荷花满院香，＿＿＿＿＿＿＿＿。（〔宋〕李重元《忆王孙·夏词》）

14. 应念岭表经年，孤光自照，＿＿＿＿＿＿。（〔宋〕张孝祥《念奴娇·过洞庭》）

15. 北国风光，＿＿＿＿＿，＿＿＿＿＿＿。（〔现代〕毛泽东《沁园春·雪》）

饱经"风""霜"

根据提示，把下列诗句填写完整，让整联诗句出现"风"与"霜"，二字的位置不限。

1. 秋风何冽冽，_____。（〔晋〕左思《杂诗》）

2. 寸心无远近，_____。（〔南北朝〕王融《萧咨议西上夜集诗》）

3. 吐言贵珠玉，_____。（〔唐〕李白《赠刘都使》）

4. 风卷清云尽，_____。（〔唐〕元稹《咏廿四气诗·霜降九月中》）

5. _____，与君长相思。（〔唐〕孟郊《宇文秀才斋中海柳咏》）

6. 山月皎如烛，_____。（〔唐〕韦应物《秋斋独宿》）

7. 旌旗倒北风，_____。（〔唐〕马戴《塞下曲二首·其一》）

8. 憔悴容仪君不知，_____？（〔南北朝〕鲍照《代鸣雁行》）

9. _____，条短为应攀折频。（〔唐〕白居易《题州北路傍老柳树》）

10. 不信风光疾于箭，_____。（〔唐〕方干《早春》）

11. 晖晖晓日明台殿，_____。（〔宋〕何贵《和于巽祗谒真祠诗》）

12. _____，老木沧波无限悲。（〔宋〕陈与义《登岳阳楼二首·其一》）

13. _____，天河下洗烟尘清。（〔宋〕陆游《秋雨叹》）

14. _____，人马饥豗兮筋力单。（〔汉〕蔡文姬《胡笳十八拍》）

15. _____，关河冷落，残照当楼。（〔宋〕柳永《八声甘州（对潇潇暮雨洒江天）》）

"雷""雨"阵阵

根据提示，把下列诗句填写完整，让整联诗句出现"雷"与"雨"，二字的位置不限。

1. _____，猿啾啾兮狖（yòu）夜鸣。（〔战国〕屈原《九歌·山鬼》）

2. 山无陵，江水为竭，_____，_____，天地合，乃敢

与君绝。（〔汉乐府〕《上邪》）

3. _____，蒙蒙其雨。（〔魏〕曹丕《黎阳作三首·其二》）

4. _____，吟当近海流。（〔唐〕贾岛《送惠雅法师归玉泉》）

5. 此夜聚会夕，_____。（〔唐〕贾岛《忆江上吴处士》）

6. 雨来看电影，_____。（〔唐〕元稹《咏廿四气诗·春分二月中》）

7. 竹喧先觉雨，_____。（〔唐〕元稹《咏廿四气诗·小暑六月节》）

8. 微雨众卉新，_____。（〔唐〕韦应物《观田家》）

9. _____，花木后岩春。（〔唐〕方干《镜湖西岛言事寄陶校书》）

10. 云垂多作雨，_____。（〔唐〕许棠《过中条山》）

11. _____，七十二峰青。（〔宋〕吕江《赠实际英上人（庵在洞庭西山）》）

12. _____，云压霜摧半年死。（〔唐〕元稹《有鸟二十章·其十一》）

13. _____，晓作狂霖晚又晴。（〔唐〕韦庄《暴雨》）

14. 云雨只从山上起，_____。（〔唐〕刘沧《题敬亭山庙》）

15. 非无忧爱闲成僻，_____。（〔宋〕林希逸《梁秘阁挽诗三首·其一》）

"雷""电"交加

　　根据提示，把下列诗句填写完整，让整联诗句出现"雷"与"电"，二字的位置不限。

1. 迅雷中霄激，_____。（〔晋〕陆机《赠尚书郎顾彦先》）

2. 雷音稍入岭，_____。（〔南北朝〕萧纲《雨后诗》）

3. 惊波动连山，_____。（〔唐〕李白《观伕飞斩蛟龙图赞》）

4. 雷惊空屋柱，_____。（〔唐〕元稹《夜雨》）

5. _____，云过听雷声。（〔唐〕元稹《咏廿四气诗·春分二月中》）

6. _____，鱼鳖惊夜光。（〔唐〕韩愈《此日足可惜赠张籍》）

7. 仙官敕六丁，_____。（〔唐〕韩愈《调张籍》）

8. _____，鳞皴势万端。（〔唐〕齐己《古松》）

9. ＿＿＿＿＿＿，猿猱斗堕林。（〔唐〕许棠《忆江南》）

10. 疾雷五河裂，＿＿＿＿＿＿。（〔宋〕刘敞《夏夜暴雨》）

11. ＿＿＿＿＿＿，满碑佳句雪冰清。（〔唐〕罗隐《滕王阁》）

12. ＿＿＿＿＿＿，一池金水向东流。（〔唐〕吕岩《绝句》）

13. ＿＿＿＿＿＿，海龙王处也横行。（〔唐〕皮日休《咏螃蟹呈浙西从事》）

14. ＿＿＿＿＿＿，十分凉。（〔宋〕楼锷《浣溪沙·双桧堂》）

15. 养吾浩气，＿＿＿＿＿＿。（〔宋〕张继先《水调歌头（高真留妙诀）》）

"烟""雨"蒙蒙

根据提示，把下列诗句填写完整，让整联诗句出现"烟"与"雨"，二字的位置不限。

1. ＿＿＿＿＿＿，层阙烟霞浮。（〔南北朝〕萧纲《仰和卫尉新渝侯巡城口号诗》）

2. ＿＿＿＿＿＿，萧萧江雨声。（〔南北朝〕何逊《至大雷联句》）

3. 片云堪度雨，＿＿＿＿＿＿。（〔唐〕王绩《山中避暑》）

4. 雨歇连峰翠，＿＿＿＿＿＿。（〔唐〕虞世南《奉和幽山雨后应令》）

5. 孤灯寒照雨，＿＿＿＿＿＿。（〔唐〕司空曙《云阳馆与韩绅宿别》）

6. 烟霞向海岛，＿＿＿＿＿＿。（〔唐〕马戴《宿贾岛原居》）

7. 南朝四百八十寺，＿＿＿＿＿＿。（〔唐〕杜牧《江南春》）

8. ＿＿＿＿＿＿，清猿啼在最高枝。（〔唐〕刘禹锡《竹枝》）

9. 惊怪儿童呼不得，＿＿＿＿＿＿。（〔唐〕皮日休《钓侣二章·其一》）

10. 惆怅不干桃李事，＿＿＿＿＿＿。（〔宋〕卢梅坡《春游》）

11. 犹恨东风无意思，＿＿＿＿＿＿。（〔宋〕张嵲《墨梅》）

12. 竹杖芒鞋轻胜马，谁怕？＿＿＿＿＿＿。（〔宋〕苏轼《定风波（莫听穿林打叶声）》）

13. 余花落处，＿＿＿＿＿＿。（〔宋〕林逋《点绛唇》）

14. 欢未阑，＿＿＿＿＿＿，宜昼阴庭馆。（〔宋〕吴文英《解语花·梅花》）

15. ＿＿＿＿＿＿，龟蛇锁大江。（〔现代〕毛泽东《菩萨蛮·黄鹤楼》）

"山""水"情怀

根据提示，把下列诗句填写完整，让整联诗句出现"山"与"水"，二字的位置不限。

1. _____，山岛竦峙。（〔汉〕曹操《观沧海》）

2. _____，出山泉水浊。（〔唐〕杜甫《佳人》）

3. 丘园共谁卜？_____？（〔唐〕白居易《哭崔常侍晦叔》）

4. _____，风尘厌洛京。（〔唐〕孟浩然《自洛之越》）

5. 云林谢家宅，_____。（〔唐〕韦应物《送宣城路录事》）

6. 当筵意气凌九霄，星离雨散不终朝，_____。（〔唐〕李白《忆旧游寄谯郡元参军》）

7. 专掌图书无过地，_____。（〔唐〕白居易《闲行》）

8. _____，看月寻花把酒杯。（〔唐〕白居易《忆晦叔》）

9. _____，辞家终拟长游衍。（〔唐〕王维《桃源行》）

10. _____，白银盘里一青螺。（〔唐〕刘禹锡《望洞庭》）

11. 烟销日出不见人，_____。（〔唐〕柳宗元《渔翁》）

12. 如练如霜在何处？_____。（〔唐〕徐凝《八月望夕雨》）

13. 欲写情怀难一一，_____。（〔宋〕魏野《和江南提刑王国博见寄》）

14. _____，马蹄催趁月明归。（〔宋〕岳飞《池州翠微亭》）

15. _____，被疏梅料理成风月。（〔宋〕辛弃疾《贺新郎（把酒长亭说）》）

"水""天"相接

根据提示，把下列诗句填写完整，让整联诗句出现"水"与"天"，二字的位置不限。

1. _____，云翔于天。（〔晋〕陆机《赠潘尼诗》）

2. 枯桑知天风，________。（〔汉乐府〕《饮马长城窟行》）
3. 卷帘天自高，________。（〔南北朝〕无名氏《西洲曲》）
4. ________，天边看远树。（〔南北朝〕何逊《晓发诗》）
5. 雨从天上茫，________。（〔隋〕杨广《江陵女歌》）
6. 充国出上郡，________。（〔唐〕王勃《陇西行十首·其五》）
7. ________，奔波万里来。（〔唐〕元稹《楚歌十首·其九》）
8. ________，天寒远近山。（〔唐〕皎然《同卢使君幼平郊外送阎侍御归台》）
9. ________，奔流到海不复回。（〔唐〕李白《将进酒》）
10. ________，数尺晴天几个星。（〔唐〕方干《路支使小池》）
11. 黄河中流日影斜，________。（〔唐〕卢仝《蜻蜓歌》）
12. 手捏青苗种福田，________。（〔唐〕契此《插秧歌》）
13. ________，染就一江秋色。（〔宋〕周密《闻鹊喜·吴山观涛》）
14. ________，带雨云埋一半山。（〔宋〕辛弃疾《鹧鸪天·送人》）
15. ________，恨东风不惜世间英物。（〔宋〕邓剡《酹江月·驿中言别》）

大“江”大“河”

根据提示，把下列诗句填写完整，让整联诗句出现“江”与“河”，二字的位置不限。

1. ________，江树远含情。（〔唐〕宋之问《送杜审言》）
2. ________，江山半旧游。（〔唐〕张祜《江南逢故人》）
3. 京洛遥天外，________。（〔唐〕吴融《登途怀友人》）
4. ________，水馆折莲花。（〔宋〕徐铉《驿中七夕》）
5. 尔曹身与名俱灭，________。（〔唐〕杜甫《戏为六绝句·其二》）
6. 何处好风偏似雪，________。（〔唐〕刘禹锡《柳絮》）
7. ________，贾客瞻风无渡河。（〔唐〕刘言史《夜泊润州江口》）

8. ＿＿＿＿＿＿＿＿，烟埋河朔去间关。（〔宋〕王安石《次韵奉酬李质夫》）

9. 王杨卢骆青冥上，＿＿＿＿＿＿＿＿。（〔宋〕王质《题窦伯山小隐诗六首·其五》）

10. ＿＿＿＿＿＿＿＿，直疑乘兴到银河。（〔宋〕孔武仲《巴陵界中作三首·其一》）

11. ＿＿＿＿＿＿＿＿，天阔日月争西东。（〔宋〕王令《山中》）

12. 天河秋来有时见，＿＿＿＿＿＿＿＿。（〔宋〕王阮《杨白花一首》）

13. ＿＿＿＿＿＿＿＿，一江烟浪古今愁。（〔宋〕王镃《寄杜北山》）

14. ＿＿＿＿＿＿＿＿，分明冷浸星河。（〔唐〕欧阳炯《西江月（月映长江秋水）》）

15. 冠剑不随君去，＿＿＿＿＿＿＿＿。（〔宋〕孙光宪《何满子（冠剑不随君去）》）

"江""山"如画

根据提示，把下列诗句填写完整，让整联诗句出现"江"与"山"，二字的位置不限。

1. 情通万里外，＿＿＿＿＿＿＿＿。（〔晋〕陶渊明《答庞参军》）

2. 山烟涵树色，＿＿＿＿＿＿＿＿。（〔南北朝〕何逊《日夕出富阳浦口和朗公诗》）

3. ＿＿＿＿＿＿＿＿，花柳自无私。（〔唐〕杜甫《后游》）

4. 风月自清夜，＿＿＿＿＿＿＿＿。（〔唐〕杜甫《日暮》）

5. ＿＿＿＿＿＿＿＿，终防市井喧。（〔唐〕杜甫《园》）

6. ＿＿＿＿＿＿＿＿，我辈复登临。（〔唐〕孟浩然《与诸子登岘山》）

7. 山顶东西寺，＿＿＿＿＿＿＿＿。（〔唐〕皎然《界石守风望天竺、灵隐二寺》）

8. ＿＿＿＿＿＿＿＿，繁华古帝都。（〔唐〕王贞白《金陵》）

9. 明朝望眼遮，＿＿＿＿＿＿＿＿。（〔宋〕王十朋《登古峰岭望夔州》）

10. ＿＿＿＿＿＿＿＿，云雨荒台岂梦思。（〔唐〕杜甫《咏怀古迹五首·其二》）

11. ＿＿＿＿＿＿＿＿，怜君何事到天涯。（〔唐〕刘长卿《长沙过贾谊宅》）

12. 文物六朝兴废地，＿＿＿＿＿＿＿＿。（〔唐〕张祜《上元怀古》）

13. _____，却打船头向北行。（〔唐〕王建《扬州寻张籍不见》）

14. _____，今古悠悠空浪花。（〔唐〕栖一《垓下怀古》）

15. 布被秋宵梦觉，_____。（〔宋〕辛弃疾《清平乐·独宿博山王氏庵》）

壮丽"山""河"

　　根据提示，把下列诗句填写完整，让整联诗句出现"山"与"河"，二字的位置不限。

1. 高山峨峨，_____。（〔汉〕王昭君《怨旷思惟歌》）

2. _____，山坏由猿穴。（〔汉〕孔融《临终诗》）

3. 泰山成砥砺，_____。（〔晋〕阮籍《咏怀八十二首·其三十八》）

4. _____，城春草木深。（〔唐〕杜甫《春望》）

5. _____，存没意多违。（〔唐〕韦应物《同德精舍旧居伤怀》）

6. 和根都斫却，_____。（〔宋〕朱继芳《题丘芳仲月林》）

7. _____，方知世界宽。（〔宋〕史浩《雪消得寒字》）

8. 古来英雄士，_____。（〔明〕刘基《绝句》）

9. _____，长戈利矛日可麾。（〔唐〕李商隐《韩碑》）

10. 今年五月咸阳关，_____。（〔唐〕无名氏《黄金台》）

11. _____，身世浮沉雨打萍。（〔宋〕文天祥《过零丁洋》）

12. 四十年来家国，_____。（〔南唐〕李煜《破阵子（四十年来家国）》）

13. 待从头，_____，朝天阙。（〔宋〕岳飞《满江红·写怀》）

14. 乘风好去，长空万里，_____。（〔宋〕辛弃疾《太常引·建康中秋夜为吕叔潜赋》）

15. _____，画角声中，牧马频来去。（〔清〕纳兰性德《蝶恋花·出塞》）

名"山"大"川"

根据提示，把下列诗句填写完整，让整联诗句出现"山"与"川"，二字的位置不限。

1. _____，维其劳矣。（《诗经·小雅·渐渐之石》）

2. _____，曷其没矣？（《诗经·小雅·渐渐之石》）

3. _____，山冢崒（suì）崩。（《诗经·小雅·十月之交》）

4. _____，如冈如陵，_____，以莫不增。（《诗经·小雅·天保》）

5. _____，忽在天一方。（〔唐〕杜甫《成都府》）

6. _____，长望泪沾巾。（〔唐〕王维《送孙二》）

7. 故人江海别，_____。（〔唐〕司空曙《云阳馆与韩绅宿别》）

8. 醉和金甲舞，_____。（〔唐〕卢纶《和张仆射塞下曲六首·其四》）

9. 嬉游不可极，_____。（〔唐〕宋之问《汉江宴别》）

10. 霰雪催残腊，_____。（〔宋〕张耒《腊日四首·其四》）

11. 谁谓波澜才一水，_____。（〔唐〕王勃《秋江送别二首·其二》）

12. _____，胡骑凭陵杂风雨。（〔唐〕高适《燕歌行》）

13. 兰堂坐久心弥惑，_____。（〔唐〕方干《水墨松石》）

14. _____，自古金陵道，少年看却老。（〔南唐〕冯延巳《醉花间（晴雪小园春未到）》）

15. _____，细寻思、旧游如梦。（〔宋〕欧阳修《夜行船（忆昔西都欢纵）》）

诗词"江""南"

根据提示，把下列诗句填写完整，让整联诗句出现"江"与"南"，二字的位置不限。

1. 滔滔江汉，_____。（《诗经·小雅·四月》）

2. 魂兮归来，　　　　　　　　！（〔战国〕屈原《楚辞·招魂》）

3. 　　　　　　，旦余济乎江湘。（〔战国〕屈原《九章·涉江》）

4. 　　　　　　，逐江湘之顺流。（〔汉〕刘向《九叹·远逝》）

5. 　　　　　　，莲叶何田田。（〔汉乐府〕《江南》）

6. 步出城东门，　　　　　　。（〔汉〕无名氏《古诗》）

7. 　　　　　　，风景旧曾谙。日出江花红胜火，春来江水绿如蓝。　　　　　　？（〔唐〕白居易《忆江南词三首·其一》）

8. 　　　　，最忆是杭州。（〔唐〕白居易《忆江南词三首·其二》）

9. 　　　　，其次忆吴宫。（〔唐〕白居易《忆江南词三首·其三》）

10. 　　　　，梅花柳花夹长道。（〔唐〕许棠《江南春》）

11. 　　　　，杏白桃红香蕊散。（〔唐〕许棠《江南春》）

12. 　　　　，蝴蝶闲飞绕深圃。（〔唐〕许棠《江南春》）

13. 恨君不似江楼月，　　　　。（〔宋〕吕本中《采桑子（恨君不似江楼月）》）

14. 　　　　，千万和春住。（〔宋〕王观《卜算子·送鲍浩然之浙东》）

15. 寒向江南暖，　　　　。莫道江南恶，　　　　。（〔元〕揭傒斯《秋雁》）

诗词"江""湖"

　　根据提示，把下列诗句填写完整，让整联诗句出现"江"与"湖"，二字的位置不限。

1. 　　　　，舟楫恐失坠。（〔唐〕杜甫《梦李白二首·其二》）

2. 鸿雁几时到，　　　　。（〔唐〕杜甫《天末怀李白》）

3. 　　　　，潮来天地青。（〔唐〕王维《送邢桂州》）

4. 　　　　，清江不可涉。（〔唐〕王昌龄《越女》）

5. 将家就鱼麦，　　　　。（〔唐〕元结《贼退示官吏》）

6. 　　　　，一纸故人书。（〔宋〕李石《周参政惠书啗及亡儿开二首·其一》）

7. ＿＿＿＿＿＿，家书动隔年。（〔宋〕刘克庄《乍归九首·其二》）

8. 风月随长笛，＿＿＿＿＿＿。（〔宋〕陆游《诗酒》）

9. ＿＿＿＿＿＿，点点白鸥明。（〔元〕贡奎《次韵袁伯长舟中杂书三首·其一》）

10. 与君何日出屯蒙，＿＿＿＿＿＿。（〔唐〕白居易《忆微之》）

11. ＿＿＿＿＿＿，楚腰纤细掌中轻。（〔唐〕杜牧《遣怀》）

12. 怅望残春万般意，＿＿＿＿＿＿。（〔唐〕元稹《岳阳楼》）

13. ＿＿＿＿＿＿，江送潮头涌漫波。（〔唐〕元稹《和乐天早春见寄》）

14. 桃李春风一杯酒，＿＿＿＿＿＿。（〔宋〕黄庭坚《寄黄几复》）

15. ＿＿＿＿＿＿，四山声作海涛翻。（〔宋〕陆游《十一月四日风雨大作二首·其一》）

五"湖"四"海"

根据提示，把下列诗句填写完整，让整联诗句出现"湖"与"海"，二字的位置不限。

1. ＿＿＿＿＿＿，长揖谢公卿。（〔唐〕孟浩然《自洛之越》）

2. 城边楼枕海，＿＿＿＿＿＿。（〔唐〕岑参《送任郎中出守明州》）

3. ＿＿＿＿＿＿，州城浸海云。（〔唐〕岑参《送羽林长孙将军赴歙州》）

4. ＿＿＿＿＿＿，日照海山秋。（〔唐〕张籍《送李评事游越》）

5. 高秋海天阔，＿＿＿＿＿＿。（〔唐〕张祜《越州怀古》）

6. 石帆摇海上，＿＿＿＿＿＿。（〔唐〕宋之问《游禹穴回出若耶》）

7. 海树青丛短，＿＿＿＿＿＿。（〔唐〕齐己《寄钱塘罗给事》）

8. 海门山叠翠，＿＿＿＿＿＿。（〔唐〕马戴《送狄参军赴杭州》）

9. 风尘非昔友，＿＿＿＿＿＿。（〔明〕夏完淳《毗陵遇辕文》）

10. ＿＿＿＿＿＿，何似君情与妾心。（〔唐〕白居易《浪淘沙词六首·其四》）

11. 斗笠为帆扇作舟，＿＿＿＿＿＿。（〔唐〕吕岩《绝句》）

12. ＿＿＿＿＿＿，老来无喜亦无忧。（〔宋〕苏洞《听雨诗》）

13. ________，江山不厌往来频。（〔宋〕赵时韶《古杭道中》）

14. ________，江山如作老诗人。（〔宋〕赵时韶《闲居感怀和屏山韵》）

15. ________，关塞如今风景，剪烛看吴钩。（〔宋〕张孝祥《水调歌头·和庞佑父》）

诗“江”词“海”

根据提示，把下列诗句填写完整，让整联诗句出现“江”与“海”，二字的位置不限。

1. ________，离离海树出。（〔南北朝〕谢朓《高斋视事诗》）

2. 君居北海阳，________。（〔晋〕张华《情诗五首·其四》）

3. ________，迎秋夜更长。（〔唐〕白居易《夜泊旅望》）

4. ________，聊与南客论。（〔唐〕岑参《春遇南使贻赵知音》）

5. ________，九州天地宽。（〔唐〕岑参《送张秘书充刘相公通汴河判官便赴江外觐省》）

6. ________，几度隔山川。（〔唐〕司空曙《云阳馆与韩绅宿别》）

7. ________，老作一渔翁。（〔宋〕严羽《有感六首·其四》）

8. ________，从子胥而自适。（〔战国〕屈原《九章·悲回风》）

9. 借问扬州在何处，________。（〔隋〕杨广《泛龙舟》）

10. 来如雷霆收震怒，________。（〔唐〕杜甫《观公孙大娘弟子舞剑器行并序》）

11. ________，一尊相劝散穷愁。（〔唐〕白居易《宿桐庐馆同崔存度醉后作》）

12. ________，乐游原上望昭陵。（〔唐〕杜牧《将赴吴兴登乐游原一绝》）

13. 蓬瀛乍接神仙侣，________。（〔唐〕袁皓《及第后作》）

14. 月从海底转天心，________。（〔宋〕王庭圭《次韵欧阳叔向水中月》）

15. 夜阑风静縠纹平，小舟从此逝，________。（〔宋〕苏轼《临江仙·夜归临皋》）

根据提示，把下列诗句填写完整，让整联诗句出现"川"与"海"，二字的位置不限。

1. _____，大海所以深。（〔南北朝〕庾信《商调曲四首·其二》）

2. _____，何时复西归？（〔汉乐府〕《长歌行》）

3. 涂山万国仰，_____。（〔南北朝〕张正见《从籍田应衡阳王教作诗·其一》）

4. _____，心闲游川鱼。（〔唐〕李白《游南阳白水登石激作》）

5. _____，帆影挂清川。（〔唐〕李白《送二季之江东》）

6. 云嶂天涯尽，_____。（〔唐〕张九龄《郡江南上别孙侍御》）

7. 百川有余水，_____。（〔唐〕孟郊《寄崔纯亮》）

8. _____，东海无虚盈。（〔唐〕韦应物《赠卢嵩》）

9. 烟霞浓浸海，_____。（〔唐〕贯休《晚望》）

10. _____，可泛济川航。（〔唐〕李德裕《重忆山居六首·平泉源》）

11. 三川北虏乱如麻，_____。（〔唐〕李白《永王东巡歌六首·其二》）

12. 月晕天风雾不开，_____。（〔唐〕李白《横江词十一首·其六》）

13. _____，山势川形阔复长。（〔唐〕白居易《江楼夕望招客》）

14. 孤云独鸟川光暮，_____。（〔唐〕李嘉祐《同皇甫冉登重玄阁》）

15. _____，平沙莽莽黄入天。（〔唐〕岑参《走马川行奉送出师西征》）

根据提示，把下列诗句填写完整，让整联诗句出现"波"与"浪"，二字的位置不限。

1. 月光随浪动，_____。（〔南北朝〕刘孝绰《月半夜泊鹊尾诗》）

166

2. _____，危微苦惊浪。（〔南北朝〕冯元兴《浮萍诗》）

3. _____，无使蛟龙得。（〔唐〕杜甫《梦李白二首·其一》）

4. 鳞次冠烟霞，_____。（〔唐〕李德裕《叠石》）

5. 昨暝逗南陵，_____。（〔唐〕丁仙芝《江南曲五首·其三》）

6. _____，吴楚会风烟。（〔宋〕郑许《池州》）

7. _____，塞上风云接地阴。（〔唐〕杜甫《秋兴八首·其一》）

8. 莲池旧是无波水，_____。（〔唐〕元稹《寻西明寺僧不在》）

9. 城西门前滟滪堆，_____。（〔唐〕刘禹锡《竹枝词九首并引·其六》）

10. _____，南湖今与北湖平。（〔唐〕韦庄《暴雨》）

11. 江豚江豚尔何物，_____。（〔宋〕王禹偁《江豚歌》）

12. _____，君山一点凝烟。（〔五代〕牛希济《临江仙（洞庭波浪飐晴天）》）

13. _____，若嗟往者兮未还，惜行人兮将去。（〔宋〕王令《江上辞》）

14. 明日下扁舟，_____。（〔宋〕叶梦得《菩萨蛮·己未五月十七日赠无住道人》）

15. 堆来枕上愁何状，_____。（〔现代〕毛泽东《虞美人·枕上》）

"烟""波"浩渺

根据提示，把下列诗句填写完整，让整联诗句出现"烟"与"波"，二字的位置不限。

1. 不醉浔阳酒，_____。（〔唐〕白居易《秋江送客》）

2. _____，犹未到钱唐。（〔唐〕白居易《夜泊旅望》）

3. 猿鸟共孤屿，_____。（〔唐〕刘长卿《送姚八归江南》）

4. 淮南一叶下，_____。（〔唐〕许浑《早秋》）

5. _____，闻名二十年。（〔唐〕贯休《赠灵鹫山道润禅师院》）

6. _____，南风生绿蘋。（〔唐〕于邺《天南怀故人》）

7. _____，烟萝渡石桥。（〔唐〕马戴《送僧归闽中旧寺》）

8. _____楼殿参差倚夕阳。（〔唐〕白居易《西湖晚归回望孤山寺赠诸客》）

9. _____，暂逐萧郎走上天。（〔唐〕元稹《襄阳为卢窦纪事五首·其四》）

10. 日暮乡关何处是？_____。（〔唐〕崔颢《黄鹤楼》）

11. _____，此生多是厌羁离。（〔唐〕崔涂《途中秋晚送友人归江南》）

12. _____，一道惊波撼郡城。（〔唐〕方干《叙钱塘异胜》）

13. 日回影倒落前溪，_____。（〔唐〕卢肇《笔翠峰题石》）

14. 洞庭波浪飐晴天，_____。（〔五代〕牛希济《临江仙（洞庭波浪飐晴天）》）

15. 念去去、_____，暮霭沉沉楚天阔。（〔宋〕柳永《雨霖铃（寒蝉凄切）》）

"云""海"茫茫

根据提示，把下列诗句填写完整，让整联诗句出现"云"与"海"，二字的位置不限。

1. _____，江海思无穷。（〔南北朝〕谢朓《曲池之水》）

2. _____，明月落河滨。（〔南北朝〕吴均《送吕外兵诗》）

3. 明月出天山，_____。（〔唐〕李白《关山月》）

4. _____，心闲游川鱼。（〔唐〕李白《游南阳白水登石激作》）

5. _____，苍茫宫观平。（〔唐〕李白《登瓦官阁》）

6. 驿舫宿湖月，_____。（〔唐〕岑参《送羽林长孙将军赴歙州》）

7. 兰桡殊未返，_____。（〔唐〕贾岛《忆江上吴处士》）

8. 琼树世尘外，_____。（〔宋〕陆游《范参政挽词二首·其二》）

9. 辽东海北剪长鲸，_____。（〔隋〕杨广《纪辽东三首·其一》）

10. 横江馆前津吏迎，_____。（〔唐〕李白《横江词六首·其五》）

11. _____，秣马龙堆月照营。（〔唐〕岑参《凯歌六首·其四》）

12. _____，还将别业对林泉。（〔唐〕王绩《解六合丞还》）

13. _____，群仙出没空明中。（〔宋〕苏轼《登州海市》）

14. _____，道山绛阙知何处。（〔宋〕苏轼《水龙吟（古来云海茫茫）》）

15. _____，民爱比、春流不断。（〔宋〕张先《离亭宴·公择别吴兴》）

"日""月"同辉

　　根据提示，把下列诗句填写完整，让整联诗句出现"日"与"月"，二字的位置不限。

1. _____，照临下土。（《诗经·邶风·日月》）

2. _____，下土是冒。（《诗经·邶风·日月》）

3. _____，出自东方。（《诗经·邶风·日月》）

4. _____，东方自出。（《诗经·邶风·日月》）

5. _____，胡迭而微？（《诗经·邶风·柏舟》）

6. 灵象运天机，_____。（〔晋〕张载《诗》）

7. 山林乾坤静，_____。（〔宋〕文天祥《送三山林溶孙归省》）

8. 青冥浩荡不见底，_____。（〔唐〕李白《梦游天姥吟留别》）

9. _____青枫叶赤天雨霜。（〔唐〕杜甫《寄韩谏议》）

10. _____五溪衣服共云山。（〔唐〕杜甫《咏怀古迹五首·其一》）

11. 玄宗回马杨妃死，_____。（〔唐〕郑畋《马嵬坡》）

12. _____血流垓下定龙蛇。（〔唐〕栖一《垓下怀古》）

13. _____砚中旗影动龙蛇。（〔宋〕夏竦《廷试》）

14. 黄金甲锁雷霆印，_____。（〔明〕朱权《送天师》）

15. 为有牺牲多壮志，_____。（〔现代〕毛泽东《七律·到韶山》）

"星""月"同光

根据提示，把下列诗句填写完整，让整联诗句出现"星"与"月"，二字的位置不限。

1. 日月有常，_____。（〔先秦〕无名氏《卿云歌》）
2. _____，乌鹊南飞。（〔汉〕曹操《短歌行》）
3. _____，天高气寒。（〔晋〕阮籍《咏怀四言三首·其二》）
4. _____，明月未收光。（〔三国·魏〕阮瑀《杂诗》）
5. _____，月涌大江流。（〔唐〕杜甫《旅夜书怀》）
6. _____，苍茫云雾浮。（〔唐〕杜甫《发秦州》）
7. 曾不知路之曲直兮，_____。（〔战国〕屈原《九章·抽思》）
8. _____，骖驾驷马从梁来。（〔汉〕刘彻《柏梁诗》）
9. 登明殿兮临广庭，_____。（〔汉〕蔡文姬《悲愤诗二章·其二》）
10. 曲终漏尽严具陈，_____。（〔汉乐府〕《鸡鸣歌》）
11. 阊门曙色欲苍苍，_____。（〔唐〕白居易《早发赴洞庭舟中作》）
12. 夜投佛寺上高阁，_____。（〔唐〕韩愈《谒衡岳庙遂宿岳寺题门楼》）
13. _____，亦无云气亦无雷。（〔宋〕翁卷《山雨》）
14. 月照水珠明，_____。（〔宋〕张镃《昭君怨·月夜放船》）
15. 只疑幽梦在清都，_____，霜重月华孤。（〔宋〕张孝祥《临江仙（试问梅花何处好）》）

诗中"明""月"

根据提示，把下列诗句填写完整，让整联诗句出现"明"与"月"，二字的位置不限。

1. _____，月出之光。（《诗经·齐风·鸡鸣》）

170

2. 日就月将，⬜⬜⬜⬜⬜⬜。（《诗经·周颂·敬之》）

3. ⬜⬜⬜⬜⬜⬜，何时可掇？（〔汉〕曹操《短歌行》）

4. 腰若流纨素，⬜⬜⬜⬜⬜⬜。（〔汉乐府〕《孔雀东南飞》）

5. 山林乍开乍合，⬜⬜⬜⬜⬜⬜。（〔汉乐府〕《上陵》）

6. ⬜⬜⬜⬜⬜⬜，疑是地上霜。⬜⬜⬜⬜⬜⬜，低头思故乡。（〔唐〕李白《静夜思》）

7. ⬜⬜⬜⬜⬜⬜，对影成三人。（〔唐〕李白《月下独酌四首·其一》）

8. 春江潮水连海平，⬜⬜⬜⬜⬜⬜。（〔唐〕张若虚《春江花月夜》）

9. 滟滟随波千万里，⬜⬜⬜⬜⬜⬜。（〔唐〕张若虚《春江花月夜》）

10. 谁家今夜扁舟子？⬜⬜⬜⬜⬜⬜？（〔唐〕张若虚《春江花月夜》）

11. ⬜⬜⬜⬜⬜⬜，二分无赖是扬州。（〔唐〕徐凝《忆扬州》）

12. ⬜⬜⬜⬜⬜⬜，把酒问青天。（〔宋〕苏轼《水调歌头（明月几时有）》）

13. 料得年年肠断处，⬜⬜⬜⬜⬜⬜，短松冈。（〔宋〕苏轼《江城子·乙卯正月二十日夜记梦》）

14. 佳令随人至，⬜⬜⬜⬜⬜⬜。（〔现代〕毛泽东《五律·喜闻捷报》）

15. 独有豪情，⬜⬜⬜⬜⬜⬜，风雷磅礴。（〔现代〕毛泽东《念奴娇·井冈山》）

诗词"明""星"

根据提示，把下列诗句填写完整，让整联诗句出现"明"与"星"，二字的位置不限。

1. 明明上天，⬜⬜⬜⬜⬜⬜。（〔先秦〕无名氏《卿云歌》）

2. 子兴视夜，⬜⬜⬜⬜⬜⬜。（《诗经·郑风·女曰鸡鸣》）

3. 东门之杨，其叶牂（zāng）牂。昏以为期，⬜⬜⬜⬜⬜⬜。（《诗经·陈风·东门之杨》）

4. 东门之杨，其叶肺肺。昏以为期，⬜⬜⬜⬜⬜⬜。（《诗经·陈风·东门之杨》）

5. 丹霞夹明月，_____。（〔三国·魏〕曹丕《芙蓉池作诗》）

6. _____，汝南晨鸡登坛唤。（〔汉乐府〕《鸡鸣歌》）

7. 谁知河汉浅且清，_____。（〔南北朝〕谢灵运《燕歌行》）

8. _____，苍茫远天曙。（〔唐〕王维《早朝》）

9. 西上莲花山，_____。（〔唐〕李白《古风五十九首·其十九》）

10. 青天何历历，_____。（〔唐〕李白《拟古十二首·其一》）

11. _____，麻姑搔背指爪轻。（〔唐〕李白《西岳云台歌送丹丘子》）

12. 轻红流烟湿艳姿，_____。（〔唐〕孟郊《巫山曲》）

13. 自言此游有真乐，_____。（〔宋〕张侃《西溪湖》）

14. _____，分明不及人间物。（〔宋〕张先《菩萨蛮·七夕》）

15. 银河浓淡，_____，轻云时度。（〔宋〕柳永《女冠子（断云残雨）》）

"日""光"普照

根据提示，把下列诗句填写完整，让整联诗句出现"日"与"光"，二字的位置不限。

1. _____，旦复旦兮。（〔先秦〕无名氏《卿云歌》）

2. _____，弘于一人。（〔先秦〕无名氏《卿云歌》）

3. 登昆仑兮食玉英，与天地兮同寿，_____。（〔战国〕屈原《九章·涉江》）

4. 卓众来东下，_____。（〔汉〕蔡文姬《悲愤诗》）

5. _____，悲风动地起。（〔三国·魏〕曹植《杂诗》）

6. 天地开辟，_____。（〔三国·魏〕司马懿《燕饮歌》）

7. 勃勃旱尘气，_____。（〔唐〕白居易《旱热二首·其二》）

8. _____，红树花迎晓露开。（〔唐〕张祜《集灵台二首·其一》）

9. 黑云压城城欲摧，　　　　　　。（〔唐〕李贺《雁门太守行》)

10. 竹里缲丝挑网车，　　　　　　　。（〔唐〕李贺《南园十三首·其三》)

11. 　　　　　　，暖得曲身成直身。（〔唐〕孟郊《答友人赠炭》)

12. 水将树影乱揉碎，　　　　　　。（〔宋〕杨万里《暮雨既霁将儿辈登多
稼亭》)

13. 　　　　　　，臭味要须我辈人。（〔宋〕张元干《瑞鹧鸪·彭德器出示胡
邦衡新句次韵》)

14. 　　　　　　，赢得日高眠。（〔宋〕吴潜《江城子·示表侄刘国华》)

15. 日月跳丸，　　　　　　，登临不用深怀古。（〔宋〕刘克庄《踏莎行·甲
午重九牛山作》)

根据提示，把下列诗句填写完整，让整联诗句出现"月"与"光"，二字
的位置不限。

1. 夜未央，　　　　　　。（〔南唐〕徐铉《观灯玉台体十首·其六》)

2. 　　　　　　，促织鸣东壁。（〔汉〕《古诗十九首·明月皎夜光》)

3. 明月照高楼，　　　　　　。（〔三国·魏〕曹植《七哀诗》)

4. 金石固易敝。　　　　　　。（〔三国·魏〕曹植《远游篇》)

5. 俯视清水波，　　　　　　。（〔三国·魏〕曹丕《杂诗二首·其一》)

6. 七夕长河烂，　　　　　　。（〔南北朝〕温子升《捣衣诗》)

7. 　　　　　　，疑是地上霜。（〔唐〕李白《静夜思》)

8. 唯愿当歌对酒时，　　　　　　。（〔唐〕李白《把酒问月》)

9. 晓镜但愁云鬓改，　　　　　　。（〔唐〕李商隐《无题（相见时难别亦难)》)

10. 独上江楼思渺然，　　　　　　。（〔唐〕赵嘏《江楼旧感》)

11. 萧萧野风声，　　　　　　。（〔宋〕刘攽《雨后》)

12. 昨疏月明漏水长，⬜⬜⬜⬜⬜⬜。（〔宋〕司马光《乌栖曲二首·其二》）

13. 烂烂明霞红日暮，艳艳轻云⬜⬜⬜⬜⬜⬜。（〔宋〕张孝祥《蝶恋花·秦乐家赏花》）

14. 吟罢低眉无写处，⬜⬜⬜⬜⬜⬜。（〔近现代〕鲁迅《惯于长夜过春时》）

15. 今宵月，直把天涯都照彻，⬜⬜⬜⬜⬜⬜。（〔现代〕毛泽东《归自谣·今宵月》）

"星""光"灿烂

根据提示，把下列诗句填写完整，让整联诗句出现"星"与"光"，二字的位置不限。

1. ⬜⬜⬜⬜⬜⬜，众星灿以繁。（〔三国·魏〕曹植《赠徐干诗》）

2. 东方大明星，⬜⬜⬜⬜⬜⬜。（〔晋〕傅玄《众星诗》）

3. 昔君与我兮金石无亏，⬜⬜⬜⬜⬜⬜。（〔晋〕傅玄《昔思君》）

4. ⬜⬜⬜⬜⬜⬜，星影入城楼。（〔唐〕李白《宿白鹭洲寄杨江宁》）

5. ⬜⬜⬜⬜⬜⬜，星斗裁文章。（〔唐〕李隆基《答司马承祯上剑镜》）

6. 影随流水急，⬜⬜⬜⬜⬜⬜。（〔唐〕李峤《箭》）

7. 晓连星影出，⬜⬜⬜⬜⬜⬜。（〔唐〕刘禹锡《咏红柿子》）

8. ⬜⬜⬜⬜⬜⬜，风露发晶英。（〔唐〕刘禹锡《八月十五日夜玩月》）

9. 仪形见山立，⬜⬜⬜⬜⬜⬜。（〔唐〕刘禹锡《奉和司空裴相公中书即事通简旧僚之作》）

10. 虎踞龙蹲纵复横，⬜⬜⬜⬜⬜⬜。（〔唐〕李商隐《乱石》）

11. ⬜⬜⬜⬜⬜⬜，不思修德事干戈。（〔唐〕周昙《六朝门·又吟》）

12. ⬜⬜⬜⬜⬜⬜，小星闹若沸。（〔宋〕苏轼《夜行观星》）

13. ⬜⬜⬜⬜⬜⬜，东望扶桑悄无色。（〔宋〕司马光《朝鸡赠王乐道》）

14. 两部蛙声鸣鼓吹，＿＿＿＿＿＿。（〔宋〕李纲《望江南（新雨足）》）

15. 星桥夜度，火树宵开，＿＿＿＿＿＿。（〔宋〕杨泽民《解语花（星桥夜度）》）

"星""云"浩瀚

根据提示，把下列诗句填写完整，让整联诗句出现"星"与"云"，二字的位置不限。

1. 遥遥山上亭，＿＿＿＿＿＿。（〔三国·魏〕曹丕《于明津作诗》）

2. ＿＿＿＿＿＿，飞鸽晨鸣声可怜，留连顾怀不能存。（〔三国·魏〕曹丕《燕歌行二首·其二》）

3. ＿＿＿＿＿＿，心与浮云闲。（〔唐〕李白《古风五十九首·其十二》）

4. ＿＿＿＿＿＿，但觉云林幽。（〔唐〕李白《月夜江行寄崔员外宗之》）

5. ＿＿＿＿＿＿，苍苍云雨池。（〔唐〕杜甫《偶题》）

6. 云母屏风烛影深，＿＿＿＿＿＿。（〔唐〕李商隐《嫦娥》）

7. 轻红流烟湿艳姿，＿＿＿＿＿＿。（〔唐〕孟郊《巫山曲》）

8. 桃源寂寂烟霞闭，＿＿＿＿＿＿。（〔唐〕戴叔伦《赠韩道士》）

9. 况是相逢雁天夕，＿＿＿＿＿＿。（〔唐〕张祜《夜宿盩浦逢崔昇》）

10. ＿＿＿＿＿＿，月出沧溟世界秋。（〔唐〕李中《宿庐山白云峰重道者院》）

11. ＿＿＿＿＿＿，银浦流云学水声。（〔唐〕李贺《天上谣》）

12. 金波远逐行云去，＿＿＿＿＿＿。（〔南唐〕冯延巳《菩萨蛮（金波远逐行云去）》）

13. 浮云一消散，＿＿＿＿＿＿。（〔宋〕司马光《秋夜》）

14. ＿＿＿＿＿＿，无云天更碧。（〔宋〕张元干《谒金门·送康伯桧》）

15. ＿＿＿＿＿＿，玉树惊乌三绕。（〔宋〕李弥逊《感皇恩·次韵尚书兄老山堂作》）

175

前途"光""明"

根据提示，把下列诗句填写完整，让整联诗句出现"光"与"明"，二字的位置不限。

1. 聪明睿智，_____。（〔现代〕毛泽东《四言诗·祭黄帝陵》）

2. 日就月将，_____。（《诗经·周颂·敬之》）

3. 齐名字于天地兮，_____。（〔汉〕刘向《九叹·逢纷》）

4. 清夜延贵客，_____。（〔三国·魏〕曹丕《于谯作诗》）

5. 白日正中时，_____。（〔南北朝〕鲍照《学刘公干体诗五首·其五》）

6. 跪进雕胡饭，_____。（〔唐〕李白《宿五松山下荀媪家》）

7. 我愿君王心，_____。（〔唐〕聂夷中《伤田家》）

8. 天子临轩赐侯印，_____。（〔唐〕王维《少年行四首·其四》）

9. _____，簏读兵书尽冥搜。（〔唐〕王昌龄《箜篌引》）

10. 妾家高楼连苑起，_____。（〔唐〕张籍《节妇吟·寄东平李司空师道》）

11. _____，野香山秀互相迎。（〔宋〕孔平仲《入山马上口占》）

12. 化工写出烂盈枝，_____。（〔宋〕史铸《金铃菊》）

13. _____，可奈落红纷似霰。（〔宋〕叶梦得《木兰花·二月二十六日晚雨，集客湖上》）

14. 金乌玉兔，时当几望，_____。（〔宋〕史浩《鹊桥仙·七夕》）

15. 万古山河，归月影、_____。（〔元〕白朴《念奴娇·中秋效李敬斋体，每句用月字。》）

"风""光"无限

根据提示，把下列诗句填写完整，让整联诗句出现"风"与"光"，二字的位置不限。

1. 浮云翳日光，_____。（〔三国·魏〕曹植《杂诗》）

2. 天寒光转白，＿＿＿＿＿＿＿。（〔南北朝〕王褒《关山月》）

3. ＿＿＿＿＿＿，长风响树枝。（〔唐〕元稹《咏廿四气诗·小雪十月中》）

4. ＿＿＿＿＿＿，来看广陵春。（〔唐〕韦应物《赠李儋侍御》）

5. ＿＿＿＿＿＿，逢君上客稀。（〔唐〕张谓《宴郑伯玙宅》）

6. 山水不相厌，＿＿＿＿＿＿。（〔宋〕司马光《游山呈景仁》）

7. 不论平地与山尖，＿＿＿＿＿＿。（〔唐〕罗隐《蜂》）

8. 三月正当三十日，＿＿＿＿＿＿。（〔唐〕贾岛《三月晦日送春》）

9. ＿＿＿＿＿＿，空中露气湿流光。（〔唐〕方干《月》）

10. 毕竟西湖六月中，＿＿＿＿＿＿。（〔宋〕杨万里《晓出净慈寺送林子方》）

11. 天生一个仙人洞，＿＿＿＿＿＿。（〔现代〕毛泽东《为李进同志题所摄庐山仙人洞照》）

12. ＿＿＿＿＿＿，縠皱波纹迎客棹。（〔宋〕宋祁《玉楼春·春景》）

13. 何处望神州？＿＿＿＿＿＿。（〔宋〕辛弃疾《南乡子·登京口北固亭有怀》）

14. ＿＿＿＿＿＿，不为登高，只觉魂销。（〔清〕纳兰性德《采桑子·九日》）

15. ＿＿＿＿＿＿，千里冰封，万里雪飘。（〔现代〕毛泽东《沁园春·雪》）

植"树"造"林"

根据提示，把下列诗句填写完整，让整联诗句出现"树"与"林"，二字的位置不限。

1. 下有采薇士，＿＿＿＿＿＿。（〔晋〕阮籍《咏怀八十二首·其十一》）

2. 湛湛长江水，＿＿＿＿＿＿。（〔晋〕阮籍《咏怀八十二首·其十三》）

3. 春岸桃花水，＿＿＿＿＿＿。（〔唐〕杜甫《南征》）

4. 日暮秋烟起，＿＿＿＿＿＿。（〔唐〕戴叔伦《三闾庙》）

5. 暮隔碧云海，＿＿＿＿＿＿。（〔唐〕张祜《鹦鹉》）

6. 漠漠穷尘地，＿＿＿＿＿＿。（〔唐〕张祜《题苏小小墓》）

7. ＿＿＿＿＿＿，草合废宫深。（〔唐〕卢纶《赋得馆娃宫送王山人游江东》）

8. ＿＿＿＿＿＿，巫山巫峡气萧森。（〔唐〕杜甫《秋兴八首·其一》）

9. ＿＿＿＿＿＿，只教桃柳占年芳。（〔唐〕白居易《石榴树》）

10. 每看阙下丹青树，＿＿＿＿＿＿。（〔唐〕白居易《西省对花忆忠州东坡新花树因寄题东楼》）

11. ＿＿＿＿＿＿，有时飞向新林宿。（〔唐〕元稹《有鸟二十章·其八》）

12. ＿＿＿＿＿＿，风过长林杂花起。（〔唐〕刘希夷《江南曲八首·其六》）

13. ＿＿＿＿＿＿，路旁处处足清阴。（〔宋〕吴芾《早行五首·其二》）

14. 不知春色归何处，＿＿＿＿＿＿。（〔宋〕王之道《桃源忆故人》）

15. ＿＿＿＿＿＿。道是梅花，不是梅花。（〔宋〕方岳《一剪梅·客中新雪》）

诗"林"寻"木"

根据提示，把下列诗句填写完整，让整联诗句出现"林"与"木"，二字的位置不限。

1. 高山有崖，＿＿＿＿＿＿。（〔魏〕曹丕《善哉行三首·其一》）

2. 大风卷水，＿＿＿＿＿＿。（〔唐〕司空图《诗品二十四则·悲慨》）

3. 啄木啄啄，＿＿＿＿＿＿。（〔唐〕齐己《啄木》）

4. ＿＿＿＿＿＿，秋气风云高。（〔南北朝〕庾信《和裴仪同秋日诗》）

5. 鸡栖篱落晚，＿＿＿＿＿＿。（〔唐〕白居易《闲居》）

6. 故园经乱久，＿＿＿＿＿＿。（〔唐〕刘长卿《送严侍御充东畿观察判官》）

7. ＿＿＿＿＿＿，庭虚风露寒。（〔唐〕上官仪《故北平公挽歌》）

8. ＿＿＿＿＿＿，古树泉石冷。（〔唐〕张祜《越州怀古》）

9. 秋来木叶黄，＿＿＿＿＿＿。（〔唐〕王绩《秋园夜坐》）

10. 下岭雪霜在，＿＿＿＿＿＿。（〔唐〕无可《春晚喜悟禅师自琉璃上方见过》）

11. ＿＿＿＿＿＿，秋残渐雪霜。（〔唐〕齐己《送人润州寻兄弟》）

12. ＿＿＿＿＿＿，邻里三分作白头。（〔唐〕白居易《会昌二年春题池西

小楼》）

13. 万木丛云出香阁，⬜⬜⬜⬜⬜。（〔唐〕韦应物《寓居沣上精舍寄于、张
二舍人》）

14. 泉流掩映在木杪，⬜⬜⬜⬜⬜。（〔唐〕元结《宿丹崖翁宅》）

15. 天高霜月砧声苦，⬜⬜⬜⬜⬜。（〔唐〕刘沧《怀汶阳兄弟》）

"树""木"丛生

　　根据提示，把下列诗句填写完整，让整联诗句出现"树"与"木"，二字
的位置不限。

1. ⬜⬜⬜⬜⬜，百草丰茂。（〔汉〕曹操《观沧海》）

2. ⬜⬜⬜⬜⬜，北风声正悲。（〔汉〕曹操《苦寒行》）

3. ⬜⬜⬜⬜⬜，兄弟还相忘。（〔汉乐府〕《鸡鸣》）

4. 胡地多飚风，⬜⬜⬜⬜⬜。（〔汉乐府〕《古歌》）

5. 今日大风寒，⬜⬜⬜⬜⬜，严霜结庭兰。（〔汉乐府〕《孔雀东南飞》）

6. ⬜⬜⬜⬜⬜，清池激长流。（〔三国·魏〕曹植《赠王粲诗》）

7. ⬜⬜⬜⬜⬜，绕屋树扶疏。（〔晋〕陶渊明《读山海经十三首·其一》）

8. 曾城填华屋，⬜⬜⬜⬜⬜。（〔唐〕杜甫《成都府》）

9. ⬜⬜⬜⬜⬜，始闻叩柴荆。（〔唐〕杜甫《羌村三首·其三》）

10. 徒言树桃李，⬜⬜⬜⬜⬜？（〔唐〕张九龄《感遇十二首·其七》）

11. ⬜⬜⬜⬜⬜，人在木兰舟。（〔唐〕马戴《楚江怀古》）

12. ⬜⬜⬜⬜⬜，江山如故人。（〔宋〕王安石《金山寺》）

13. 下视楼台处，⬜⬜⬜⬜⬜。（〔宋〕王安石《游杭州圣果寺》）

14. 君臣已与时际会，⬜⬜⬜⬜⬜。（〔唐〕杜甫《古柏行》）

15. ⬜⬜⬜⬜⬜，莫愁何在，⬜⬜⬜⬜⬜。（〔宋〕高观国《永遇乐·次
韵吊青楼》）

"花""草"为伴

根据提示，把下列诗句填写完整，让整联诗句出现"花"与"草"，二字的位置不限。

1. 塘边草杂红，＿＿＿＿＿＿。（〔南北朝〕谢朓《送江水曹还远馆诗》）

2. ＿＿＿＿＿＿，芳草尚抽绿。（〔南北朝〕萧衍《杨叛儿》）

3. ＿＿＿＿＿＿，花叶百种色。（〔南北朝〕萧衍《襄阳蹋铜蹄歌三首·其二》）

4. ＿＿＿＿＿＿，对月想边秋。（〔南北朝〕张正见《有所思》）

5. 拂草如连蝶，＿＿＿＿＿＿。（〔南北朝〕裴子野《咏雪诗》）

6. 落花入户飞，＿＿＿＿＿＿。（〔隋〕杨素《山斋独坐赠薛内史诗二首·其一》）

7. 迟日江山丽，＿＿＿＿＿＿。（〔唐〕杜甫《绝句二首·其一》）

8. 况经梅雨来，＿＿＿＿＿＿。（〔唐〕白居易《感情》）

9. 林花扫更落，＿＿＿＿＿＿。（〔唐〕孟浩然《春中喜王九相寻》）

10. 君不见春鸟初至时，＿＿＿＿＿＿。（〔南北朝〕鲍照《拟行路难十八首·其十七》）

11. 洛阳梨花落如雪，＿＿＿＿＿＿。（〔南北朝〕萧子显《燕歌行》）

12. ＿＿＿＿＿＿，晋代衣冠成古丘。（〔唐〕李白《登金陵凤凰台》）

13. ＿＿＿＿＿＿，浅草才能没马蹄。（〔唐〕白居易《钱塘湖春行》）

14. 春风春雨满春山，＿＿＿＿＿＿。（〔宋〕韩淲《雨中过春山》）

15. 风雨瓢泉夜半，＿＿＿＿＿＿，老子已菟裘。（〔宋〕辛弃疾《水调歌头·送杨民瞻》）

"草""木"有情

根据提示，把下列诗句填写完整，让整联诗句出现"草"与"木"，二字的位置不限。

1. 无草不死，＿＿＿＿＿＿。（《诗经·小雅·谷风》）

2. 树木丛生，＿＿＿＿＿＿＿＿＿＿＿。（〔汉〕曹操《观沧海》）

3. 滔滔孟夏兮，＿＿＿＿＿＿＿＿＿。（〔战国〕屈原《九章·怀沙》）

4. ＿＿＿＿＿＿＿＿＿，夕露沾我衣。（〔晋〕陶渊明《归园田居五首·其三》）

5. ＿＿＿＿＿＿＿＿，园木空自凋。（〔晋〕陶渊明《己酉岁九月九日》）

6. 轻风摧劲草，＿＿＿＿＿＿＿＿。（〔晋〕张协《杂诗》）

7. 国破山河在，＿＿＿＿＿＿＿＿。（〔唐〕杜甫《春望》）

8. ＿＿＿＿＿＿＿＿，何求美人折？（〔唐〕张九龄《感遇十二首·其一》）

9. 覆阵乌鸢起，＿＿＿＿＿＿＿＿。（〔唐〕卢纶《从军行》）

10. 竟日风沙急，＿＿＿＿＿＿＿＿。（〔唐〕朱庆余《塞下感怀》）

11. ＿＿＿＿＿＿＿＿，恐美人之迟暮。（〔战国〕屈原《离骚》）

12. 秋风萧瑟天气凉，＿＿＿＿＿＿＿。（〔三国·魏〕曹丕《燕歌行二首·其一》）

13. ＿＿＿＿＿＿＿＿，兵戈阻绝老江边。（〔唐〕杜甫《恨别》）

14. 漫漫汗汗一笔耕，＿＿＿＿＿＿＿。（〔唐〕顾况《范山人画山水歌》）

15. 回车庙古丹青老，＿＿＿＿＿＿＿。（〔明〕于谦《秋日经太行·其一》）

"花""香"阵阵

　　根据提示，把下列诗句填写完整，让整联诗句出现"花"与"香"，二字的位置不限。

1. 月带圆楼影，＿＿＿＿＿＿＿＿。（〔南北朝〕刘孝绰《奉和湘东王应令诗·春宵》）

2. 迟日江山丽，＿＿＿＿＿＿＿＿。（〔唐〕杜甫《绝句二首·其一》）

3. 掬水月在手，＿＿＿＿＿＿＿＿。（〔唐〕于良史《春山夜月》）

4. ＿＿＿＿＿＿＿＿，觉后战血腥。（〔唐〕司马扎《古边卒思归》）

5. 四山新笋出，＿＿＿＿＿＿＿＿。（〔宋〕韩淲《四月二日五首·其二》）

6. 拂窗桐叶下，＿＿＿＿＿＿＿＿。（〔宋〕陆游《六七月之交山中凉甚》）

7. 雨滋槐叶翠，＿＿＿＿＿＿＿＿。（〔明〕朱高炽《池亭纳凉》）

181

8. 一畦春韭绿，_____。（〔清〕曹雪芹《杏帘在望》）

9. 茏葱树色分仙阁，_____。（〔唐〕杨巨源《长安春游》）

10. 楸梧叶暗潇潇雨，_____。（〔唐〕许浑《朱坡故少保杜公池亭》）

11. 试问清芳谁第一，_____。（〔宋〕潘良贵《蜡梅三绝·其二》）

12. _____，尊前舞袖影成三。（〔元〕吕诚《月下独酌闻桂香》）

13. _____，梧叶西风影。（〔宋〕高观国《菩萨蛮（何须急管吹云暝）》）

14. _____，听取蛙声一片。（〔宋〕辛弃疾《西江月·夜行黄沙道中》）

15. 人生易老天难老，岁岁重阳，今又重阳。_____。（〔现代〕毛泽东《采桑子·重阳》）

"杨""柳"依依

根据提示，把下列诗句填写完整，让整联诗句出现"杨"与"柳"，二字的位置不限。

1. 昔我往矣，_____。（《诗经·小雅·采薇》）

2. 浩浩阳春发，_____。（〔汉〕张衡《歌》）

3. 巫山巫峡长，_____。（〔南北朝〕萧绎《折杨柳》）

4. _____，同向玉窗垂。（〔唐〕刘方平《代宛转歌二首·其二》）

5. 校猎长杨苑，_____。（〔唐〕卢纶《皇帝感词》）

6. _____，归期暗数芙蓉。（〔宋〕卢祖皋《乌夜啼》）

7. _____，杨花漫漫搅天飞。（〔隋〕无名氏《送别诗》）

8. _____，春风不度玉门关。（〔唐〕王之涣《凉州词》）

9. _____，闻郎江上唱歌声。（〔唐〕刘禹锡《竹枝词二首·其一》）

10. _____，愿戴儒冠为控弦。（〔唐〕韦庄《闻回戈军》）

11. 日暮笙歌收拾去，_____。（〔宋〕吴惟信《苏堤清明即事》）

12. 沾衣欲湿杏花雨，_____。（〔宋〕志南《绝句》）

13. 草长莺飞二月天，_____。（〔清〕高鼎《村居》）

14. 今宵酒醒何处? ▢▢▢▢▢、晓风残月。(〔宋〕柳永《雨霖铃(寒蝉凄切)》)

15. ▢▢▢▢▢,六亿神州尽舜尧。(〔现代〕毛泽东《七律二首·送瘟神·其二》)

根据提示,把下列诗句填写完整,让整联诗句出现"柳"与"花",二字的位置不限。

1. 江山如有待,▢▢▢▢▢。(〔唐〕杜甫《后游》)
2. ▢▢▢▢▢,别君当酒酣。(〔唐〕贾岛《二月晦日留别鄂中友人》)
3. ▢▢▢▢▢,麦雨涨溪田。(〔唐〕李贺《南园十三首·其十三》)
4. 琴悲桂条上,▢▢▢▢▢。(〔唐〕上官仪《王昭君》)
5. ▢▢▢▢▢,玉郎犹未归。(〔唐〕牛峤《菩萨蛮(无裙香暖金泥凤)》)
6. ▢▢▢▢▢,吴姬压酒唤客尝。(〔唐〕李白《金陵酒肆留别》)
7. 江南正月春花早,▢▢▢▢▢。(〔唐〕许稷《江南春》)
8. 山重水复疑无路,▢▢▢▢▢。(〔宋〕陆游《游山西村》)
9. ▢▢▢▢▢,桑叶尖新绿未成。(〔宋〕范成大《春日田园杂兴十二绝·其一》)
10. 日长睡起无情思,▢▢▢▢▢。(〔宋〕杨万里《闲居,初夏午睡起二绝名·其一》)
11. ▢▢▢▢▢,今年人忆去年人。(〔宋〕赵子发《忆江南(新梦断)》)
12. 花深深,柳阴阴,▢▢▢▢▢。(〔宋〕陈东甫《长相思(花深深)》)
13. ▢▢▢▢▢,飞入青烟巷陌。(〔宋〕施岳《兰陵王(柳花白)》)
14. 活水源流随处满,▢▢▢▢▢。(〔明〕于谦《观书》)
15. ▢▢▢▢▢,一载赴黄粱。(〔清〕曹雪芹《正册判词》)

"桃""李"芬芳

根据提示，把下列诗句填写完整，让整联诗句出现"桃"与"李"，二字的位置不限。

1. _____，报之以李。（《诗经·大雅·抑》）

2. 虫来啮桃根，_____。（〔汉乐府〕《鸡鸣》）

3. 榆柳荫后檐，_____。（〔晋〕陶渊明《归园田居五首·其一》）

4. 嘉树下成蹊，_____。（〔晋〕阮籍《咏怀八十二首·其五》）

5. _____，吐花竟不言。（〔唐〕李白《古风五十九首·其二十五》）

6. _____，此木岂无阴？（〔唐〕张九龄《感遇十二首·其七》）

7. _____，然后欲忘言。（〔唐〕韦蟾《梅》）

8. _____，秋雨梧桐叶落时。（〔唐〕白居易《长恨歌》）

9. 洞门高阁霭余辉，_____。（〔唐〕王维《酬郭给事》）

10. 林园手种唯吾事，_____。（〔唐〕耿沣《代园中老人》）

11. 故吾思昆仑之琪树，_____。（〔唐〕陈子昂《彩树歌》）

12. _____，江湖夜雨十年灯。（〔宋〕黄庭坚《寄黄几复》）

13. 深深庭院清明过，_____。（〔宋〕苏轼《虞美人（深深庭院清明过）》）

14. 林下有孤芳，不匆匆、_____。（〔宋〕黄庭坚《蓦山溪·至宜州作，寄赠陈湘》）

15. _____，春在溪头荠菜花。（〔宋〕辛弃疾《鹧鸪天（陌上柔桑破嫩芽）》）

"瓜""果"飘香

根据提示，把下列诗句填写完整，让整联诗句出现"瓜"与"果"，二字的位置不限。

1. 蛛丝小人态，_____。（〔唐〕杜甫《牵牛织女》）

2. 聊随儿女戏，　　　　　　　。（〔宋〕舒岳祥《秋日山居好十首·其四》）

3. 　　　　　　，天中岂识别离情。（〔宋〕仇远《七夕二首·其一》）

4. 　　　　　　，是处开樽沸管箫。（〔宋〕廖行之《七夕》）

5. 　　　　　　，斜河拟看星度。（〔宋〕吴文英《惜秋华·七夕前一日送人归盐官》）

6. 馨香饼饵，　　　　　　，乞巧千门万户。（〔宋〕吴潜《鹊桥仙（馨香饼饵）》）

7. 　　　　　　，诗书野客堂。（〔元〕袁凯《饮田家醉后书王生壁》）

8. 　　　　　　，酒浊鸡肥里社风。（〔元〕宋讷《赵樵山见和复用韵以答之·其一》）

9. 初月纤纤照露台，　　　　　　。（〔元〕赵雍《七夕二首·其一》）

10. 遥闻彻夜铃声过，　　　　　　。（〔元〕贡师泰《滦河曲二首·其一》）

11. 江头风急客衣凉，　　　　　　。（〔元〕吴当《七夕大风》）

12. 留得晚瓜过腊半，　　　　　　。（〔元〕耶律楚材《再用韵记西游事》）

13. 　　　　　　，露花零乱满琪林。（〔元〕陶宗仪《七夕次万山韵》）

14. 　　　　　　，霄汉云霓隔晦冥。（〔明〕刘基《再和倒用前韵》）

15. 　　　　　　，拜月桂花影里。（〔清〕胡纫荪《念奴娇·中秋坐月和姑大人韵》）

"叶"落归"根"

根据提示，把下列诗句填写完整，让整联诗句出现"叶"与"根"，二字的位置不限。

1. 　　　　　　，根株浮沧海。（〔晋〕陶渊明《拟古九首·其九》）

2. 桃叶复桃叶，　　　　　　。（〔晋〕王献之《桃叶歌三首·其二》）

3. 　　　　　　，气浅未成峰。（〔南北朝〕张正见《赋得题新云诗》）

4. 不见松萝上，　　　　　　。（〔南北朝〕萧衍《古意诗二首·其一》）

5. 安知南山桂，　　　　　　。（〔唐〕李白《咏桂》）

6. 　　　　　　，江溪共石根。（〔唐〕杜甫《冬深》）

7. 满庭田地湿，＿＿＿＿＿＿。（〔唐〕白居易《早春》）

8. ＿＿＿＿＿＿，青苔围柱根。（〔唐〕白居易《早寒》）

9. 似叶飘辞树，＿＿＿＿＿＿。（〔唐〕白居易《途中题山泉》）

10. 白云从出岫，＿＿＿＿＿＿。（〔唐〕刘长卿《重推后却赴岭外待进止寄元侍郎》）

11. ＿＿＿＿＿＿，斜根拥断蓬。（〔唐〕卢纶《山中咏古木》）

12. 壁泥根长麦，＿＿＿＿＿＿。（〔唐〕张祜《闲居作五首·其四》）

13. 根涵旧山土，＿＿＿＿＿＿。（〔唐〕王贞白《冯氏书斋小松二首·其二》）

14. 有根横水石，＿＿＿＿＿＿。（〔唐〕王泠然《古木卧平沙》）

15. 小青衣动桃根起，＿＿＿＿＿＿。（〔唐〕白居易《日高卧》）

"泪"如"雨"下

根据提示，把下列诗句填写完整，让整联诗句出现"泪"与"雨"，二字的位置不限。

1. 守穷者贫贱，＿＿＿＿＿＿。（〔汉〕曹操《善哉行三首·其二》）

2. 雷叹一声响，＿＿＿＿＿＿。（〔南北朝〕萧统《有所思》）

3. ＿＿＿＿＿＿，终年共酒衣。（〔唐〕司空图《长亭》）

4. ＿＿＿＿＿＿，著木木立槁。（〔宋〕陈师道《秋怀十首·其七》）

5. 诉苍天兮天不闻，＿＿＿＿＿＿。（〔晋〕嵇康《思亲诗》）

6. 风号沙宿潇湘浦，＿＿＿＿＿＿。（〔唐〕李白《临江王节士歌》）

7. ＿＿＿＿＿＿，五十年前雨露恩。（〔唐〕白居易《梨园弟子》）

8. ＿＿＿＿＿＿，梨花一枝春带雨。（〔唐〕白居易《长恨歌》）

9. 岭色千重万重雨，＿＿＿＿＿＿。（〔唐〕王昌龄《听流人水调子》）

10. 君歌声酸辞且苦，＿＿＿＿＿＿。（〔唐〕韩愈《八月十五夜赠张功曹》）

11. 今为羌笛出塞声，＿＿＿＿＿＿。（〔唐〕李颀《古意》）

12. _____，镜鸾分后属何人？（〔唐〕王涣《惆怅诗十二首·其四》）

13. 春雨洒，春雨洒，_____。（〔唐〕冯著《洛阳道》）

14. 骊山语罢清宵半，_____。（〔清〕纳兰性德《木兰花令·拟古决绝
词，柬友》）

15. 忽报人间曾伏虎，_____。（〔现代〕毛泽东《蝶恋花·答李淑一》）

饮"酒"品"茶"

　　根据提示，把下列诗句填写完整，让整联诗句出现"酒"与"茶"，二字
的位置不限。

1. 清影不宜昏，_____。（〔唐〕白居易《宿蓝溪对月》）

2. _____，破睡见茶功。（〔唐〕白居易《赠东邻王十三》）

3. _____，行茶使小娃。（〔唐〕白居易《春尽劝客酒》）

4. 旋碾新茶试，_____。（〔唐〕张祜《闲居作五首·其四》）

5. _____，谁解助茶香。（〔唐〕皎然《九日与陆处士羽饮茶》）

6. _____，山童呼不起。（〔唐〕皮日休《闲夜酒醒》）

7. _____，聊以送将归。（〔唐〕张谓《道林寺送莫侍御》）

8. _____，茶将野水煎。（〔唐〕姚合《和元八郎中秋居》）

9. 小盏吹醅尝冷酒，_____。（〔唐〕白居易《北亭招客》）

10. 云暖采茶来岭北，_____。（〔唐〕许浑《秋晚怀茅山石涵村舍》）

11. _____，何如今喜折新茶。（〔唐〕司空图《丑年冬》）

12. 昨日东风吹枳花，_____。（〔唐〕李郢《酬友人春暮寄枳花茶》）

13. 竹窗松户有佳期，_____。（〔唐〕李嘉祐《与从弟正字从兄兵曹宴
集林园》）

14. 春残叶密花枝少，_____。（〔宋〕王安石《晚春》）

15. 休对故人思故国，_____，_____。（〔宋〕苏轼《望江
南·超然台作》）

"醉""酒"成诗

　　根据提示，把下列诗句填写完整，让整联诗句出现"醉"与"酒"，二字的位置不限。

1. ＿＿＿＿＿＿＿，既饱以德。（《诗经·大雅·既醉》）

2. ＿＿＿＿＿＿＿，尔肴既将。（《诗经·大雅·既醉》）

3. ＿＿＿＿＿＿＿，客醉几重春。（〔唐〕李白《江夏送张丞》）

4. ＿＿＿＿＿＿＿，逢山爱晚归。（〔唐〕白居易《赠沙鸥》）

5. ＿＿＿＿＿＿＿，悲吟不是歌。（〔唐〕白居易《晚春登大云寺南楼赠常禅师》）

6. 寂寞逢村酒，＿＿＿＿＿＿＿。（〔唐〕张乔《吴江旅次》）

7. ＿＿＿＿＿＿＿，几回颠倒枕。（〔唐〕元稹《合衣寝》）

8. 情人道来竟不来，＿＿＿＿＿＿＿？（〔唐〕李白《春日独坐寄郑明府》）

9. ＿＿＿＿＿＿＿，一面红妆恼杀人。（〔唐〕李白《赠段七娘》）

10. ＿＿＿＿＿＿＿，半是春风荡酒情。（〔唐〕元稹《先醉》）

11. 酒污衣裳从客笑，＿＿＿＿＿＿＿。（〔唐〕王建《寒食日看花》）

12. 尊前莫话诗三百，＿＿＿＿＿＿＿。（〔唐〕韦庄《病中闻相府夜宴戏赠集贤卢学士》）

13. ＿＿＿＿＿＿＿，故人知我几时来？（〔唐〕王贞白《句》）

14. 迁人到处唯求醉，＿＿＿＿＿＿＿。（〔唐〕司空曙《过长林湖西酒家》）

15. 张帆欲去仍搔首，＿＿＿＿＿＿＿。（〔宋〕陈与义《虞美人（张帆欲去仍搔首）》）

"诗""酒"年华

　　根据提示，把下列诗句填写完整，让整联诗句出现"诗"与"酒"，二字的位置不限。

1. 安得同携手，＿＿＿＿＿＿＿。（〔南北朝〕谢朓《怀故人诗》）

2. 独酌一樽酒，   。（〔南北朝〕江总《在陈旦解酲共哭顾舍人诗》）

3. 林泉明月在，   。（〔唐〕王勃《秋日仙游观赠道士》）

4.   ，春风奈我何？（〔唐〕张祜《闲居作五首·其五》）

5.   ，终日相逢迎。（〔唐〕田娥《寄远》）

6. 酒肠宽似海，   。（〔唐〕刘叉《自问》）

7. 水竹花前谋活计，   。（〔唐〕白居易《吾土》）

8.   ，相看更合与何人？（〔唐〕白居易《元微之除浙东观察使，喜得杭越邻州，先赠长句》）

9.   ，未须料理白头人。（〔唐〕杜甫《江畔独步寻花七绝句·其二》）

10.   ，酒饮千钟不怕多。（〔唐〕何承裕《寄宣义英公》）

11.   ，绝句聊酬马侍郎。（〔宋〕王庭圭《辰州马观察送酒二首·其二》）

12. 刘白老来忘世味，   。（〔宋〕陆游《叶相最高亭》）

13. 休对故人思故国，且将新火试新茶，   。（〔宋〕苏轼《望江南·超然台作》）

14.   ，玉阶不信仙凡隔。（〔宋〕辛弃疾《满江红·和杨民瞻送祐之弟还侍浮梁》）

15.   ，水云乡，可堪醉墨几淋浪。（〔宋〕辛弃疾《鹧鸪天·送元省干》）

"茶""香"沁诗

根据提示，把下列诗句填写完整，让整联诗句出现"茶"与"香"，二字的位置不限。

1. 春泥秧稻暖，   。（〔唐〕白居易《题施山人野居》）

2.   ，腰暖日阳中。（〔唐〕白居易《闲卧寄刘同州》）

3.   ，松韵晚吟时。（〔唐〕许浑《溪亭二首·其二》）

4. 俗人多泛酒，_____。（〔唐〕皎然《九日与陆处士羽饮茶》）

5. 竹影斜青藓，_____。（〔唐〕齐己《逢乡友》）

6. 雪长松桎格，_____。（〔唐〕齐己《寄孙辟呈郑谷郎中》）

7. 语淡不著物，_____。（〔唐〕贯休《题宿禅师院》）

8. 簟冷窗中月，_____。（〔唐〕张乔《题友人林斋》）

9. 香鼎生云穗，_____。（〔宋〕王炎《过凤隐山》）

10. 佛香时缥缈，_____。（〔宋〕王质《题孤山寺》）

11. 衣汗稍停床上扇，_____。（〔唐〕卢延让《松寺》）

12. 野泉烟火白云间，_____。（〔唐〕灵一《与元居士青山潭饮茶》）

13. 竹窗松户有佳期，_____。（〔唐〕李嘉祐《与从弟正字从兄兵曹宴集林园》）

14. _____，隔墙听得黄鹂啭。（〔宋〕吴潜《踏莎行（红药将残）》）

15. _____，当时只道是寻常。（〔清〕纳兰性德《浣溪沙（谁念西风独自凉）》）

"灯""火"辉煌

根据提示，把下列诗句填写完整，让整联诗句出现"灯"与"火"，二字的位置不限。

1. 笙歌归院落，_____。（〔唐〕白居易《宴散》）

2. 皋桥夜沽酒，_____？（〔唐〕白居易《夜归》）

3. 烬火孤星灭，_____。（〔唐〕元稹《独夜伤怀赠呈张侍御》）

4. _____，寒觉薄帱空。（〔唐〕元稹《景申秋八首·其四》）

5. 香炉宿火灭，_____。（〔唐〕韦应物《郡斋卧疾绝句》）

6. 村店烟火动，_____。（〔唐〕王观《早行》）

7. _____，无烟烬火同。（〔唐〕卢殷《金灯》）

8. _____，星河一道水中央。（〔唐〕白居易《江楼夕望招客》）

9. _____，正是男儿读书时。（〔唐〕颜真卿《劝学诗》）

10. 官事归来衣雪埋，_____。（〔唐〕翁承赞《书斋谩兴二首·其二》）

11. _____，知有人家夜读书。（〔宋〕晁冲之《夜行》）

12. 名不显时心不朽，_____。（〔明〕唐寅《夜读》）

13. 烂游胜赏，_____，鼎沸笙箫。（〔宋〕杨无咎《人月圆》）

14. _____，明月如霜，照见人如画。（〔宋〕苏轼《蝶恋花·密州上元》）

15. 众里寻他千百度，蓦然回首，那人却在，_____。（〔宋〕辛弃疾《青玉案·元夕》）

　　根据提示，把下列诗句填写完整，让整联诗句出现"人"与"物"，二字的位置不限。

1. _____，有始必有终。（〔晋〕张华《壮士篇》）

2. _____，居然田舍翁。（〔唐〕白居易《闲坐》）

3. 物故犹堪用，_____。（〔唐〕白居易《感旧纱帽》）

4. _____，始得作闲人。（〔唐〕白居易《无长物》）

5. _____，春物为谁开？（〔唐〕韦庄《寄园林主人》）

6. _____，而能与世推移。（〔战国〕屈原《渔父》）

7. _____，还从物外起田园。（〔唐〕王维《桃源行》）

8. _____，惟有东风旧相识。（〔宋〕欧阳修《春日西湖寄谢法曹歌》）

9. _____，草木何妨定短长？（〔宋〕潘良贵《蜡梅三绝·其二》）

10. _____，青山流水唤人来。（〔宋〕马廷鸾《癸酉春暮钟信甫寄诗次其韵二首·其二》）

11. 大江东去，浪淘尽，_____。（〔宋〕苏轼《念奴娇·赤壁怀古》）

12. _____，欲语泪先流。（〔宋〕李清照《武陵春·春晚》）

13. 俱往矣，_____，还看今朝。（〔现代〕毛泽东《沁园春·雪》）

191

14. ＿＿＿＿＿＿＿＿，洞中开宴会，招待出牢人。（〔现代〕毛泽东《临江仙·给丁玲同志》）

15. ＿＿＿＿＿＿？盗跖（zhí）庄跻（jué）流誉后，更陈王奋起挥黄钺。（〔现代〕毛泽东《贺新郎·读史》）

"风""物"无限

根据提示，把下列诗句填写完整，让整联诗句出现"风"与"物"，二字的位置不限。

1. 眼前无长物，＿＿＿＿＿＿＿。（〔唐〕白居易《销暑》）

2. 物色连三月，＿＿＿＿＿＿＿。（〔唐〕王勃《仲春郊外》）

3. 有形不累物，＿＿＿＿＿。（〔唐〕皎然《南池杂咏·溪云》）

4. 基构白石层，＿＿＿＿＿。（〔宋〕冯山《宿云亭》）

5. ＿＿＿＿＿＿，二月笋生时。（〔明〕李流芳《春笋诗》）

6. 知是娥皇庙前物，＿＿＿＿＿＿＿。（〔唐〕元稹《斑竹》）

7. 仙台初见五城楼，＿＿＿＿＿＿＿。（〔唐〕韩翃《同题仙游观》）

8. 四望交亲兵乱后，＿＿＿＿＿＿。（〔唐〕司空图《重阳山居》）

9. ＿＿＿＿＿＿，苒苒山屏万古春。（〔宋〕丁谓《垂虹亭》）

10. 牢骚太盛防肠断，＿＿＿＿＿＿＿。（〔现代〕毛泽东《七律·和柳亚子先生》）

11. 梅落新春入后庭，＿＿＿＿＿＿。（〔南唐〕冯延巳《抛球乐（梅落新春入后庭）》）

12. ＿＿＿＿＿。人去后，多少恨，在心头。（〔唐〕冯延巳《芳草渡（梧桐落）》）

13. 参差烟树灞陵桥，＿＿＿＿＿。（〔宋〕柳永《少年游（参差烟树灞陵桥）》）

14. 一带江山如画，＿＿＿＿＿＿。（〔宋〕张昇《离亭燕（一带江山如画）》）

15. 水天空阔，＿＿＿＿＿＿＿。（〔宋〕邓剡《酹江月·驿中言别》）

"天""人"合一

根据提示，把下列诗句填写完整，让整联诗句出现"天"与"人"，二字的位置不限。

1. 悠悠苍天，_____？（《诗经·王风·黍离》）

2. 彼苍者天，_____！（《诗经·秦风·黄鸟》）

3. 不愧于人？_____？（《诗经·小雅·何人斯》）

4. 母也天只，_____！（《诗经·鄘风·柏舟》）

5. _____，内外察诸。（〔宋〕邵雍《灾来吟》）

6. 羿昔落九乌，_____。（〔唐〕李白《古朗月行》）

7. _____，符节我所持。（〔唐〕元结《舂陵行》）

8. _____，龙塞始应春。（〔唐〕孙逖《同洛阳李少府观永乐公主入蕃》）

9. _____，剪水作花飞。（〔唐〕陆畅《惊雪》）

10. _____，嗟彼本何事。（〔宋〕苏轼《夜行观星》）

11. _____，哀人生之长勤。（〔战国〕屈原《远游》）

12. _____，计程今日到梁州。（〔唐〕白居易《同李十一醉忆元九》）

13. _____，至理何烦远去寻。（〔宋〕邵雍《天地吟》）

14. 谢却海棠飞尽絮，_____。（〔宋〕朱淑贞《即景》）

15. _____，未应廊庙忘山林。（〔宋〕杨万里《谢淮东漕虞寿老宝文察院寄诗二首·其二》）

"人""神"感应

根据提示，把下列诗句填写完整，让整联诗句出现"人"与"神"，二字的位置不限。

1. 静观神与骨，_____。（〔唐〕白居易《自题写真》）

2. 神安体稳暖，_____？（〔唐〕白居易《晏起》）

3. _____，神在地天间。（〔宋〕文天祥《题吴城山》）

4. 今日景阳台上，_____？（〔宋〕徐铉《景阳台怀古》）

5. 云涛烟浪最深处，_____。（〔唐〕白居易《海漫漫》）

6. 阴阳神变皆可测，_____。（〔唐〕白居易《天可度》）

7. 若学多情寻往事，_____？（〔唐〕白居易《和友人洛中春感》）

8. 令人忽忆潇湘渚，_____。（〔唐〕刘禹锡《浪淘沙九首·其九》）

9. _____，人间来就楚襄王。（〔唐〕刘禹锡《巫山神女庙》）

10. 若非天上神仙宅，_____。（〔唐〕韦庄《令狐亭》）

11. 天高木落楚人思，_____。（〔唐〕刘沧《题巫山庙》）

12. _____，养性长生自意吟。（〔唐〕吕岩《七言》）

13. _____，有雪无诗俗了人。（〔宋〕卢梅坡《雪梅二首·其二》）

14. 先后花随人意思，_____。（〔宋〕方岳《次韵梅花二首·其一》）

15. 月下人人，_____。（〔宋〕毛滂《减字木兰花·李家出歌人》）

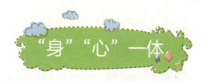

"身""心"一体

根据提示，把下列诗句填写完整，让整联诗句出现"身"与"心"，二字的位置不限。

1. _____，浩浩如虚舟。（〔唐〕白居易《咏意》）

2. _____，冥然任天造。（〔唐〕白居易《首夏》）

3. 身闲无所为，_____。（〔唐〕白居易《秋池二首·其一》）

4. 清心为治本，_____。（〔宋〕包拯《书端州郡斋壁》）

5. 带长剑兮挟秦弓，_____。（〔战国〕屈原《国殇》）

6. _____，嗜欲不同兮谁可与语？（〔汉〕蔡文姬《胡笳十八拍》）

7. 我非食生而恶死，_____。（〔汉〕蔡文姬《胡笳十八拍》）

8. ＿＿＿＿＿＿，岂限长安与洛阳？（〔唐〕白居易《吾土》）

9. 身无彩凤双飞翼，＿＿＿＿＿＿。（〔唐〕李商隐《无题（昨夜星辰昨夜风）》）

10. 儿家夫婿心容易，＿＿＿＿＿＿。（〔唐〕欧阳炯《木兰花（儿家夫婿心容易）》）

11. 我生志气谁相许，＿＿＿＿＿＿？（〔宋〕许景衡《秋冬思家》）

12. 转烛飘蓬一梦归，欲寻陈迹怅人非，＿＿＿＿＿＿。（〔南唐〕李煜《浣溪沙（转烛飘蓬一梦归）》）

13. ＿＿＿＿＿＿，静看草根泉际，吟蚓与飞萤。（〔宋〕李纲《水调歌头·和李似之横山对月》）

14. ＿＿＿＿＿＿，况有清池凉馆。（〔宋〕朱熹《西江月（睡处林风瑟瑟）》）

15. 身老江湖，＿＿＿＿＿＿。（〔宋〕吴文英《声声慢·和沈时斋八日登高韵》）

诗人"心""血"

　　根据提示，把下列诗句填写完整，让整联诗句出现"心"与"血"，二字的位置不限。

1. ＿＿＿＿＿＿，心摧两无声。（〔唐〕李白《古风五十九首·其三十四》）

2. ＿＿＿＿＿＿，一滴染天地。（〔唐〕陈润《阙题》）

3. ＿＿＿＿＿＿，臣心一寸丹。（〔宋〕刘克庄《苌弘》）

4. 二女洒竹泪，＿＿＿＿＿＿。（〔宋〕方一夔《续感兴二十五首·其九》）

5. ＿＿＿＿＿＿，心死一团灰。（〔宋〕毕仲游《挽欧阳伯和三首·其一》）

6. 夜泊湘川逐客心，＿＿＿＿＿＿。（〔唐〕刘禹锡《酬瑞州吴大夫夜泊湘川见寄一绝》）

7. ＿＿＿＿＿＿，一旦天心却许和。（〔唐〕杜荀鹤《将入关安陆遇兵寇》）

8. 驼囊泻酒酒一杯，＿＿＿＿＿＿。（〔唐〕张祜《雁门太守行》）

9. ＿＿＿＿＿＿，谁见朱殷未死心。（〔唐〕周昙《后汉门·周都妻》）

10. 春风渭水不敢流，＿＿＿＿＿＿。（〔唐〕张陵《虏患》）

11. 男子铁心无地著，_____。（〔宋〕文天祥《求客》）

12. 诸老丹心付流水，_____。（〔宋〕文天祥《哭崖山》）

13. 经营十日苦无舟，_____。（〔宋〕文天祥《脱京口得船难》）

14. 平生忧国丹心在，_____。（〔宋〕王十朋《次韵题曹大夫怀忠阁》）

15. 春心偿未足，怎忍听、_____。（〔宋〕吕渭老《情久长（锁窗夜永）》）

根据提示，把下列诗句填写完整，让整联诗句出现"血"与"肉"，二字的位置不限。

1. _____，安能长强健。（〔唐〕白居易《花下对酒二首·其二》）

2. _____，百年终丑老。（〔宋〕连文凤《秋怀八首·其七》）

3. 圣主骨肉恩，_____。（〔宋〕郑刚中《白居易有望阙云遮眼思乡雨滴心之句用其韵为秋思·其二》）

4. 衣冠堕涂炭，_____。（〔宋〕何梦桂《上夹谷书隐先生六首·其四》）

5. 上天宫阙高，_____。（〔宋〕郑思肖《寄萧梅初二首·其一》）

6. _____，肉红宫锦海棠梨。（〔唐〕韩偓《见花》）

7. _____，_____，沉痛积冤何可说？（〔宋〕刘宰《猛虎行》）

8. 鼎中铅汞未成丹，_____？（〔宋〕何梦桂《答文公索玉楼赋二绝·其二》）

9. _____，五谷自古惟闻名。（〔宋〕陆游《焉耆行二首·其二》）

10. 山村牧童遭虎噬，_____。（〔宋〕陆游《捕虎行》）

11. 城子河边委乱尸，_____。（〔宋〕文天祥《发高沙四首·其二》）

12. 食肉寝皮勿遗患，_____。（〔元〕方回《乳虎行》）

13. 非能尽性充乎体，_____。（〔元〕陈普《孟子·践形》）

14. _____，补疮遮眼肉都剜。（〔元〕陈杰《读邸报四首·其一》）

15. 壮志饥餐胡虏肉，_____。（〔宋〕岳飞《满江红·写怀》）

根据提示，把下列诗句填写完整，让整联诗句出现"文"与"武"，二字的位置不限。

1. 宣哲维人，_____。（《诗经·周颂·雝》）

2. _____，昭假烈祖。（《诗经·鲁颂·泮水》）

3. _____，召公维翰。（《诗经·大雅·江汉》）

4. _____，万邦为宪。（《诗经·小雅·六月》）

5. 文王受命，_____。（《诗经·大雅·文王有声》）

6. _____，遗爱芳尘满洛城。（〔唐〕刘禹锡《酬令狐相公见寄》）

7. _____，万方同轨奏升平。（〔唐〕张祜《元日仗》）

8. _____，内竖言安色始怡。（〔唐〕周昙《三代门·武王》）

9. _____，几多贤哲守成规。（〔唐〕周昙《三代门·周公》）

10. 晋齐命令炎如火，_____。（〔宋〕邵雍《观春秋吟》）

11. 年正壮，_____，尽曾留意。（〔宋〕陈之贤《满江红（人物英雄）》）

12. 清白传芳，高明驰誉，_____。（〔宋〕钱处仁《念奴娇（勋门积庆）》）

13. _____，功到雄奇即罪名。（〔明〕袁崇焕《哭熊经略之一》）

14. 昨日文小姐，_____。（〔现代〕毛泽东《临江仙·给丁玲同志》）

15. _____，_____；唐宗宋祖，稍逊风骚。（〔现代〕毛泽东《沁园春·雪》）

有"声"有"色"

根据提示，把下列诗句填写完整，让整联诗句出现"声"与"色"，二字的位置不限。

1. ＿＿＿＿＿＿＿＿，凄风咽挽声。（〔南北朝〕张正见《和阳》）

2. ＿＿＿＿＿＿＿＿，月色思空闺。（〔南北朝〕萧子晖《春宵诗》）

3. ＿＿＿＿＿＿＿＿，虫声当户枢。（〔南北朝〕何逊《秋夕叹白发诗》）

4. ＿＿＿＿＿＿＿＿，楼空月色寒。（〔南北朝〕刘孝先《和兄孝绰夜不得眠诗》）

5. 春花绮绣色，＿＿＿＿＿＿＿＿。（〔南北朝〕王德《春词》）

6. 声喧乱石中，＿＿＿＿＿＿＿＿。（〔唐〕王维《青溪》）

7. 春烟间草色，＿＿＿＿＿＿＿＿。（〔唐〕皎然《和邢端公登台春望句，句有春字之什》）

8. 峰色云端寺，＿＿＿＿＿＿＿＿。（〔唐〕皎然《送陆判官归杭州》）

9. ＿＿＿＿＿＿＿＿，松声晚窗里。（〔唐〕邱为《寻西山隐者不遇》）

10. 泉声入秋寺，＿＿＿＿＿＿＿＿。（〔唐〕于武陵《夜寻僧不遇》）

11. 树声村店晚，＿＿＿＿＿＿＿＿。（〔宋〕徐铉《秋日卢龙村舍》）

12. 莺声恰恰娇，＿＿＿＿＿＿＿＿。（〔宋〕王千秋《生查子（莺声恰恰娇）》）

13. ＿＿＿＿＿＿＿＿，山色挨檐曲曲屏。（〔宋〕孔平仲《和介之》）

14. ＿＿＿＿＿＿＿＿，暝色啼鸦暮天杳。（〔宋〕吕渭老《早梅芳近（画帘深）》）

15. 日斜尚觉酒肠宽，＿＿＿＿＿＿，＿＿＿＿＿＿。（〔宋〕孙居敬《临江仙·西湖》）

诗词"书""信"

根据提示，把下列诗句填写完整，让整联诗句出现"书"与"信"，二字的位置不限。

1. 别罢花枝不共攀，＿＿＿＿＿＿＿＿。（〔南北朝〕萧绎《别诗二首·其一》）

2. ＿＿＿＿＿＿＿，经事渐知非。（〔唐〕柳宗元《三赠刘员外》）

3. ＿＿＿＿＿＿，黑水朝波咽。（〔唐〕李贺《感讽六首·其二》）

4. 风波千里别，＿＿＿＿＿＿。（〔唐〕元稹《酬友封话旧叙怀十二韵》）

5. 今病兄远路，＿＿＿＿＿＿。（〔唐〕元稹《遣病十首·其六》）

6. 长安虽不远，＿＿＿＿＿＿。（〔唐〕李叔霁《死后诗》）

7. ＿＿＿＿＿＿，寒到君边衣到无？（〔唐〕陈玉兰《寄夫》）

8. 书去又逢商岭雪，＿＿＿＿＿＿。（〔唐〕杜牧《寄卢先辈》）

9. ＿＿＿＿＿＿，乱山何处拆书看。（〔唐〕杜牧《别王十后遣京使累路附书》）

10. 一夜塞鸿来不住，＿＿＿＿＿＿。（〔唐〕杜荀鹤《湘江秋夕》）

11. 开拆远书何事喜，＿＿＿＿＿＿。（〔唐〕李绅《端州江亭得家书二首·其一》）

12. ＿＿＿＿＿＿，弟兄无力海田荒。（〔唐〕刘沧《怀汶阳兄弟》）

13. ＿＿＿＿＿＿，愁闻远客说风波。（〔唐〕施肩吾《望夫词二首·其二》）

14. ＿＿＿＿＿＿，万事由他别后情。（〔宋〕周邦彦《南乡子（寒夜梦初醒）》）

15. 飞云过尽，＿＿＿＿＿＿，何处寄书得。（〔宋〕晏几道《思远人（红叶黄花秋意晚）》）

腹有"诗""书"

根据提示，把下列诗句填写完整，让整联诗句出现"诗"与"书"，二字的位置不限。

1. 十三能织素，十四学裁衣，十五弹箜篌，＿＿＿＿＿＿。（〔汉乐府〕《孔雀东南飞》）

2. ＿＿＿＿＿＿，二十弹冠仕。（〔南北朝〕颜之推《古意》）

3. 笔砚行随手，＿＿＿＿＿＿。（〔唐〕鱼玄机《寄刘尚书》）

4. ＿＿＿＿＿＿，懒慢致蹉跎。（〔唐〕耿沣《春日即事二首·其一》）

5. 却看妻子愁何在？＿＿＿＿＿＿。（〔唐〕杜甫《闻官军收河南河北》）

6. ＿＿＿＿＿＿，如此小惠何足论？（〔唐〕白居易《醉后狂言酬赠萧殷二协律》）

7. 粗缯大布裹生涯，＿＿＿＿＿＿。（〔宋〕苏轼《和董传留别》）

8. ＿＿＿＿＿＿＿＿，嫡出源源分外奇。（〔宋〕陈著《赞前人第四子良汉周岁》）

9. ＿＿＿＿＿＿＿＿，文字终惭笔有神。（〔宋〕胡寅《和单令》）

10. 种成梅竹趣何澹，＿＿＿＿＿＿＿＿。（〔宋〕陈著《到梅山处三首·其一》）

11. 麋鹿并游谙野性，＿＿＿＿＿＿＿＿。（〔宋〕张来《官舍岁暮感怀书事五首·其三》）

12. ＿＿＿＿＿＿＿＿，要书裙带。（〔宋〕苏轼《殢人娇·赠朝云》）

13. ＿＿＿＿＿＿＿＿，日望南来雁。（〔宋〕王之道《卜算子（今日富川滨）》）

14. ＿＿＿＿＿＿＿＿，＿＿＿＿＿＿＿＿，一枰棋谱，一卷茶经。（〔宋〕吴泳《沁园春·生日自述》）

15. ＿＿＿＿＿＿＿＿、万卷致君人，翻沉陆。（〔宋〕辛弃疾《满江红（倦客新丰）》）

不朽"诗""文"

　　根据提示，把下列诗句填写完整，让整联诗句出现"诗"与"文"，二字的位置不限。

1. 近来文卷里，＿＿＿＿＿＿＿＿。（〔唐〕白居易《忆元九》）

2. ＿＿＿＿＿＿＿＿，遗训史标言。（〔唐〕白居易《德宗皇帝挽歌词四首·其三》）

3. 名秩后千品，＿＿＿＿＿＿＿＿。（〔唐〕韩愈《题张十八所居》）

4. 文深李北海，＿＿＿＿＿＿＿＿。（〔唐〕王贞白《赠彭蠡处士》）

5. 衣冠重文物，＿＿＿＿＿＿＿＿。（〔唐〕牟融《送友人》）

6. 辞赋文章能者稀，＿＿＿＿＿＿＿＿。（〔唐〕杜荀鹤《读诸家诗》）

7. ＿＿＿＿＿＿＿＿，作文必欧公。（〔宋〕喻良能《怀东嘉先生因诵老坡今谁主文字公合把旌旄作十小诗奉寄·其六》）

8. 字画颜行杨草，＿＿＿＿＿＿＿＿。（〔宋〕吕本中《奉怀张公潜舍人二首·其二》）

9. 一曲白头吟末了，＿＿＿＿＿＿＿＿。（〔宋〕吕本中《古意》）

10. 石鼓之文尚可读，＿＿＿＿＿＿＿＿。（〔宋〕吕本中《钱逊叔诸公赋石鼓文请同作》）

11. ＿＿＿＿＿＿＿，文章无用独伤才。（〔宋〕寇准《咸安秋望有怀》）

12. ＿＿＿＿＿＿＿，不须身与利名关。（〔宋〕刘舜臣《吏隐堂》）

13. 李杜文章万丈高，＿＿＿＿＿＿。（〔宋〕周紫芝《次韵庭藻读少陵集三首·其一》）

14. ＿＿＿＿＿＿＿，得酒且相命。（〔宋〕王之道《忆东坡》）

15. 武库胸中兵十万，＿＿＿＿＿＿。（〔宋〕岳甫《满江红（碧海迢遥）》）

经典"诗""歌"

根据提示，把下列诗句填写完整，让整联诗句出现"诗"与"歌"，二字的位置不限。

1. 矢诗不多，＿＿＿＿＿＿。（《诗经·大雅·卷阿》）

2. ＿＿＿＿＿＿＿，乐往哀来摧肺肝。（〔三国·魏〕曹丕《燕歌行二首·其二》）

3. 诗人咏踟蹰，＿＿＿＿＿＿。（〔南北朝〕谢惠连《夜集叹乖诗》）

4. 薰风行应律，＿＿＿＿＿＿。（〔唐〕杜甫《暮春江陵送马大卿公恩命追赴阙下》）

5. 胡马悲雨雪，＿＿＿＿＿＿。（〔唐〕储光羲《次天元十载华阴发兵，作时有郎官点发》）

6. 高台旷望处，＿＿＿＿＿＿。（〔唐〕李中《春日作》）

7. 朝咏游仙诗，＿＿＿＿＿＿。（〔唐〕白居易《出山吟》）

8. 黄金印绶悬腰底，＿＿＿＿＿＿。（〔唐〕白居易《赠楚州郭使君》）

9. ＿＿＿＿＿＿＿，醉舞诗狂渐欲魔。（〔唐〕元稹《放言五首·其一》）

10. ＿＿＿＿＿＿＿，春色年年奈我何。（〔唐〕司空图《有赠》）

11. 眼看庭树梅花发，＿＿＿＿＿＿。（〔唐〕刘商《送浚上人》）

12. ＿＿＿＿＿＿＿，尊前还唱使君诗。（〔宋〕苏轼《瑞鹧鸪·观潮》）

13. ＿＿＿＿＿＿＿，＿＿＿＿＿＿，歌里真情恨别离。（〔宋〕蔡伸《长相思（村姑儿）》）

14. 洞庭波涌连天雪，＿＿＿＿＿＿＿。（〔现代〕毛泽东《七律·答友人》）

15. ＿＿＿＿＿＿，一例氤氲入诗囊。（〔现代〕毛泽东《七绝二首·纪念鲁迅八十寿辰·其二》）

"歌"中有"词"

根据提示，把下列诗句填写完整，让整联诗句出现"歌"与"词"，二字的位置不限。

1. 乐思回斜日，＿＿＿＿＿＿。（〔唐〕宋之问《奉和幸长安故城未央宫应制》）

2. 劝君酒杯满，＿＿＿＿＿＿。（〔唐〕白居易《狂歌词》）

3. ＿＿＿＿＿，歌听自作词。（〔唐〕白居易《残酌晚餐》）

4. ＿＿＿＿＿，乐府艳词悦君意。（〔唐〕白居易《采诗官》）

5. ＿＿＿＿＿＿，＿＿＿＿＿＿，四座少年君听取。（〔唐〕白居易《短歌行》）

6. 可怜故国三千里，＿＿＿＿＿＿。（〔唐〕杜牧《酬张祜处士见寄长句四韵》）

7. ＿＿＿＿＿＿，里中留与赛蛮神。（〔唐〕刘禹锡《别夔州官吏》）

8. 花木手栽偏有兴，＿＿＿＿＿＿。（〔唐〕刘禹锡《和乐天南园试小乐》）

9. 更有恼人肠断处，＿＿＿＿＿＿。（〔唐〕元稹《赠刘采春》）

10. 楚乐怪来声竞起，＿＿＿＿＿＿。（〔唐〕熊孺登《甘子堂陪宴上韦大夫》）

11. ＿＿＿＿＿＿，却怪惊尘暗中起。（〔宋〕刘一止《次韵赵端直贻何子楚卜居山间二绝句·其二》）

12. 欲作报章无妙语，＿＿＿＿＿＿。（〔宋〕周紫芝《次韵黄叔鱼见寄》）

13. 暮雨潇潇郎不归，＿＿＿＿＿＿。（〔宋〕周文璞《暮雨》）

14. ＿＿＿＿＿＿，欲说相思渺无处。（〔宋〕吴潜《青玉案（黄昏先自无情绪）》）

15. ＿＿＿＿＿＿，又咏归来元亮词。（〔宋〕徐经孙《鹧鸪天（安分随缘事事宜）》）

作"词"谱"曲"

　　根据提示，把下列诗句填写完整，让整联诗句出现"词"与"曲"，二字的位置不限。

1. ＿＿＿＿＿＿，慷慨扶风词。（〔唐〕李白《宣城送刘副使入秦》）

2. ＿＿＿＿＿＿，雪作郢中词。（〔唐〕张九龄《酬王六寒朝见诒》）

3. ＿＿＿＿＿＿，幽兰楚客词。（〔唐〕骆宾王《同辛簿简仰酬思玄上人林泉四首·其四》）

4. 佳人自折一枝红，＿＿＿＿＿＿。（〔唐〕司空图《南北史感遇十首·其八》）

5. ＿＿＿＿＿＿，乡思绵绵楚词古。（〔唐〕刘商《秋夜听严绅巴童唱竹枝歌》）

6. ＿＿＿＿＿＿，帝幸梨园亲制词。（〔唐〕窦常《还京乐歌词》）

7. ＿＿＿＿＿＿，无奈楚词哀。（〔宋〕王安石《和叔才岸傍古庙》）

8. 颠倒六经鸲鹆舞，＿＿＿＿＿＿。（〔宋〕刘过《呈胡季解》）

9. ＿＿＿＿＿＿，便觉诗邻势不孤。（〔宋〕王之道《对雪和因老韵》）

10. 不见王孙今九春，＿＿＿＿＿＿。（〔宋〕杨万里《和严州添倅赵彦先寄四绝句·其一》）

11. 秋月春花出肝肺，＿＿＿＿＿＿。（〔宋〕杨万里《送周元吉显谟左司将漕湖北三首·其二》）

12. ＿＿＿＿＿＿，去年天气旧亭台，夕阳西下几时回？（〔宋〕晏殊《浣溪沙（一曲新词酒一杯）》）

13. ＿＿＿＿＿＿，啭出新声能断续。（〔宋〕苏轼《减字木兰花·庆姬》）

14. ＿＿＿＿＿＿，而今还解，来听小词否？（〔宋〕刘克庄《摸鱼儿（怪新年倚楼看镜）》）

15. ＿＿＿＿＿＿，竹枝词，万古歌来暮。（〔宋〕王以宁《蓦山溪·和虞彦恭寄钱逊叔》）

读"诗"成"曲"

根据提示，把下列诗句填写完整，让整联诗句出现"诗"与"曲"，二字的位置不限。

1. 朝咏游仙诗，_____。（〔唐〕白居易《出山吟》）

2. 诗情对明月，_____。（〔唐〕李峤《池》）

3. 陶诗只采黄金实，_____。（〔唐〕李商隐《和马郎中移白菊见示》）

4. 杜甫歌诗吟不足，_____。（〔唐〕顾云《苏君厅观韩干马障歌》）

5. _____，不忍诵秦诗。（〔宋〕张栻《和元晦方广版屋》）

6. _____，今日赋诗情。（〔宋〕张侃《伯牙渎》）

7. _____，陆老剑南诗。（〔宋〕刘克庄《海棠七首·其二》）

8. 锦囊玉笛昔追从，_____。（〔宋〕刘克庄《二叠》）

9. _____，虽远犹可期登临。（〔宋〕刘敞《同永叔赠沈博士》）

10. _____，更行摩诘无声诗。（〔宋〕吴则礼《太和道中和颐字韵》）

11. _____，令人气短北窗前。（〔宋〕周孚《次韵德裕纪梦三首·其三》）

12. _____，山童煮茗炉无烟。（〔宋〕张继先《钱塘有作》）

13. _____，万思千情斗入诗。（〔宋〕张耒《西轩》）

14. 炉烟未断诗已成，_____。（〔宋〕张镃《一日》）

15. 但只有千篇，_____，都无半点，闲闷闲愁。（〔宋〕蒋捷《沁园春·次强云卿韵》）

有"诗"有"画"

根据提示，把下列诗句填写完整，让整联诗句出现"诗"与"画"，二字的位置不限。

1. _____，寒蛩四壁诗。（〔宋〕文天祥《夜坐》）

2. 经雨绿苔侵古画，［[唐] 杜牧《宣州开元寺赠惟真上人》）

3. ，言情不尽恨无才。（［唐] 韩偓《冬日》）

4. ，未必新诗待画传。（［宋] 方岳《题八士图二首·其二》）

5. 近来翰墨君为绝，。（［宋] 王之道《和陈勉仲四首·其四》）

6. ，阴雨无端酿客愁。（［宋] 王炎《湘中杂咏十绝·其三》）

7. 百尺长条婉曲尘，。（［宋] 徐铉《柳枝词十首·其五》）

8. 剩收岳麓春前景，。（［宋] 孔武仲《送十二兄还江西》）

9. ，只在阑干外。（［宋] 周密《清平乐·横玉亭秋倚》）

10. ，是天分付闲处。（［宋] 陈著《念奴娇·次韵弟茝》）

11. 诗眼曾逢花面，。（［宋] 陈三聘《西江月（诗眼曾逢花面）》）

12. 谁赋才情，，。（［宋] 杨无咎《柳梢青（茅舍疏篱）》）

13. ，，仪形已见端倪。（［宋] 陈德武《望海潮二调（祖觞东馆）》）

14. ，，叶叶碧云分雨。（［宋] 史达祖《齐天乐·湖上即席分韵得羽字》）

15. ，应答龙鱼悲啸，不暇顾诗愁。（［宋] 杨炎正《水调歌头·登多景楼》）

吟"诗"作"赋"

根据提示，把下列诗句填写完整，让整联诗句出现"诗"与"赋"，二字的位置不限。

1. 介眇志之所惑兮，。（［战国] 屈原《九章·悲回风》）

2. 登东皋以舒啸，。（［晋] 陶渊明《归去来兮辞》）

3. 情欣新知欢，。（［晋] 陶渊明《乞食》）

4. ，入幕生风飙。（［唐] 岑参《青山峡口泊舟怀狄侍御》）

5. 纲纪多闲日，　　　　　　。（〔唐〕韦应物《送宣城路录事》）

6. 客位苔生处，　　　　　　。（〔唐〕钱起《题苏公林亭》）

7. 　　　　　　，佐酒望云亭。（〔唐〕杜甫《赠翰林张四学士》）

8. 庾信平生最萧瑟，　　　　　　。（〔唐〕杜甫《咏怀古迹五首·其一》）

9. 　　　　　　，诏书法驾幸河东。（〔唐〕李峤《汾阴行》）

10. 　　　　　　，故呈凡韵恼支郎。（〔宋〕贺铸《兴龙节日渡江怀寄二友弟兼示同行》）

11. 初无伎俩惟贪酒，　　　　　　。（〔宋〕刘过《自惭》）

12. 何人解识秋堪美，　　　　　　。（〔宋〕叶梦得《鹧鸪天（一曲青山映小池）》）

13. 　　　　　　，　　　　　　，万事空中雪。（〔宋〕文天祥《酹江月·和友驿中言别》）

14. 　　　　　　，留取心魄相守。（〔清〕顾贞观《金缕曲二首·其二》）

15. 龙华喋血不眠夜，　　　　　　。（〔现代〕毛泽东《七绝二首·纪念鲁迅八十寿辰·其一》）

"诗""人"辈出

根据提示，把下列诗句填写完整，让整联诗句出现"诗"与"人"，二字的位置不限。

1. 林泉明月在，　　　　　　。（〔唐〕王勃《秋日仙游观赠道士》）

2. 　　　　　　，饿死抱空山。（〔唐〕孟郊《吊卢殷》）

3. 离骚喻草香，　　　　　　。（〔宋〕欧阳修《七交七首·梅主簿》）

4. 瑞霭朝朝犹望幸，　　　　　　。（〔唐〕杨巨源《寄昭应王丞》）

5. 　　　　　　，逃名何用更题名？（〔唐〕司空图《白菊三首·其二》）

6. 　　　　　　，小斋闲卧白蘋风。（〔唐〕姚合《送刘禹锡郎中赴苏州》）

7. 只因误识林和靖，_____。（〔宋〕王淇《梅》）

8. 湖海到今无剑客，_____。（〔宋〕赵时韶《闲居感怀和屏山韵》）

9. _____，千峰故隔一帘珠。（〔宋〕杨万里《小雨》）

10. 嘲红侮绿成何事，_____。（〔宋〕杨万里《初夏即事》）

11. _____，如我与君稀。（〔宋〕苏轼《八声甘州·寄参寥子》）

12. 庭前落尽梧桐，水边开彻芙蓉，_____。（〔元〕朱庭玉《天净沙·秋》）

13. 洞庭波涌连天雪，_____。（〔现代〕毛泽东《七律·答友人》）

14. 一唱雄鸡天下白，万方乐奏有于阗，_____。（〔现代〕毛泽东《浣溪沙·和柳亚子先生》）

15. _____，正和前线捷音联，妙香山上战旗妍。（〔现代〕毛泽东《浣溪沙·和柳亚子先生》）

"诗""词"中国

根据提示，把下列诗句填写完整，让整联诗句出现"诗"与"词"，二字的位置不限。

1. _____，人传贾岛词。（〔宋〕张耒《夜读贾长江诗效其体》）

2. 怪来调苦缘词苦，_____。（〔唐〕白居易《竹枝词·其四》）

3. 宋玉秋来续楚词，_____。（〔唐〕元稹《酬孝甫见赠十首·其一》）

4. 休遣玲珑唱我诗，_____。（〔唐〕元稹《重赠》）

5. 金马词臣赋小诗，_____。（〔宋〕徐铉《柳枝词十首·其一》）

6. 因观雪曲词争胜，_____。（〔宋〕王之道《对雪和因老韵》）

7.. 词随健笔光纶诰，_____。（〔宋〕王禹偁《寄冯舍人》）

8. _____，对此吟哦句自新。（〔宋〕王庭圭《和刘允升梦草庵前月夜看酴醾》）

9. 尘土中无绝妙词，⬛⬛⬛⬛⬛⬛。（〔宋〕刘过《题池州一览亭》）

10. 🟥🟥🟥🟥🟥，不用更寻黄绢词。（〔宋〕张耒《次韵智叔三首·其三》）

11. 孤窗镇日无聊赖，🟧🟧🟧🟧🟧。（〔宋〕朱淑真《写怀二首·其一》）

12. 🟧🟧🟧🟧🟧，万语千言总记。（〔宋〕李纲《西江月·赠友人家侍儿名莺莺者》）

13. 花笑何人，🟩🟩🟩🟩🟩。（〔宋〕王十朋《点绛唇·南香含笑》）

14. ⬛⬛⬛⬛⬛，费多少、闲言泼语。（〔宋〕郭应祥《鹊桥仙·丁卯七夕》）

15. 🟥🟥🟥🟥🟥，绮琴三弄，🟥🟥🟥🟥🟥。（〔宋〕李仲光《鹊桥仙·自寿》）

第 4 章

竞赛级
概念联句飞花令

至少两个季节

说出一联诗词，至少含有一年四季中的两个季节。根据提示，把诗句填写完整。

1. ＿＿＿＿＿＿，＿＿＿＿＿，百岁之后，归于其居。（《诗经·唐风·葛生》）
2. ＿＿＿＿＿，＿＿＿＿，百岁之后，归于其室。（《诗经·唐风·葛生》）
3. 山无陵，江水为竭，＿＿＿＿＿＿，＿＿＿＿＿＿，天地合，乃敢与君绝。（〔汉乐府〕《上邪》）
4. 春水满四泽，＿＿＿＿＿＿。（〔晋〕陶渊明《四时》）
5. 秋月扬明晖，＿＿＿＿＿＿。（〔晋〕陶渊明《四时》）
6. 乘鄂渚而反顾兮，＿＿＿＿＿＿＿。（〔战国〕屈原《九章·涉江》）
7. ＿＿＿＿＿＿，登高赋新诗。（〔晋〕陶渊明《移居二首·其二》）
8. 草杂今古色，＿＿＿＿＿＿。（〔南北朝〕孔稚珪《旦发青林》）
9. 章台迎夏日，＿＿＿＿＿＿。（〔南北朝〕张率《楚王吟》）
10. ＿＿＿＿＿＿，夏景亦未恶。（〔唐〕白居易《和微之四月一日作》）
11. 荷香销晚夏，＿＿＿＿＿＿。（〔唐〕骆宾王《晚泊江镇》）
12. 残云收夏暑，＿＿＿＿＿＿。（〔唐〕岑参《水亭送华阴王少府还县》）
13. ＿＿＿＿＿＿，何以见阳春？（〔唐〕吕温《孟冬蒲津关河亭作》）
14. ＿＿＿＿＿＿，征帆日夜开。（〔宋〕王安石《江行》）
15. 白发渔樵江渚上，＿＿＿＿＿＿。（〔明〕杨慎《临江仙（滚滚长江东逝水）》）

月月有诗

古诗词中出现的月份，一般对应的是现在的农历。但要注意的是，古人对月份的称呼与现代人不尽相同，比如把十二月称为"腊月"，把一月称为"正月"。根据提示，在横线上写出含有月份的诗句。

1. 五月斯螽动股，＿＿＿＿＿＿。＿＿＿＿＿＿，＿＿＿＿＿＿，＿＿＿＿＿＿，十月蟋蟀入我床下。（《诗经·豳风·七月》）

210

2. ＿＿＿＿＿＿，天街雪似盐。（〔唐〕李贺《马诗二十三首·其二》）

3. ＿＿＿＿＿＿，逢君上客稀。（〔唐〕张谓《宴郑伯玙宅》）

4. ＿＿＿＿＿＿，雨雪乱霏霏。（〔唐〕高适《蓟门行五首·其四》）

5. 田家少闲月，＿＿＿＿＿＿。（〔唐〕白居易《观刈麦》）

6. ＿＿＿＿＿＿，山寺桃花始盛开。（〔唐〕白居易《大林寺桃花》）

7. ＿＿＿＿＿＿，夜半无人私语时。（〔唐〕白居易《长恨歌》）

8. ＿＿＿＿＿＿，露似真珠月似弓。（〔唐〕白居易《暮江吟》）

9. 不知细叶谁裁出，＿＿＿＿＿＿。（〔唐〕贺知章《咏柳》）

10. ＿＿＿＿＿＿，长安水边多丽人。（〔唐〕杜甫《丽人行》）

11. ＿＿＿＿＿＿，卷我屋上三重茅。（〔唐〕杜甫《茅屋为秋风所破歌》）

12. ＿＿＿＿＿＿，城南猎马缩寒毛。（〔唐〕岑参《赵将军歌》）

13. ＿＿＿＿＿＿，黄钟应管添宫线。（〔宋〕欧阳修《渔家傲（十一月新阳排寿宴）》）

14. ＿＿＿＿＿＿，风光不与四时同。（〔宋〕杨万里《晓出净慈寺送林子方》）

15. ＿＿＿＿＿＿，壮士夜挽绿沉枪。（〔宋〕陆游《陇头水》）

节日名称

说出一联诗词，至少含有一个中国古代节日名称。根据提示，把诗句填写完整。

1. 七夕长河烂，＿＿＿＿＿＿。（〔南北朝〕温子升《捣衣诗》）

2. ＿＿＿＿＿＿，乡党羡吾庐。（〔唐〕杜甫《远怀舍弟颖、观等》）

3. ＿＿＿＿＿＿，黄花作重阳。（〔宋〕朱翌《重午菊有花遂与菖蒲同采》）

4. ＿＿＿＿＿＿，新春接上元。（〔宋〕邓深《怀清旷兄弟》）

5. ＿＿＿＿＿＿，恰似旧春三。（〔元〕方回《腊八日未雪不寒》）

6. ＿＿＿＿＿＿，明日又新年。（〔明〕于谦《除夕》）

7. ＿＿＿＿＿＿，路上行人欲断魂。（〔唐〕杜牧《清明》）

8. ＿＿＿＿＿＿，今年腊日冻全消。（〔唐〕杜甫《腊日》）

9. 少年分日作遨游，_____。（〔唐〕王维《寒食城东即事》）

10. _____，遥怜故人思故乡。（〔唐〕高适《人日寄杜二拾遗》）

11. 春城无处不飞花，_____。（〔唐〕韩翃《寒食日即事》）

12. _____，才两日，是生辰。（〔宋〕方岳《水调歌头·庆平交七月十七》）

13. _____，重阳近也，作天涯行客。（〔宋〕石孝友《西地锦（回望玉楼金阙）》）

14. _____，怎忍见、双飞燕。（〔宋〕无名氏《青玉案（年年社日停针线）》）

15. _____，并为一日，此事今年创见。（〔宋〕郭应祥《鹊桥仙·丙寅除夕立春，骨肉团聚，是夕大雪》）

二十四节气（1）

说出一联诗词，至少含有一个二十四节气名称。根据提示，把诗句填写完整。

1. _____，春态纷婀娜。（〔唐〕白居易《立春后五日》）

2. _____，平田已见龙。（〔唐〕元稹《咏廿四气诗·雨水正月中》）

3. _____，韶光大地周。（〔唐〕元稹《咏廿四气诗·惊蛰二月节》）

4. 二气莫交争，_____。（〔唐〕元稹《咏廿四气诗·春分二月中》）

5. _____，山川黛色青。（〔唐〕元稹《咏廿四气诗·谷雨春光晓》）

6. _____，如何靡草衰。（〔唐〕元稹《咏廿四气诗·小满四月中》）

7. _____，螳螂应节生。（〔唐〕元稹《咏廿四气诗·芒种五月节》）

8. 候忽温风至，_____。（〔唐〕元稹《咏廿四气诗·小暑六月节》）

9. _____，林钟九夏移。（〔唐〕元稹《咏廿四气诗·大暑六月中》）

10. _____，一阴已复生。（〔元〕赵孟頫《夏至》）

11. 苦热恨无行脚处，_____。（〔唐〕齐己《城中晚夏思山》）

12. _____，不堪霜鬓镜前愁。（〔唐〕刘沧《罢华原尉上座主尚书》）

13. _____，如何到处不啼莺。（〔宋〕白玉蟾《见莺三首·其二》）

14. 月华浑似十分圆，_____。（〔宋〕廖刚《王守生辰七月十四日》）

15. 处处逢花，家家插柳。政寒食、＿＿＿＿＿＿。（〔宋〕戴复古《锦帐春（处处逢花）》）

二十四节气（2）

说出一联诗词，至少含有一个二十四节气名称。根据提示，把诗句填写完整。

1. ＿＿＿＿＿＿，天惨憀以降寒。（〔晋〕夏侯湛《寒苦谣》）

2. 近学衡阳雁，＿＿＿＿＿＿。（〔南北朝〕庚信《和侃法师三绝·其二》）

3. ＿＿＿＿＿＿，山渌正光华。（〔唐〕元稹《咏廿四气诗·清明三月节》）

4. ＿＿＿＿＿＿，朝看菊渐黄。（〔唐〕元稹《咏廿四气诗·寒露九月节》）

5. 莫怪虹无影，＿＿＿＿＿＿。（〔唐〕元稹《咏廿四气诗·小雪十月中》）

6. ＿＿＿＿＿＿，欢鹊垒新巢。（〔唐〕元稹《咏廿四气诗·小寒十二月节》）

7. ＿＿＿＿＿＿，无事莫开门。（〔唐〕元稹《咏廿四气诗·大寒十二月中》）

8. 微雨众卉新，＿＿＿＿＿＿。（〔唐〕韦应物《观田家》）

9. ＿＿＿＿＿＿，把酒约宽纵。（〔宋〕黄庭坚《次韵晋之五丈赏压沙寺梨花》）

10. 天时人事日相催，＿＿＿＿＿＿。（〔唐〕杜甫《小至》）

11. 岁华过半休惆怅，＿＿＿＿＿＿。（〔宋〕范成大《立秋二绝·其一》）

12. 月是小春春未生，＿＿＿＿＿＿？（〔宋〕杨万里《晚望二首·其一》）

13. ＿＿＿＿＿＿，口虽吟咏心中哀。（〔宋〕文天祥《胡笳曲·十一拍》）

14. ＿＿＿＿＿＿，桃李初红破。（〔宋〕苏轼《虞美人（深深庭院清明过）》）

15. 燕子来时新社，＿＿＿＿＿＿。（〔宋〕晏殊《破阵子·春景》）

句句带数字

说出一联诗词，每句至少带有一个表示数字的词。根据提示，把诗句填写完整。

1. 一日不见，＿＿＿＿＿＿。（《诗经·郑风·子衿》）

2. 千山鸟飞绝，_____。（〔唐〕柳宗元《江雪》）

3. 城阙辅三秦，_____。（〔唐〕王勃《送杜少府之任蜀州》）

4. 九日重阳数，_____。（〔唐〕张说《九日进茱萸山诗五首·其四》）

5. 飞流直下三千尺，_____。（〔唐〕李白《望庐山瀑布》）

6. 两个黄鹂鸣翠柳，_____。（〔唐〕杜甫《绝句》）

7. _____，万条垂下绿丝绦。（〔唐〕贺知章《咏柳》）

8. _____，六宫粉黛无颜色。（〔唐〕白居易《长恨歌》）

9. _____，千树万树梨花开。（〔唐〕岑参《白雪歌送武判官归京》）

10. _____，风光不与四时同。（〔宋〕杨万里《晓出净慈寺送林子方》）

11. _____，八千里路云和月。（〔宋〕岳飞《满江红·写怀》）

12. 千古兴亡，_____，一时登览。（〔宋〕辛弃疾《水龙吟·过南剑双溪楼》）

13. 结屋三间藏万卷，挥毫一字直千金，_____。（〔宋〕戴复古《望江南（壶山好）》）

14. 万柳堤边行处乐，百花洲上醉时吟，_____。（〔宋〕戴复古《望江南（壶山好）》）

15. 一声梧叶一声秋，一点芭蕉一点愁，_____。（〔元〕徐再思《水仙子·夜雨》）

句句带叠字

说出一联诗词，每句至少带有一组叠字。根据提示，把诗句填写完整。

1. _____，悠悠我心。（《诗经·郑风·子衿》）

2. _____，悠悠我思。（《诗经·郑风·子衿》）

3. 袅袅兮秋风，_____。（〔战国〕屈原《九歌·湘夫人》）

4. _____，举杯销愁愁更愁。（〔唐〕李白《宣州谢朓楼饯别校书叔云》）

5. _____，耿耿星河欲曙天。（〔唐〕白居易《长恨歌》）

6. _____，小弦切切如私语。（〔唐〕白居易《琵琶行》）

7. ＿＿＿＿＿＿＿，不尽长江滚滚来。（〔唐〕杜甫《登高》）

8. 留连戏蝶时时舞，＿＿＿＿＿＿。（〔唐〕杜甫《江畔独步寻花七绝句·其六》）

9. 繁枝容易纷纷落，＿＿＿＿＿＿。（〔唐〕杜甫《江畔独步寻花七绝句·其七》）

10. 漠漠水田飞白鹭，＿＿＿＿＿＿。（〔唐〕王维《积雨辋川庄作》）

11. 晴川历历汉阳树，＿＿＿＿＿＿。（〔唐〕崔颢《黄鹤楼》）

12. 年年岁岁花相似，＿＿＿＿＿＿。（〔唐〕刘希夷《代悲白头翁》）

13. 黄梅时节家家雨，＿＿＿＿＿。（〔宋〕赵师秀《约客》）

14. 寻寻觅觅，＿＿＿＿＿，＿＿＿＿＿＿。（〔宋〕李清照《声声慢（寻寻觅觅）》）

15. ＿＿＿＿＿＿，沉沉一线穿南北。（〔现代〕毛泽东《菩萨蛮·黄鹤楼》）

句句有颜色

说出一联诗词，每句至少带有一个表示颜色的词。根据提示，把诗句填写完整。

1. 秋风起兮白云飞，＿＿＿＿＿＿。（〔汉〕刘彻《秋风辞》）

2. 塘边草杂红，＿＿＿＿＿＿。（〔南北朝〕谢朓《送江水曹还远馆诗》）

3. ＿＿＿＿＿，黄河入海流。（〔唐〕王之涣《登鹳雀楼》）

4. ＿＿＿＿＿，魂返关塞黑。（〔唐〕杜甫《梦李白二首·其一》）

5. 言入黄花川，＿＿＿＿＿＿。（〔唐〕王维《青溪》）

6. 绿竹入幽径，＿＿＿＿＿＿。（〔唐〕李白《终南山过斛斯山人宿置酒》）

7. 悬胡青天上，＿＿＿＿＿＿。（〔唐〕李白《相和歌辞·胡无人行》）

8. 生乏黄金枉图画，＿＿＿＿＿＿。（〔唐〕李白《王昭君二首·其一》）

9. 杨花雪落覆白蘋，＿＿＿＿＿＿。（〔唐〕杜甫《丽人行》）

10. 晚叶尚开红踯躅，＿＿＿＿＿＿。（〔唐〕白居易《题元十八溪居》）

11. 花房腻似红莲朵，＿＿＿＿＿＿。（〔唐〕白居易《画木莲花图寄元郎中》）

12. ＿＿＿＿＿＿，鬼物图画填青红。（〔唐〕韩愈《谒衡岳庙遂宿岳寺题门楼》）

13. ＿＿＿＿＿＿，长郊草色绿无涯。（〔宋〕欧阳修《丰乐亭游春三首·其三》）

14. ＿＿＿＿＿＿，白云红叶两悠悠。（〔宋〕朱熹《秋月》）

15. 深虑鬓毛随世白，＿＿＿＿＿＿。（〔明〕唐寅《夜读》）

季节＋"人"

说出一联至少带有一个季节，再加上"人"字的诗词。根据提示，把诗句填写完整。

1. ＿＿＿＿＿＿，出亦愁，入亦愁。（〔汉乐府〕《古歌》）

2. ＿＿＿＿＿＿，思美人兮悇悯屏营。（〔汉〕张衡《叹》）

3. ＿＿＿＿＿＿，春鸟哳春声。（〔唐〕无名氏《五言诗》）

4. ＿＿＿＿＿＿，不放香醪如蜜甜。（〔唐〕杜甫《绝句漫兴九首·其八》）

5. ＿＿＿＿＿＿，年少今开万卷余。（〔唐〕杜甫《柏学士茅屋》）

6. 玄蝉去尽叶黄落，＿＿＿＿＿＿。（〔唐〕李商隐《访隐者不遇成二绝·其一》）

7. ＿＿＿＿＿＿，不解愁人闻亦愁。（〔唐〕白居易《冬夜闻虫》）

8. ＿＿＿＿＿＿，月移花影上栏杆。（〔宋〕王安石《春夜》）

9. 律回岁晚冰霜少，＿＿＿＿＿＿。（〔宋〕张栻《立春偶成》）

10. 芳菲歇去何须恨，＿＿＿＿＿＿。（〔宋〕秦观《三月晦日偶题》）

11. ＿＿＿＿＿＿，黄鹂飞上碧枝头。（〔宋〕喻良能《次韵杨廷秀郎中游西湖十绝·其二》）

12. 横空出世，莽昆仑，＿＿＿＿＿＿。（〔现代〕毛泽东《念奴娇·昆仑》）

13. ＿＿＿＿＿＿，江河横溢，人或为鱼鳖。（〔现代〕毛泽东《念奴娇·昆仑》）

14. ＿＿＿＿＿＿，谁人曾与评说？（〔现代〕毛泽东《念奴娇·昆仑》）

15. ＿＿＿＿＿＿，换了人间。（〔现代〕毛泽东《浪淘沙·北戴河》）

季节 + "意"

说出一联至少带有一个季节，再加上"意"字的诗词。根据提示，把诗句填写完整。

1. ＿＿＿＿＿＿＿，春人春不见。（〔南北朝〕萧绎《春日诗》）

2. 欲寄一行书，＿＿＿＿＿＿＿。（〔南北朝〕何逊《从主移西州寓直斋内霖雨不晴怀郡中游聚》）

3. ＿＿＿＿＿，多向雨中生。（〔唐〕元稹《景申秋八首·其一》）

4. 东湖发诗意，＿＿＿＿＿＿。（〔唐〕朱庆余《送吴秀才之山西》）

5. ＿＿＿＿＿，良人昨夜情。（〔唐〕沈佺期《杂诗》）

6. 江天寒意少，＿＿＿＿＿。（〔唐〕张鼎《江南遇雨》）

7. 谁知织妇意，＿＿＿＿＿。（〔宋〕朱继芳《草虫便面》）

8. 花落春容瘦，＿＿＿＿＿。（〔宋〕杨万里《癸亥上巳即事》）

9. ＿＿＿＿＿，大都不得意时多。（〔唐〕白居易《急乐世》）

10. ＿＿＿＿＿，两路风威动翠旌。（〔唐〕张祜《观楚州韦舍人新筑河堤兼建两闸门》）

11. 帘外雨潺潺，＿＿＿＿＿，罗衾不耐五更寒。（〔南唐〕李煜《浪淘沙令（帘外雨潺潺）》）

12. 绿杨烟外晓寒轻，＿＿＿＿＿＿。（〔宋〕宋祁《玉楼春·春景》）

13. 天淡淡，月溶溶，＿＿＿＿＿＿。（〔宋〕曾觌《蓦山溪·暮秋赏梨花》）

14. 寒水依痕，＿＿＿＿＿，沙际烟阔。（〔宋〕张元干《石州慢（寒水依痕）》）

15. 草露蛛丝晴日明，＿＿＿＿＿。（〔元〕刘因《入山》）

季节 + 动物

说出一联至少带有一个季节，再加上至少一种动物的诗词。根据提示，把诗句填写完整。

1. ＿＿＿＿＿，时鸣春涧中。（〔唐〕王维《鸟鸣涧》）

2. _____，水寒风似刀。（〔唐〕王昌龄《塞下曲》）

3. 冬氛恋虬箭，_____。（〔唐〕杜审言《除夜有怀》）

4. 春去花还在，_____。（〔宋〕无名氏《画》）

5. _____，秋瓜顶自开。（〔宋〕王禹偁《秋居幽兴三首·其二》）

6. 恋树冬逾碧，_____。（〔元〕郑东《仲雍墓》）

7. _____，蜡炬成灰泪始干。（〔唐〕李商隐《无题（相见时难别亦难）》）

8. _____，一树冬青人未归。（〔唐〕李商隐《访隐者不遇成二绝·其一》）

9. _____，秋无白露冬无雪。（〔唐〕白居易《驯犀》）

10. _____似洞庭，夏水欲满君山青。（〔唐〕元结《石鱼湖上醉歌》）

11. _____，万籁百泉相与秋。（〔唐〕李颀《听安万善吹觱篥歌》）

12. 竹外桃花三两枝，_____。（〔宋〕苏轼《惠崇春江晚景二首·其一》）

13. _____，留得黄丝织夏衣。（〔宋〕范成大《夏日田园杂兴十二绝·其五》）

14. 又是残春将立夏，_____。（〔宋〕白玉蟾《见莺·其二》）

15. _____，拂堤杨柳醉春烟。（〔清〕高鼎《村居》）

季节＋植物

说出一联至少带有一个季节，再加上至少一种植物的诗词。根据提示，把诗句填写完整。

1. 秋月扬明晖，_____。（〔晋〕陶渊明《四时》）

2. _____，园柳变鸣禽。（〔南北朝〕谢灵运《登池上楼》）

3. _____，夜静春山空。（〔唐〕王维《鸟鸣涧》）

4. _____，经冬犹绿林。（〔唐〕张九龄《感遇十二首·其七》）

5. _____，冬夏色苍苍。（〔唐〕元稹《咏廿四气诗·寒露九月节》）

6. 夏浅蝉未多，_____。（〔唐〕白居易《府西亭纳凉归》）

7. 浔阳江头夜送客，_____。（〔唐〕白居易《琵琶行》）

8. _____，秋雨梧桐叶落时。（〔唐〕白居易《长恨歌》）

9. _____，落叶满阶红不扫。（〔唐〕白居易《长恨歌》）

10. 忽如一夜春风来，_____。（〔唐〕岑参《白雪歌送武判官归京》）

11. 偏坐渔舟出苇林，_____。（〔唐〕杜荀鹤《赠彭蠡钓者》）

12. 岩溜喷空晴似雨，_____。（〔唐〕方干《题报恩寺上方》）

13. _____，无力蔷薇卧晓枝。（〔宋〕秦观《春日》）

14. _____，色分秋练净澄江。（〔宋〕李弥逊《和少章婴粟汤》）

15. 严冬凛凛霜雪天，_____。（〔宋〕程安仁《西湖四景》）

季节＋颜色

说出一联至少带有一个季节，再加上至少一种颜色的诗词。根据提示，把诗句填写完整。

1. 常恐秋节至，_____。（〔汉乐府〕《长歌行》）

2. _____，秋云暗几重。（〔唐〕李白《听蜀僧浚弹琴》）

3. _____，春来发几枝？（〔唐〕王维《相思》）

4. 夜雨剪春韭，_____。（〔唐〕杜甫《赠卫八处士》）

5. _____，清夏景还移。（〔唐〕司空图《偶书五首·其二》）

6. 东船西舫悄无言，_____。（〔唐〕白居易《琵琶行》）

7. _____，楼台倒影入池塘。（〔唐〕高骈《山亭夏日》）

8. _____，岁晏花凋树不凋。（〔唐〕顾况《行路难三首·其一》）

9. 春色满园关不住，_____。（〔宋〕叶绍翁《游园不值》）

10. _____，春色方浓又欲归。（〔宋〕徐玑《春晚》）

11. 菲菲红紫送春去，_____。（〔宋〕吕本中《金丝桃》）

12. 秋容更兼残日，_____。（〔宋〕方千里《诉衷情（远山重叠乱山盘）》）

13. 一春心事与谁同，_____。（〔宋〕万俟绍之《风入松（一春心事与谁同）》）

14. _____，化作春泥更护花。（〔清〕龚自珍《己亥杂诗·其五》）

15. _____，万花纷谢一时稀。（〔现代〕毛泽东《七律·冬云》）

动物＋植物

说出一联至少带有一种动物，再加上至少一种植物的诗词。根据提示，把诗句填写完整。

1. 天苍苍，野茫茫，＿＿＿＿＿＿＿。（〔北朝民歌〕《敕勒歌》）

2. ＿＿＿＿＿＿，雪尽马蹄轻。（〔唐〕王维《观猎》）

3. ＿＿＿＿＿＿，僧敲月下门。（〔唐〕贾岛《题李凝幽居》）

4. ＿＿＿＿＿＿，谁家新燕啄春泥。（〔唐〕白居易《钱塘湖春行》）

5. 乱花渐欲迷人眼，＿＿＿＿＿＿。（〔唐〕白居易《钱塘湖春行》）

6. ＿＿＿＿＿＿，幽咽泉流冰下难。（〔唐〕白居易《琵琶行》）

7. 晴川历历汉阳树，＿＿＿＿＿＿。（〔唐〕崔颢《黄鹤楼》）

8. 中庭地白树栖鸦，＿＿＿＿＿＿。（〔唐〕王建《十五夜望月寄杜郎中》）

9. 西塞山前白鹭飞，＿＿＿＿＿＿。（〔唐〕张志和《渔父》）

10. ＿＿＿＿＿＿，正是河豚欲上时。（〔宋〕苏轼《惠崇春江晚景二首·其一》）

11. 乡村四月闲人少，＿＿＿＿＿＿。（〔宋〕翁卷《乡村四月》）

12. 鹅鸭不知春去尽，＿＿＿＿＿＿。（〔宋〕晁冲之《春日》）

13. ＿＿＿＿＿＿，头白鸳鸯失伴飞。（〔宋〕贺铸《鹧鸪天（重过阊门万事非）》）

14. ＿＿＿＿＿＿，早有蜻蜓立上头。（〔宋〕杨万里《小池》）

15. ＿＿＿＿＿＿，小桥流水人家，古道西风瘦马。（〔元〕马致远《天净沙·秋思》）

数字＋季节

说出一联至少带有一个数字，再加上至少一个季节的诗词。根据提示，把诗句填写完整。

1. 夏之日，＿＿＿＿＿＿，＿＿＿＿＿＿，归于其居。（《诗经·唐风·葛生》）

2. 冬之夜，＿＿＿＿＿＿，＿＿＿＿＿＿，归于其室。（《诗经·唐风·葛生》）

3. 谁言寸草心，＿＿＿＿＿＿。（〔唐〕孟郊《游子吟》）

4. 春种一粒粟，_____。（〔唐〕李绅《悯农》）

5. _____，能开二月花。（〔唐〕李峤《风》）

6. 百年三万日，_____。（〔唐〕骆宾王《乐大夫挽词五首·其二》）

7. 不说风霜苦，_____。（〔唐〕杜荀鹤《溪居叟》）

8. _____，谁笑腹空虚。（〔宋〕汪洙《勤学》）

9. 连雨不知春去，_____。（〔宋〕范成大《喜晴》）

10. 清江一曲抱村流，_____。（〔唐〕杜甫《江村》）

11. 不知细叶谁裁出，_____。（〔唐〕贺知章《咏柳》）

12. _____，却欲躬耕学老农。（〔唐〕卢纶《与从弟瑾同下第后出关言

别四首·其四》）

13. _____，日斜闲啄岸边苔。（〔宋〕欧阳修《鹤》）

14. _____，湖中丽人花照春。（〔宋〕程安仁《西湖四景》）

15. 百里长堤上，_____。（〔元〕贡奎《次韵袁伯长舟中杂书三首·其一》）

数字 + "里"

说出一联至少带有一个数字，再加上"里"字的诗词。根据提示，把诗句填写完整。

1. _____，深宫二十年。（〔唐〕张祜《宫词二首·其一》）

2. _____，新春五十年。（〔唐〕耿沛《渭上送李藏器移家东都》）

3. _____，烟村四五家。（〔宋〕邵雍《山村咏怀》）

4. 大鹏一日同风起，_____。（〔唐〕李白《上李邕》）

5. _____，百年多病独登台。（〔唐〕杜甫《登高》）

6. _____，水村山郭酒旗风。（〔唐〕杜牧《江南春》）

7. _____，虚唱歌词满六宫。（〔唐〕杜牧《酬张祜处士见寄长句四韵》）

8. 无情最是台城柳，_____。（〔唐〕韦庄《台城》）

9. _____，白云红叶两悠悠。（〔宋〕朱熹《秋月》）

10. _____，五千仞岳上摩天。（〔宋〕陆游《秋夜将晓出篱门迎凉有感》）

11. 三十功名尘与土，_____。（〔宋〕岳飞《满江红·写怀》）

12. _____，气压江城十四州。（〔宋〕李清照《题八咏楼》）

13. _____。风休住，蓬舟吹取三山去。（〔宋〕李清照《渔家傲（天接云涛连晓雾）》）

14. 衰柳疏疏苔满地，十二阑干，_____。（〔元〕王庭筠《凤栖梧（衰柳疏疏苔满地）》）

15. 自信人生二百年，_____。（〔现代〕毛泽东《七古·残句》）

数字+"人"

说出一联至少带有一个数字，再加上"人"字的诗词。根据提示，把诗句填写完整。

1. _____，谁为此祸？（《诗经·小雅·何人斯》）

2. _____，母氏劳苦。（《诗经·邶风·凯风》）

3. _____，莫慰母心。（《诗经·邶风·凯风》）

4. _____，皆言夫婿殊。（〔汉乐府〕《陌上桑》）

5. 举杯邀明月，_____。（〔唐〕李白《月下独酌四首·其一》）

6. _____，两人不敢上。（〔唐〕白居易《登香炉峰顶》）

7. _____，古今同此适。（〔唐〕白居易《春游二林寺》）

8. 慈恩塔下题名处，_____。（〔唐〕白居易《句》）

9. 遥知兄弟登高处，_____。（〔唐〕王维《九月九日忆山东兄弟》）

10. 云里帝城双凤阙，_____。（〔唐〕王维《奉和圣制从蓬莱向兴庆阁道中留春雨中春望之作应制》）

11. _____，一年辛苦一春闲。（〔宋〕苏轼《和子由蚕市》）

12. 群来野雀绕林梢，_____。（〔宋〕叶茵《田父吟五首·其三》）

13. _____，难道归来尽列侯？（〔清〕龚自珍《咏史》）

14. _____，使我衣袖三年香。（〔清〕龚自珍《投宋于庭》）

15. _____，百无一用是书生。（〔清〕黄景仁《杂感》）

数字+动物

　　说出一联至少带有一个数字，再加上至少一种动物的诗词。根据提示，把诗句填写完整。

1. _____，声闻于天。（《诗经·小雅·鹤鸣》）
2. _____，万径人踪灭。（〔唐〕柳宗元《江雪》）
3. _____，千里暮云平。（〔唐〕王维《观猎》）
4. _____，巢在三珠树。（〔唐〕张九龄《感遇十二首·其四》）
5. _____，千金裘，呼儿将出换美酒。（〔唐〕李白《将进酒》）
6. _____，轻舟已过万重山。（〔唐〕李白《早发白帝城》）
7. 两个黄鹂鸣翠柳，_____。（〔唐〕杜甫《绝句》）
8. _____，白云千载空悠悠。（〔唐〕崔颢《黄鹤楼》）
9. 珠容百斛龙休睡，_____。（〔唐〕李商隐《玉山》）
10. _____，影落杯中五老峰。（〔唐〕白居易《题元十八溪居》）
11. 十里黄云白日曛，_____。（〔唐〕高适《别董大二首·其二》）
12. _____，万籁百泉相与秋。（〔唐〕李颀《听安万善吹觱篥歌》）
13. 竹外桃花三两枝，_____。（〔宋〕苏轼《惠崇春江晚景二首·其一》）
14. 想当年金戈铁马，_____。（〔宋〕辛弃疾《永遇乐·京口北固亭怀古》）
15. 当年万里觅封侯，_____。（〔宋〕陆游《诉衷情（当年万里觅封侯）》）

数字+植物

　　说出一联至少带有一个数字，再加上至少一种植物的诗词。根据提示，把诗句填写完整。

1. _____，一日不见，如三月兮！（《诗经·王风·采葛》）
2. _____，一日不见，如三秋兮！（《诗经·王风·采葛》）

3. _____，一日不见，如三岁兮！（《诗经·王风·采葛》）

4. 江头宫殿锁千门，_____？（〔唐〕杜甫《哀江头》）

5. 玉容寂寞泪阑干，_____。（〔唐〕白居易《长恨歌》）

6. 山红涧碧纷烂漫，_____。（〔唐〕韩愈《山石》）

7. _____，胡天八月即飞雪。（〔唐〕岑参《白雪歌送武判官归京》）

8. 何时断得闲烦恼，_____。（〔宋〕胡仲参《听雨》）

9. 但愿千千岁，_____。（〔南唐〕冯延巳《抛球乐（年少王孙有俊才）》）

10. 孤松不须双，_____。（〔宋〕杨万里《寄题开州史君陈师宋柴扉》）

11. _____，一种风姿与杏同。（〔宋〕林希逸《临清堂前观红梅作》）

12. _____，深浅拂，天生红粉真无匹。（〔宋〕欧阳修《渔家傲（二月春耕昌杏密）》）

13. 一标题目，_____。（〔宋〕王十朋《点绛唇·奇香蜡梅》）

14. _____，又渐数、花风第一。（〔宋〕张炎《数花风·别义兴诸友》）

15. 姑苏城外一茅屋，_____。（〔明〕唐寅《把酒对月歌》）

"人"＋动物

说出一联至少带有一个"人"字，再加上动物的诗词。根据提示，把诗句填写完整。

1. _____，思发在花前。（〔隋〕薛道衡《人日思归诗》）

2. _____，风雪夜归人。（〔唐〕刘长卿《逢雪宿芙蓉山主人》）

3. 樵人归欲尽，_____。（〔唐〕孟浩然《宿业师山房期丁大不至》）

4. _____，幽涧或随人。（〔唐〕李绅《山出云》）

5. _____，无人惊我睡。（〔唐〕白居易《寄皇甫宾客》）

6. _____，举酒欲饮无管弦。（〔唐〕白居易《琵琶行》）

7. _____，老大嫁作商人妇。（〔唐〕白居易《琵琶行》）

8. 花钿委地无人收，_____。（〔唐〕白居易《长恨歌》）

9. ＿＿＿＿＿＿＿＿＿，不把人间事系心。（〔唐〕杜荀鹤《赠彭蠡钓者》）

10. 雨昏郊郭行人少，＿＿＿＿＿＿＿＿。（〔唐〕李中《宿临江驿》）

11. ＿＿＿＿＿＿＿＿，离人独上洞庭船。（〔唐〕李频《湘口送友人》）

12. ＿＿＿＿＿＿＿＿，依依还似北归人。（〔宋〕苏轼《惠崇春江晚景二首·其二》）

13. ＿＿＿＿＿＿＿＿，高阁倚佳人。（〔现代〕毛泽东《湘江漫游联句》）

14. 尊前谈笑人依旧，＿＿＿＿＿＿＿＿。（〔现代〕毛泽东《七律·和周世钊同志》）

15. 人山纷赞阵容阔，＿＿＿＿＿＿＿＿。（〔现代〕毛泽东《七绝·观潮》）

"人" + 植物

说出一联至少带有一个"人"字，再加上植物的诗词。根据提示，把诗句填写完整。

1. ＿＿＿＿＿＿＿＿，惜与故人违。（〔唐〕孟浩然《留别王侍御维》）

2. ＿＿＿＿＿＿＿＿，昨与故人期。（〔唐〕钱起《谷口书斋寄杨补阙》）

3. 昔事潘镇人，＿＿＿＿＿＿＿＿。（〔唐〕宋之问《卧闻嵩山钟》）

4. 汉女输橦布，＿＿＿＿＿＿＿＿。（〔唐〕王维《送梓州李使君》）

5. ＿＿＿＿＿＿＿＿，行尽青溪不见人。（〔唐〕王维《桃源行》）

6. 君臣已与时际会，＿＿＿＿＿＿＿＿。（〔唐〕杜甫《古柏行》）

7. ＿＿＿＿＿＿＿＿，惟有幽人自来去。（〔唐〕孟浩然《夜归鹿门山歌》）

8. 不知乘月几人归？＿＿＿＿＿＿＿＿。（〔唐〕张若虚《春江花月夜》）

9. 去年今日此门中，＿＿＿＿＿＿＿＿。（〔唐〕崔护《题都城南庄》）

10. 人面不知何处去，＿＿＿＿＿＿＿＿。（〔唐〕崔护《题都城南庄》）

11. 沙汀月冷帆初卸，＿＿＿＿＿＿＿＿。（〔唐〕李中《秋江夜泊寄刘钧》）

12. ＿＿＿＿＿＿＿＿，汉使断肠对归客。（〔唐〕李颀《听董大弹胡笳声兼寄语弄房给事》）

13. 外侮需人御，＿＿＿＿＿＿＿＿。（〔现代〕毛泽东《五律·挽戴安澜将军》）

14. ＿＿＿＿＿＿＿＿，万户萧疏鬼唱歌。（〔现代〕毛泽东《七律二首·送瘟

神·其一》）

15. 　　　　　，人生无处不青山。（〔现代〕毛泽东《七绝·改诗赠父亲》）

"人" + 颜色

　　说出一联至少带有一个"人"字，再加上颜色的诗词。根据提示，把诗句填写完整。

1. 　　　　　，昂藏南山侧。（〔唐〕李白《商山四皓》）

2. 秦人失金镜，　　　　　。（〔唐〕李白《商山四皓》）

3. 人归山郭暗，　　　　　。（〔唐〕韦应物《夕次盱眙县》）

4. 将军得名三十载，　　　　　。（〔唐〕杜甫《韦讽录事宅观曹将军画马图》）

5. 　　　　　，婕妤传诏才人索。（〔唐〕杜甫《韦讽录事宅观曹将军画马图》）

6. 　　　　　，今见功名胜古人。（〔唐〕岑参《轮台歌奉送封大夫出师西征》）

7. 斜倚帆樯不唤人，　　　　　。（〔唐〕贯休《嘲商客》）

8. 　　　　　，解说离人多少意。（〔宋〕方千里《玉楼春（华堂银烛堆红泪）》）

9. 黄鸡晓唱玲珑曲，　　　　　。（〔宋〕方千里《菩萨蛮（黄鸡晓唱玲珑曲）》）

10. 人生自古谁无死，　　　　　。（〔宋〕文天祥《过零丁洋》）

11. 　　　　　，风景这边独好。（〔现代〕毛泽东《清平乐·会昌》）

12. 洒向人间都是怨，　　　　　。（〔现代〕毛泽东《清平乐·蒋桂战争》）

13. 　　　　　，都是人间城郭。（〔现代〕毛泽东《念奴娇·鸟儿问答》）

14. 清溪却向青滩泄，鸡声歇，　　　　　。（〔现代〕毛泽东《归国谣（今宵月）》）

15. 　　　　　，万方乐奏有于阗，诗人兴会更无前。（〔现代〕毛泽东《浣溪沙·和柳亚子先生》）

四大美女

西施、貂蝉、王昭君、杨玉环是中国古代传说中的四大美女，请你说出一联诗词，每句至少带有其中一位美女的名号。根据提示，把诗句填写完整。

1. _____，上马啼红颊。（〔唐〕李白《王昭君二首·其二》）

2. 群山万壑赴荆门，_____。（〔唐〕杜甫《咏怀古迹五首·其三》）

3. _____，雪肤花貌参差是。（〔唐〕白居易《长恨歌》）

4. 巫女庙花红似粉，_____。（〔唐〕白居易《题峡中石上》）

5. 昨夜上皇新授箓，_____。（〔唐〕张祜《集灵台二首·其一》）

6. 家国兴亡自有时，_____？（〔唐〕罗隐《西施》）

7. _____，越国亡来又是谁？（〔唐〕罗隐《西施》）

8. _____，偏照婵娟色最浓。（〔唐〕李涉《竹枝词》）

9. _____，淡妆浓抹总相宜。（〔宋〕苏轼《饮湖上初晴后雨二首·其二》）

10. _____，泪湿春风鬓脚垂。（〔宋〕王安石《明妃曲二首·其一》）

11. 肌冰绰约如姑射，_____。（〔宋〕王安石《次韵徐仲元咏梅二首·其二》）

12. 绛纱囊里水晶丸，_____。（〔宋〕李纲《荔枝词集句》）

13. 牡丹比得谁颜色，似宫中、_____。（〔宋〕辛弃疾《杏花天·嘲牡丹》）

14. 若教解语倾人国，_____。（〔宋〕辛弃疾《杏花天·嘲牡丹》）

15. 力斩乱臣凭吕布，_____。（〔明〕《三国志传》）

历史人物名号

说出一联诗词，每句至少带有一位历史人物的名号。根据提示，把诗句填写完整。

1. _____？栖栖一代中。（〔唐〕李隆基《经邹鲁祭孔子而叹之》）

2. ［_____］，丈夫未可轻年少。（〔唐〕李白《上李邕》）

3. ［_____］，于今为庶为青门。（〔唐〕杜甫《丹青引赠曹将军霸》）

4. 学书初学卫夫人，［_____］。（〔唐〕杜甫《丹青引赠曹将军霸》）

5. 射杀山中白额虎，［_____］？（〔唐〕王维《老将行》）

6. 卫青不败由天幸，［_____］。（〔唐〕王维《老将行》）

7. 管乐有才原不忝，［_____］？（〔唐〕李商隐《筹笔驿》）

8. ［_____］，金陵王气黯然收。（〔唐〕刘禹锡《西塞山怀古》）

9. ［_____］，湘水无情吊岂知？（〔唐〕刘长卿《长沙过贾谊宅》）

10. ［_____］，此日登临曙色开。（〔唐〕崔曙《九日登望仙台呈刘明府》）

11. ［_____］，麟阁何人定战功？（〔唐〕李益《赴渭北宿石泉驿南望黄堆烽》）

12. ［_____］，料敌谋攻后出师。（〔宋〕文彦博《题筹笔驿》）

13. 往事越千年，［_____］，东临碣石有遗篇。（〔现代〕毛泽东《浪淘沙·北戴河》）

14. 盗跖（zhí）庄跻（jué）流誉后，［_____］。（〔现代〕毛泽东《贺新郎·读史》）

15. ［_____］，多年矛盾廓无边，而今一扫纪新元。（〔现代〕毛泽东《浣溪沙·和柳亚子先生》）

神话传说人物

说出一联诗词，每句至少带有一位神话传说人物的名号。根据提示，把诗句填写完整。

1. ［_____］，望崦嵫而勿迫。（〔战国〕屈原《离骚》）

2. ［_____］，空留明月辉。（〔南北朝〕徐德言《破镜诗》）

3. 白兔捣药秋复春，［_____］？（〔唐〕李白《把酒问月》）

4. ［_____］，用平水土地为厚。（〔唐〕杜甫《可叹》）

5. ▢▢▢▢▢▢，劫灰飞尽古今平。（〔唐〕李贺《秦王饮酒》）

6. ▢▢▢▢▢▢，石破天惊逗秋雨。（〔唐〕李贺《李凭箜篌引》）

7. ▢▢▢▢▢▢，露脚斜飞湿寒兔。（〔唐〕李贺《李凭箜篌引》）

8. 元和天子神武姿，▢▢▢▢▢▢。（〔唐〕李商隐《韩碑》）

9. ▢▢▢▢▢▢，人人乞巧望聪明。（〔宋〕吴芾《七夕戏成二绝·其二》）

10. 谁送凉蟾消夜暑，河汉迢迢，▢▢▢▢▢▢？（〔宋〕刘镇《蝶恋花·丁丑七夕》）

11. ▢▢▢▢▢▢，欢情不似别情多。（〔明〕于谦《七夕》）

12. ▢▢▢▢▢▢，骗了无涯过客。（〔现代〕毛泽东《贺新郎·读史》）

13. ▢▢▢▢▢▢，一样悲欢逐逝波。（〔现代〕毛泽东《七律二首·送瘟神·其一》）

14. ▢▢▢▢▢▢，吴刚捧出桂花酒。（〔现代〕毛泽东《蝶恋花·答李淑一》）

15. ▢▢▢▢▢▢，万里长空且为忠魂舞。（〔现代〕毛泽东《蝶恋花·答李淑一》）

城市名称

说出一联诗词，每句至少带有一个城市名称。根据提示，把诗句填写完整。

1. ▢▢▢▢▢▢，万户捣衣声。（〔唐〕李白《子夜吴歌·秋歌》）

2. 何处路最难？▢▢▢▢▢▢。（〔唐〕岑参《送张秘书充刘相公通汴河判官便赴江外觐省》）

3. ▢▢▢▢▢▢？只在马蹄下。（〔唐〕岑参《忆长安曲二章寄庞潍》）

4. ▢▢▢▢▢▢，残钟广陵树。（〔唐〕韦应物《初发扬子寄元大校书》）

5. ▢▢▢▢▢▢，夜半钟声到客船。（〔唐〕张继《枫桥夜泊》）

6. 身心安处为吾土，▢▢▢▢▢▢？（〔唐〕白居易《吾土》）

7. 新丰美酒斗十千，▢▢▢▢▢▢。（〔唐〕王维《少年行》）

8. 郑国游人未及家，〔唐〕李颀《送陈章甫》）

9. 天下三分明月夜，〔唐〕徐凝《忆扬州》）

10. 玉碧罗青意可参。〔宋〕王正功《嘉泰改元桂林大比与计偕者十有一人九月十六日》）

11. 又食武昌鱼。〔现代〕毛泽东《水调歌头·游泳》）

12. 命令昨颁，〔现代〕毛泽东《减字木兰花·广昌路上》）

13. 此中听得野莺啼。〔现代〕毛泽东《七绝·五云山》）

14. 祖生击楫至今传。〔现代〕毛泽东《七律·洪都》）

15. 大雨落幽燕，白浪滔天，〔现代〕毛泽东《浪淘沙·北戴河》）

近义词聚会

说出一联诗词，至少带有一组近义词。根据提示，把诗句填写完整。

1. ，摄以威仪。（《诗经·大雅·既醉》）

2. ，形容枯槁。〔战国〕屈原《渔父》）

3. ，别后怨天长。〔唐〕许敬宗《奉和七夕宴悬圃应制二首·其二》）

4. ，先感是诗人。〔唐〕白居易《新秋喜凉》）

5. 千山鸟飞绝，。〔唐〕柳宗元《江雪》）

6. 宫中圣人奏云门，。〔唐〕杜甫《忆昔二首·其一》）

7. 任说天长海影沉，。〔唐〕李咸用《和友人喜相遇十首·其十》）

8. 月子弯弯照九州，。〔宋〕无名氏《月子弯弯》）

9. ，好事就之为携酒。〔唐〕杜甫《可叹》）

10. 莫作等闲相斗作，。〔南唐〕冯延巳《鹊踏枝（叵耐为人情太薄）》）

11. ，，就中更有痴儿女。〔金〕元好问《摸

鱼儿·雁丘词》）

12. [_____]，山鸟山花好弟兄。（〔宋〕辛弃疾《鹧鸪天·博山寺作》）

13. [_____]，冷冷清清，凄凄惨惨戚戚。（〔宋〕李清照《声声慢（寻寻觅觅）》）

14. 交亲散落如云，[_____]。（〔宋〕吴泳《沁园春·生日自述》）

15. 明媚鲜妍能几时，[_____]。（〔清〕曹雪芹《葬花吟》）

说出一联诗词，至少带有一组反义词。根据提示，把诗句填写完整。

1. 路漫漫其修远兮，[_____]。（〔战国〕屈原《离骚》）

2. [_____]，花面交相映。（〔唐〕温庭筠《菩萨蛮（小山重叠金明灭）》）

3. [_____]，出门尽寒山。（〔唐〕李白《赠卢司户》）

4. [_____]，不劳吏怒嗔。（〔唐〕杜甫《前出塞九首·其四》）

5. [_____]，相亲相近水中鸥。（〔唐〕杜甫《江村》）

6. 数点雨声风约住，[_____]。（〔南唐〕李煜《蝶恋花·春暮》）

7. 立谈中，[_____]，一诺千金重。（〔宋〕贺铸《六州歌头（少年侠气）》）

8. [_____]，不思量，自难忘。（〔宋〕苏轼《江城子·乙卯正月二十日夜记梦》）

9. [_____]，留取丹心照汗青。（〔宋〕文天祥《过零丁洋》）

10. [_____]，江草江花处处鲜。（〔现代〕毛泽东《七律·洪都》）

11. 冷眼向洋看世界，[_____]。（〔现代〕毛泽东《七律·登庐山》）

12. 五云山上五云飞，[_____]。（〔现代〕毛泽东《七绝·五云山》）

13. [_____]，大渡桥横铁索寒。（〔现代〕毛泽东《七律·长征》）

14. [_____]，雨从青野上山来。（〔现代〕毛泽东《七律·和周世钊同志》）

15. [_____]，惟余莽莽；[_____]，顿失滔滔。（〔现代〕毛泽东《沁园春·雪》）

含有成语

　　说出一联诗词，至少包含一个成语，并把成语写在横线上。根据提示，把诗句填写完整。

1. ＿＿＿＿＿＿，鸡鸣不已。(《诗经·郑风·风雨》) 成语：＿＿＿＿

2. 彼采萧兮，＿＿＿＿＿＿，＿＿＿＿＿＿。(《诗经·王风·采葛》) 成语：＿＿＿

3. 有匪君子，＿＿＿＿＿，＿＿＿＿＿。(《诗经·卫风·淇奥》) 成语：＿＿＿

4. 郎骑竹马来，＿＿＿＿＿＿。(〔唐〕李白《长干行二首·其一》) 成语：＿＿＿

5. 同居长干里，＿＿＿＿＿。(〔唐〕李白《长干行二首·其一》) 成语：＿＿＿

6. ＿＿＿＿＿＿，拖船一何苦。(〔唐〕李白《丁督护歌》) 成语：＿＿＿＿

7. 春风得意马蹄疾，＿＿＿＿＿＿。(〔唐〕孟郊《登科后》) 成语：＿＿＿

8. ＿＿＿＿＿＿，纷纷轻薄何须数？(〔唐〕杜甫《贫交行》) 成语：＿＿＿

9. 花近高楼伤客心，＿＿＿＿＿＿。(〔唐〕杜甫《登楼》) 成语：＿＿＿

10. 洛阳亲友如相问，＿＿＿＿＿＿。(〔唐〕王昌龄《芙蓉楼送辛渐》) 成语：＿＿＿＿

11. 瀚海阑干百丈冰，＿＿＿＿＿＿。(〔唐〕岑参《白雪歌送武判官归京》) 成语：＿＿＿

12. ＿＿＿＿＿＿，江枫渔火对愁眠。(〔唐〕张继《枫桥夜泊》) 成语：＿＿＿

13. ＿＿＿＿＿＿，除却巫山不是云。(〔唐〕元稹《离思》) 成语：＿＿＿

14. 空腹有诗衣有结，＿＿＿＿＿＿。(〔宋〕苏轼《浣溪沙·再和前韵》) 成语：＿＿＿＿

15. ＿＿＿＿＿＿，欲语泪先流。(〔宋〕李清照《武陵春·春晚》) 成语：＿＿＿

参考答案

第1章　热身级 单字单句飞花令

"一"

1. 一去二三里（〔宋〕邵雍《山村咏怀》）

   ——生绿苔（〔唐〕李白《长干行二首·其一》）

   花间一壶酒

   （〔唐〕李白《月下独酌四首·其一》）

   亲朋无一字（〔唐〕杜甫《登岳阳楼》）

   兽形云不一（〔唐〕白居易《秋思》）

2. 一道残阳铺水中（〔唐〕白居易《暮江吟》）

   空一缕余香在此（〔元〕徐再思《折桂令·春情》）

   小楼一夜听春雨（〔宋〕陆游《临安春雨初霁》）

   犹能——旋成行

   （〔唐〕方干《夜会郑氏昆季林亭》）

   夜深篱落一灯明（〔宋〕叶绍翁《夜书所见》）

   立马烦君折一枝（〔唐〕杨巨源《折杨柳》）

   公孙剑器初第一

   （〔唐〕杜甫《观公孙大娘弟子舞剑器行并序》）

   （答案并不唯一，谨供参考。以下皆同）

"二"

1. 二月春风信

   （〔宋〕彭汝砺《吕睽仲赴诏以病不及送诗与之》）

   十二晚峰前

   （〔五代〕毛文锡《巫山一段云（雨霁巫山上）》）

   焉知二十载（〔唐〕杜甫《赠卫八处士》）

   空堂欲二更（〔唐〕王维《秋夜独坐》）

   鸳鸯七十二

   （〔汉〕佚名《相逢行》，有多首诗有相同诗句）

2. 二月春风似剪刀（〔唐〕贺知章《咏柳》）

   十二楼中尽晓妆（〔唐〕薛逢《宫词》）

   高田二麦接山青

   （〔宋〕范成大《春日田园杂兴十二绝·其三》）

   翠屏十二晚峰齐

   （〔唐〕毛熙震《浣溪沙（花榭香红烟景迷）》）

   黛色参天二千尺（〔唐〕杜甫《古柏行》）

   今之新图有二马

   （〔唐〕杜甫《韦讽录事宅观曹将军画马图》）

主人并养七十二

   （〔唐〕元稹《有鸟二十章·其十六》）

"三"

1. 三夜频梦君（〔唐〕杜甫《梦李白二首·其二》）

   十三能织素（〔汉乐府〕《孔雀东南飞》）

   吏禄三百石（〔唐〕白居易《观刈麦》）

   阡陌经三岁（〔唐〕杨炯《早行》）

   弓势月初三（〔唐〕白居易《秋思》）

2. 三山半落青天外（〔唐〕李白《登金陵凤凰台》）

   十三弦上啭春莺

   （〔唐〕王仁裕《荆南席上咏胡琴妓二首·其二》）

   使我三军泪如雨（〔唐〕李颀《古意》）

   两两三三睡暖沙（〔唐〕吴融《水鸟》）

   春风回首三十年（〔元〕王冕《吹箫出峡图》）

   嗟哉吾党二三子（〔唐〕韩愈《山石》）

   应言四乐不言三（〔唐〕白居易《琴酒》）

"四"

1. 四角碍白日

   （〔唐〕岑参《与高适薛据登慈恩寺浮图》）

   十四犹未圆（〔宋〕张方平《寓意咏月赠李先生》）

   烟村四五家（〔宋〕邵雍《山村咏怀》）

   高谈满四座（〔唐〕李白《赠刘都使》）

   不知时有四（〔宋〕胡仲弓《咏松·其一》）

2. 四月南风大麦黄（〔唐〕李颀《送陈章甫》）

   十四万众犹虎貔（〔唐〕李商隐《韩碑》）

   人间四月芳菲尽（〔唐〕白居易《大林寺桃花》）

   休论暮四与朝三

   （〔宋〕方岳《又次韵二首·其二》）

   霜皮溜雨四十围（〔唐〕杜甫《古柏行》）

   路断车轮生四角

   （〔宋〕辛弃疾《贺新郎（把酒长亭说）》）

   花面丫头十三四（〔唐〕刘禹锡《寄赠小樊》）

"五"

1. 五马莫留连（〔唐〕李白《子夜吴歌四首·其一》）

十五始展眉（〔唐〕李白《长干行二首·其一》）

须知五月中

（〔唐〕元稹《咏廿四气诗·夏至五月中》）

攀鸿戏云烟（〔南北朝〕鲍照《白云诗》）

去天应尺五（〔宋〕邓深《接天阁为武将荣叔赋》）

2. 五岭逶迤腾细浪（〔现代〕毛泽东《七律·长征》）

十五年来明月夜

（〔唐〕白居易《独眠吟二首·其一》）

诏书五道出将军（〔唐〕王维《老将行》）

曷与三五相攀追（〔唐〕李商隐《韩碑》）

轻烟散入五侯家（〔唐〕韩翃《寒食》）

才可容颜十五余（〔唐〕王维《洛阳女儿行》）

辽东小妇年十五（〔唐〕李颀《古意》）

1. 六甲候兵韬

（〔南北朝〕庾信《侍从徐国公殿下军行》）

十六君远行（〔唐〕李白《长干行二首·其一》）

元龟六代春（〔唐〕王勃《出塞游山二首·其一》）

附书与六亲（〔唐〕杜甫《前出塞九首·其四》）

新笋抽五六（〔宋〕张商英《笋二首·其一》）

2. 六年西顾空吟哦（〔唐〕韩愈《石鼓歌》）

十六生儿字阿侯（〔南北朝〕萧衍《河中之水歌》）

指点六朝形胜地

（〔元〕萨都剌《念奴娇·登石头城次东坡韵》）

罗敷十六鬓如云（〔宋〕赵鼎臣《戏马子约》）

禾黍高低六代宫（〔唐〕许浑《金陵怀古》）

胡骑长驱五六年（〔唐〕杜甫《恨别》）

直上洞天三十六（〔宋〕邓肃《访故人》）

"七"

1. 七层摩苍穹

（〔唐〕岑参《与高适薛据登慈恩寺浮图》）

十七为君妇（〔汉乐府〕《孔雀东南飞》）

泠泠七丝上（〔唐〕刘长卿《听弹琴》）

由来轻七尺（〔唐〕李颀《古意》）

竹林名士七（〔明〕王世贞《肖甫司马贻书有归欤之
思而受服出督寄此识感·其一》）

2. 七月七日长生殿（〔唐〕白居易《长恨歌》）

六七年来春又秋（〔唐〕韦庄《悔恨》）

其余七匹亦殊绝

（〔唐〕杜甫《韦讽录事宅观曹将军画马图》）

别时十七今头白（〔唐〕白居易《和微之十七与君
别及胧月花枝之咏》）

罗帷送上七香车（〔唐〕王维《洛阳女儿行》）

玉弟金昆共七人（〔宋〕刘过《寄郭德顺》）

乌生八子今无七

（〔唐〕元稹《哭子十首·其九》）

"八"

1. 八月萧关道（〔唐〕王昌龄《塞下曲四首·其一》）

闰八月初吉（〔唐〕杜甫《北征》）

士章八十字（〔宋〕陆游《自咏》）

斋心受八关

（〔唐〕司空曙《送况上人还荆州因寄卫侍御象》）

八卦各为八（〔宋〕方回《先天易吟三十首·其六》）

2. 八月秋高风怒号

（〔唐〕杜甫《茅屋为秋风所破歌》）

十八年来恨别离（〔唐〕张籍《喜王六同宿》）

继周八代争战罢（〔唐〕韩愈《石鼓歌》）

美人二八面如花

（〔唐〕顾况《相和歌辞·短歌行六首·其四》）

先帝侍女八千人

（〔唐〕杜甫《观公孙大娘弟子舞剑器行并序》）

一弹一十有八拍

（〔唐〕李颀《听董大弹胡笳声兼寄语弄房给事》）

待到秋来九月八（〔唐〕黄巢《不第后赋菊》）

"九"

1. 九折步云端

（〔唐〕张说《奉和圣制太行山中言志应制》）

八九十枝花（〔宋〕邵雍《山村咏怀》）

月傍九霄多（〔唐〕杜甫《春宿左省》）

鹤鸣于九皋（《诗经·小雅·鹤鸣》）

初七及下九（〔汉乐府〕《孔雀东南飞》）

2. 九月天山风似刀（〔唐〕岑参《赵将军歌》）

崔九堂前几度闻（〔唐〕杜甫《江南逢李龟年》）

可怜九马争神骏

（〔唐〕杜甫《韦讽录事宅观曹将军画马图》）

节逢重九海门外（〔唐〕赵嘏《重阳》）

待到秋来九月八（〔唐〕黄巢《不第后赋菊》）

今见康强九九年

（〔宋〕李鼐《鹧鸪天（种得门阑五福全）》）

不如意事常八九（〔宋〕方岳《别子才司令》）

●●●● "十" ●●●●

1. 十觞亦不醉（〔唐〕杜甫《赠卫八处士》）
   三十鬓添霜（〔唐〕元稹《解秋十首·其三》）
   方宅十余亩（〔晋〕陶渊明《归园田居五首·其一》）
   一举累十觞（〔唐〕杜甫《赠卫八处士》）
   百里半九十（〔宋〕程俱《宿章戴》）

2. 十生九死到官所
   （〔唐〕韩愈《八月十五夜赠张功曹》）
   五十年间似反掌
   （〔唐〕杜甫《观公孙大娘弟子舞剑器行并序》）
   面壁十年图破壁（〔现代〕周恩来《大江歌罢掉头东》）
   传之七十有二代（〔唐〕李商隐《韩碑》）
   已忍伶俜十年事（〔唐〕杜甫《宿府》）
   将军得名三十载
   （〔唐〕杜甫《韦讽录事宅观曹将军画马图》）
   行百里者半九十（〔宋〕黄庭坚《赠元发弟放言》）

●●●● "百" ●●●●

1. 百尺散风雨（〔宋〕朱熹《百丈山六咏其六·瀑布》）
   半百已华颠（〔宋〕邵雍《岁除吟》）
   树杪百重泉（〔唐〕王维《送梓州李使君》）
   吏禄三百石（〔唐〕白居易《观刈麦》）
   何事黄金百（〔南北朝〕庾义《数名诗》）

2. 百年都是几多时（〔唐〕元稹《遣悲怀三首·其三》）
   八百诸侯会孟津（〔宋〕王十朋《武王》）
   空山百鸟散还合
   （〔唐〕李颀《听董大弹胡笳声兼寄语弄房给事》）
   南朝四百八十寺（〔唐〕杜牧《江南春》）
   夜深静卧百虫绝（〔唐〕韩愈《山石》）
   众里寻他千百度（〔宋〕辛弃疾《青玉案·元夕》）
   台前过雁盈千百
   （〔唐〕皮日休《怀鹿门县名离合二首·其一》）

●●●● "千" ●●●●

1. 千山鸟飞绝（〔唐〕柳宗元《江雪》）
   三千客路长（〔宋〕文天祥《哭金路分应》）
   昂昂千岁鹤（〔宋〕朱继芳《反招隐》）
   往事越千年（〔现代〕毛泽东《浪淘沙·北戴河》）
   销愁斗几千（〔唐〕李商隐《风雨》）

2. 千顷芙蕖放棹嬉
   （〔宋〕范成大《夏日田园杂兴十二绝·其十》）

三千弟子标青史（〔唐〕刘沧《经曲阜城》）
石壁千重树万重（〔唐〕李涉《杂曲歌辞·竹枝词》）
斗酒十千恣欢谑（〔唐〕李白《将进酒》）
横眉冷对千夫指（〔近现代〕鲁迅《自嘲》）
夜深斜搭秋千索（〔唐〕韩偓《夜深》）
金樽清酒斗十千（〔唐〕李白《行路难三首·其一》）

●●●● "万" ●●●●

1. 万径人踪灭（〔唐〕柳宗元《江雪》）
   千万人间事（〔唐〕元稹《归田》）
   千秋万岁名（〔唐〕杜甫《梦李白二首·其二》）
   随山将万转（〔唐〕王维《青溪》）
   雕戈提十万（〔宋〕刘克庄《挽李尚书二首·其一》）

2. 万里浮云阴且晴
   （〔唐〕李颀《听董大弹胡笳声兼寄语弄房给事》）
   百万雄师过大江
   （〔现代〕毛泽东《七律·人民解放军占领南京》）
   心轻万事如鸿毛（〔唐〕李颀《送陈章甫》）
   蜩螗千万沸斜阳
   （〔宋〕范成大《夏日田园杂兴十二绝·其十二》）
   草绿湖南万里情（〔唐〕刘长卿《别严士元》）
   腹中贮书一万卷（〔唐〕李颀《送陈章甫》）
   此皆骑战一敌万
   （〔唐〕杜甫《韦讽录事宅观曹将军画马图》）

●●●● "亿" ●●●●

1. 亿万起锱铢
   （〔宋〕孔武仲《宝丰仓秋纳三首·其三》）
   任亿千万里（〔宋〕李曾伯《水龙吟·举杯长揖常娥》）
   大笑亿千场（〔唐〕李白《短歌行》）
   还将万亿寿（〔唐〕杜审言《除夜有怀》）
   刹尘千万亿（〔宋〕赵昇《缘识·其二十五》）

2. 亿万苍生性命存（〔唐〕韩愈《过鸿沟》）
   六亿神州尽舜尧
   （〔现代〕毛泽东《七律二首·送瘟神·其二》）
   尧年亿万如天远（〔宋〕晏殊《元日词其一·御阁》）
   人民五亿不团圆
   （〔现代〕毛泽东《浣溪沙·和柳亚子先生》）
   历代兴亡亿万心（〔唐〕周昙《吟叙》）
   胡取禾三百亿兮（《诗经·魏风·伐檀》）
   若为化得身千亿
   （〔唐〕柳宗元《与浩初上人同看山寄京华亲故》）

"春"

1. 春帆细雨来（〔唐〕杜甫《送翰林张司马南海勒碑》）
   城春草木深（〔唐〕杜甫《春望》）
   兰叶春葳蕤（〔唐〕张九龄《感遇十二首·其一》）
   绿水藏春日（〔唐〕李白《宴陶家亭子》）
   潮满九江春（〔唐〕沈佺期《巫山高》）

2. 春色满园关不住（〔宋〕叶绍翁《游园不值》）
   青春作伴好还乡（〔唐〕杜甫《闻官军收河南河北》）
   湖上春来似画图（〔唐〕白居易《春题湖上》）
   好鸟迎春歌后院（〔唐〕李白《题东溪公幽居》）
   忽逢江上春归燕（〔唐〕李白《捣衣篇》）
   多栽红药待春还
   （〔唐〕刘禹锡《秋日题窦员外崇德里新居》）
   万紫千红总是春（〔宋〕朱熹《春日》）

"夏"

1. 夏日长抱饥
   （〔晋〕陶渊明《怨诗楚调示庞主簿邓治中一首》）
   清夏景还移（〔唐〕司空图《偶书五首·其二》）
   但惜夏日长（〔唐〕白居易《观刈麦》）
   滔滔孟夏兮（〔战国〕屈原《九章·怀沙》）
   荷香销晚夏（〔唐〕骆宾王《晚泊江镇》）

2. 夏水欲满君山青（〔唐〕元结《石鱼湖上醉歌》）
   初夏圆荷点翠钱（〔宋〕赵佶《宫词·二十》）
   山入夏来差觉老（〔宋〕巩丰《离建》）
   明当朱夏万方瞻
   （〔唐〕栖白《寿昌节赋得红云表夏日》）
   绿树阴浓夏日长（〔唐〕高骈《山亭夏日》）
   留得黄丝织夏衣
   （〔宋〕范成大《夏日田园杂兴十二绝·其五》）
   涯南老屋颇宜夏
   （〔元〕艾性夫《次韵旷翁四时村居乐·其二》）

"秋"

1. 秋收万颗子（〔唐〕李绅《悯农二首·其一》）
   千秋万岁名（〔唐〕杜甫《梦李白二首·其二》）
   津亭秋月夜
   （〔唐〕王勃《江亭夜月送别二首·其一》）
   兴是清秋发（〔唐〕孟浩然《秋登兰山寄张五》）
   菊气入新秋（〔唐〕骆宾王《晚泊江镇》）

2. 秋芳初结白芙蓉（〔唐〕白居易《题元八溪居》）

   清秋幕府井梧寒（〔唐〕杜甫《宿府》）
   春花秋月何时了
   （〔南唐〕李煜《虞美人（春花秋月何时了）》）
   夜飞延秋门上呼（〔唐〕杜甫《哀王孙》）
   白兔捣药秋复春（〔唐〕李白《把酒问月》）
   苇花深处睡秋声（〔唐〕吴融《秋事》）
   峨眉山月半轮秋（〔唐〕李白《峨眉山月歌》）

"冬"

1. 冬居安乐窝（〔宋〕邵雍《尧夫何所有》）
   严冬不肃杀（〔唐〕吕温《孟冬蒲津关河亭作》）
   盘蔬冬春杂（〔唐〕韩愈《人日城南登高》）
   使节春冬换
   （〔宋〕王安石《次韵唐公三首·其二·江行》）
   且如今年冬（〔唐〕杜甫《兵车行》）

2. 冬后剪花飞素彩（〔宋〕吕胜己《蝶恋花·观雪作》）
   严冬凛凛霜雪天（〔宋〕程安仁《西湖四景》）
   五色冬笼甚可夸
   （〔唐〕孟郊《济源寒食七首·其七》）
   疑是经冬雪未销（〔唐〕张谓《早梅》）
   春花秋月冬冰雪
   （〔宋〕杨万里《读张文潜诗二首·其一》）
   邯郸驿里逢冬至（〔唐〕白居易《邯郸冬至夜思家》）
   谁怜苦志已三冬（〔唐〕卢纶《与从弟瑾同下第后
   出关言别四首·其四》）

"雨"

1. 雨暗初疑夜（〔宋〕苏轼《南歌子（雨暗初疑夜）》）
   好雨知时节（〔唐〕杜甫《春夜喜雨》）
   春路雨添花（〔宋〕秦观《好事近·梦中作》）
   画船听雨眠
   （〔唐〕韦庄《菩萨蛮（人人尽说江南好）》）
   箭飞如疾雨（〔南北朝〕庾信《同卢记室从军诗》）

2. 雨足郊原草木柔（〔宋〕黄庭坚《清明》）
   细雨湿衣看不见（〔唐〕刘长卿《别严士元》）
   数点雨声风约住
   （〔宋〕贺铸《蝶恋花（几许伤春春复暮）》）
   暮归冲雨寒无睡（〔宋〕苏洵《九日和韩魏公》）
   拆桐花上雨初乾
   （〔宋〕武衍《春日湖上二首·其二》）
   软草平莎过雨新
   （〔宋〕苏轼《浣溪沙（软草平莎过雨新）》）

石破天惊逗秋雨（〔唐〕李贺《李凭箜篌引》）

 **"雪"**

1. 雪洗虏尘静（〔宋〕张孝祥《水调歌头·和庞佑父》）

   霰雪白纷纷（〔唐〕白居易《秦中吟十首·重赋》）

   纷纷雪积身（〔唐〕寒山《杳杳寒山道》）

   偃卧松雪间（〔唐〕李白《商山四皓》）

   遥知不是雪（〔宋〕王安石《梅花》）

2. 雪却输梅一段香（〔宋〕卢梅坡《雪梅二首·其一》）

   是雪是梅浑不辨（〔宋〕杨万里《烛下和雪折梅》）

   去时雪满天山路（〔唐〕岑参《白雪歌送武判官归京》）

   马毛带雪汗气蒸

   　　（〔唐〕岑参《走马川行奉送出师西征》）

   起看长剑雪花明（〔元〕王冕《会友》）

   黄云陇底白雪飞（〔唐〕李颀《古意》）

   日暮诗成天又雪（〔宋〕卢梅坡《雪梅二首·其二》）

"风"

1. 风烟望五津（〔唐〕王勃《送杜少府之任蜀州》）

   春风吹又生（〔唐〕白居易《赋得古原草送别》）

   浪白风初起（〔南北朝〕何逊《相送》）

   日暮秋风起（〔唐〕戴叔伦《三闾庙》）

   长歌吟松风

   　　（〔唐〕李白《下终南山过斛斯山人宿置酒》）

2. 风掣红旗冻不翻

   　　（〔唐〕岑参《白雪歌送武判官归京》）

   霜风初高鹰隼击（〔宋〕陆游《秋雨叹》）

   塞上风云接地阴（〔唐〕杜甫《秋兴八首·其一》）

   四月南风大麦黄（〔唐〕李颀《送陈章甫》）

   塞下秋来风景异（〔宋〕范仲淹《渔家傲·秋思》）

   忽如一夜春风来

   　　（〔唐〕岑参《白雪歌送武判官归京》）

   诗界千年靡靡风（〔清〕梁启超《读陆放翁集》）

"霜"

1. 霜毛满鬓多（〔宋〕王十朋《舟中览镜》）

   为霜当夙戒（〔元〕范梈《泻露亭》）

   暮宿霜桐枝（〔宋〕欧阳修《赠梅圣俞》）

   余响入霜钟（〔唐〕李白《听蜀僧濬弹琴》）

   收田畏早霜

   　　（〔唐〕元稹《咏廿四气诗·寒露九月节》）

2. 霜叶红于二月花（〔唐〕杜牧《山行》）

微霜凄凄簟色寒（〔唐〕李白《长相思三首·其一》）

一斗霜鳞换浊醪（〔唐〕皮日休《钓侣二章·其一》）

昨夜微霜初渡河（〔唐〕李颀《送魏万之京》）

鸳鸯瓦冷霜华重（〔唐〕白居易《长恨歌》）

梧桐半死清霜后

　　（〔宋〕贺铸《鹧鸪天（重过阊门万事非）》）

青枫叶赤天雨霜（〔唐〕杜甫《寄韩谏议》）

 **"雷"**

1. 雷鼓动山川

   　　（〔唐〕卢纶《和张仆射塞下曲六首·其四》）

   一雷惊蛰始（〔唐〕韦应物《观田家》）

   晓来雷雨过（〔唐〕吕江《赠实际英上人》）

   欲语羞雷同（〔唐〕杜甫《前出塞九首·其九》）

   平地一声雷（〔唐〕韦庄《喜迁莺（街鼓动）》）

2. 雷声忽送千峰雨（〔唐〕杜甫《即事》）

   冻雷惊笋欲抽芽（〔宋〕欧阳修《戏答元珍》）

   来如雷霆收震怒

   　　（〔唐〕杜甫《观公孙大娘弟子舞剑器行并序》）

   柳外轻雷池上雨

   　　（〔宋〕欧阳修《临江仙（柳外轻雷池上雨）》）

   隐隐一声雷不惊（〔宋〕巩丰《离建》）

   家童鼻息已雷鸣

   　　（〔宋〕苏轼《临江仙（夜饮东坡醒复醉）》）

   九州生气恃风雷

   　　（〔清〕龚自珍《己亥杂诗·其一百二十五》）

"电"

1. 电焰驱龙马

   　　（〔南北朝〕庾信《侍从徐国公殿下军行诗》）

   雷电不敢伐（〔唐〕齐己《古松》）

   剑光电为双

   　　（〔唐〕刘郇《和令狐侍郎、郭郎中题项羽庙》）

   欻如飞电来

   　　（〔唐〕李白《望庐山瀑布二首·其一》）

   过雨频飞电

   　　（〔唐〕元稹《咏廿四气诗·夏至五月中》）

2. 电闪旌旗日月高（〔明〕朱厚熜《送毛伯温》）

   掣电终归十二闲

   　　（〔宋〕王之望《再和制帅五首·其三》）

   遥看电跃龙为马

   　　（〔唐〕上官婉儿《驾幸新丰温泉宫献诗三首·其一》）

两三条电欲为雨（〔唐〕卢延让《松寺》）
已有还无电火销（〔唐〕韩偓《寄禅师》）
三十万年如电掣（〔宋〕陆游《一壶歌五首·其三》）
排空驭气奔如电（〔白〕白居易《长恨歌》）

 **"云"**

1. 云霞出海曙
　　（〔唐〕杜审言《和晋陵陆丞早春游望》）
　　残云收夏暑
　　（〔唐〕岑参《六月三十日水亭送华阴王少府还县》）
　　神山云海中（〔宋〕陆游《范参政挽词二首·其二》）
　　日暮黄云高（〔唐〕岑参《巩北秋兴寄崔明允》）
　　涯口度新云（〔唐〕储光羲《巩城东庄道中作》）
2. 云来气接巫峡长（〔唐〕杜甫《古柏行》）
　　暑云泼墨送惊雷
　　（〔宋〕范成大《题画卷五首·其四》）
　　敢告云山从此始（〔唐〕李颀《琴歌》）
　　响遍行云横碧落（〔唐〕赵嘏《闻笛》）
　　星月掩映云曈昽
　　（〔唐〕韩愈《谒衡岳庙遂宿岳寺题门楼》）
　　有时空望孤云高（〔唐〕李颀《送陈章甫》）
　　抛却青云归白云（〔唐〕白居易《题崔常侍济上别墅》）

"江"

1. 江上往来人（〔宋〕范仲淹《江上渔者》）
　　大江溯轻舟（〔唐〕韦应物《送杨氏女》）
　　疾风江上起（〔唐〕张九龄《江上遇疾风》）
　　梅柳渡江春
　　（〔唐〕杜审言《和晋陵陆丞早春游望》）
　　龟蛇锁大江（〔现代〕毛泽东《菩萨蛮·黄鹤楼》）
2. 江头宫殿锁千门（〔唐〕杜甫《哀江头》）
　　春江潮水连海平（〔唐〕张若虚《春江花月夜》）
　　扬子江头杨柳春（〔唐〕郑谷《淮上与友人别》）
　　寂寂寒江明月心
　　（〔唐〕王昌龄《芙蓉楼送辛渐二首·其二》）
　　影入平羌江水流（〔唐〕李白《峨眉山月歌》）
　　人随沙岸向江村（〔唐〕孟浩然《夜归鹿门歌》）
　　长想吴江与蜀江
　　（〔唐〕元稹《使东川·嘉陵江二首·其一》）

 **"河"**

1. 河声入海遥（〔唐〕许浑《秋日赴阙题潼关驿楼》）

关河无尽处（〔唐〕玄宝《路》）
曲尽河星稀
　　（〔唐〕李白《下终南山过斛斯山人宿置酒》）
渐觉山河复（〔宋〕史浩《雪消得寒字》）
家住孟津河（〔唐〕王维《杂诗三首·其一》）
2. 河上仙翁去不回
　　（〔唐〕崔曙《九日登望仙台呈刘明府容》）
天河下洗烟尘清（〔宋〕陆游《秋雨叹》）
闻道河阳近乘胜（〔唐〕杜甫《恨别》）
不据山河据平地（〔唐〕李商隐《韩碑》）
可怜无定河边骨（〔唐〕陈陶《陇西行四首·其二》）
自从献宝朝河宗
　　（〔唐〕杜甫《韦讽录事宅观曹将军画马图》）
尽道隋亡为此河
　　（〔唐〕皮日休《汴河怀古二首·其二》）

 **"湖"**

1. 湖月照我影（〔唐〕李白《梦游天姥吟留别》）
　　江湖多风波（〔唐〕杜甫《梦李白二首·其二》）
　　春风湖上泮（〔宋〕韩维《同魏进道晚过湖上》）
　　归老江湖边（〔唐〕元结《贼退示官吏并序》）
　　高峡出平湖（〔现代〕毛泽东《水调歌头·游泳》）
2. 湖海相逢迂阔好（〔宋〕赵时韶《古杭道中》）
　　五湖烟水独忘机（〔唐〕温庭筠《利州南渡》）
　　草绿湖南万里情（〔唐〕刘长卿《别严士元》）
　　溪水出湖青接天（〔明〕谢廷芳《怀深伯远》）
　　败衲依然湖海阔（〔宋〕苏泂《听雨诗》）
　　故乡无此好湖山
　　（〔宋〕苏轼《六月二十七日望湖楼醉书五绝·其五》）
　　梦随秋雁到东湖（〔宋〕黄庭坚《戏呈孔毅父》）

 **"海"**

1. 海上生明月（〔唐〕张九龄《望月怀远》）
　　平海夕漫漫（〔唐〕孟浩然《早寒江上有怀》）
　　烟篷海浦心
　　（〔宋〕范成大《送陆务观编修监镇江郡归会稽待阙》）
　　云霞出海曙
　　（〔唐〕杜审言《和晋陵陆丞相早春游望》）
　　白日沦西海（〔明〕李梦阳《离愤五首·其五》）
2. 海畔风吹冻泥裂（〔唐〕陈羽《从军行》）
　　碧海青天夜夜心（〔唐〕李商隐《嫦娥》）
　　忽闻海上有仙山（〔唐〕白居易《长恨歌》）

罢如江海凝清光

（〔唐〕杜甫《观公孙大娘弟子舞剑器行并序》）

影落长江海共深

（〔宋〕王庭圭《次韵欧阳叔向水中月》）

边庭流血成海水（〔唐〕杜甫《兵车行》）

波涛万顷珠沉海

（〔宋〕黄庭坚《千秋岁（苑边花外）》）

 **"水"**

1. 水落鱼梁浅（〔唐〕孟浩然《与诸子登岘山》）

   掬水月在手（〔唐〕于良史《春山夜月》）

   流处水花急（〔唐〕李商隐《月》）

   鸥眠起水惊（〔唐〕元稹《遣行十首·其六》）

   每逐青溪水（〔唐〕王维《青溪》）

2. 水村山郭酒旗风（〔唐〕杜牧《江南春》）

   好水好山看不足（〔宋〕岳飞《池州翠微亭》）

   钱塘水府抵城根

   （〔唐〕方干《途中言事寄居远上人》）

   春来江水绿如蓝

   （〔唐〕白居易《忆江南三首·其一》）

   乳鸭池塘水浅深（〔宋〕戴复古《初夏游张园》）

   无复射蛟江水中

   （〔唐〕杜甫《韦讽录事宅观曹将军画马图》）

   春来遍是桃花水（〔唐〕王维《桃源行》）

 **"石"**

1. 石壁横翠色（〔唐〕李白《商山四皓》）

   裂石响惊弦

   （〔宋〕辛弃疾《八声甘州（故将军饮罢夜归来）》）

   清泉石上流（〔唐〕王维《山居秋暝》）

   根空带石危

   （〔南北朝〕张正见《赋得垂柳映斜溪诗》）

   苦调凄金石（〔唐〕钱起《省试湘灵鼓瑟》）

2. 石破天惊逗秋雨（〔唐〕李贺《李凭箜篌引》）

   触石端来慰枯槁（〔宋〕毛滂《次韵曹子方》）

   沙口石冻马蹄脱

   （〔唐〕岑参《轮台歌奉送封大夫出师西征》）

   心非木石岂无感

   （〔南北朝〕鲍照《拟行路难十八首·其四》）

   浪打天门石壁开（〔唐〕李白《横江词六首·其四》）

   借与门前磐石坐

   （〔宋〕范成大《夏日田园杂兴十二绝·其九》）

柯如青铜根如石（〔唐〕杜甫《古柏行》）

"山"

1. 山貌日高古（〔唐〕李白《宣城青溪》）

   在山泉水清（〔唐〕杜甫《佳人》）

   起行山随身（〔清〕祝湘圻《山中吟赠徐十二》）

   雷鼓动山川

   （〔唐〕卢纶《和张仆射塞下曲六首·其四》）

   落日满秋山（〔唐〕王维《归嵩山作》）

2. 山回路转不见君

   （〔唐〕岑参《白雪歌送武判官归京》）

   钟山只隔数重山（〔宋〕王安石《泊船瓜洲》）

   力拔山兮气盖世（〔秦〕项羽《垓下歌》）

   红树青山日欲斜

   （〔宋〕欧阳修《丰乐亭游春三首·其三》）

   都做北邙山下尘

   （〔元〕张养浩《山坡羊·北邙山怀古》）

   去时雪满天山路

   （〔唐〕岑参《白雪歌送武判官归京》）

   人心自是错看山（〔宋〕王十朋《竞秀阁》）

 **"花"**

1. 花落知多少（〔唐〕孟浩然《春晓》）

   折花逢驿使（〔南北朝〕陆凯《赠范晔诗》）

   山青花欲燃（〔唐〕杜甫《绝句二首·其二》）

   寒梅著花未（〔唐〕王维《杂诗三首·其二》）

   春路雨添花（〔宋〕秦观《好事近·梦中作》）

2. 花径不曾缘客扫（〔唐〕杜甫《客至》）

   春花秋月何时了

   （〔南唐〕李煜《虞美人（春花秋月何时了）》）

   柳暗花明又一村（〔宋〕陆游《游山西村》）

   泪眼问花花不语

   （〔宋〕欧阳修《蝶恋花（庭院深深深几许）》）

   间关莺语花底滑（〔唐〕白居易《琵琶行》）

   年年不带看花眼（〔宋〕杨万里《伤春》）

   未随流落水边花

   （〔宋〕辛弃疾《玉楼春（风前欲劝春光住）》）

 **"草"**

1. 草枯鹰眼疾（〔唐〕王维《观猎》）

   细草微风岸（〔唐〕杜甫《旅夜书怀》）

   塘边草杂红（〔南北朝〕谢朓《送江水曹还远馆诗》）

色黯花草死（〔唐〕白居易《感情》）

池塘生春草（〔南北朝〕谢灵运《登池上楼》）

2. 草长莺飞二月天（〔清〕高鼎《村居》）

浅草才能没马蹄（〔唐〕白居易《钱塘湖春行》）

长郊草色绿无涯

（〔宋〕欧阳修《丰乐亭游春三首·其三》）

马思边草拳毛动（〔唐〕刘禹锡《始闻秋风》）

雨足郊原草木柔（〔宋〕黄庭坚《清明》）

落日解鞍芳草岸

（〔宋〕无名氏《青玉案（年年社日停针线）》）

胡人落泪沾边草

（〔唐〕李颀《听董大弹胡笳声兼寄语弄房给事》）

1. 树树皆秋色（〔唐〕王绩《野望》）

红树远连霞

（〔宋〕欧阳修《临江仙（记得金銮同唱第）》）

徒言树桃李（〔唐〕张九龄《感遇十二首·其七》）

巢离投树尽（〔宋〕梅尧臣《暝》）

鸟宿池边树（〔唐〕贾岛《题李凝幽居》）

2. 树木犹为人爱惜（〔唐〕杜甫《古柏行》）

岭树重遮千里目

（〔唐〕柳宗元《登柳州城楼寄漳汀封连四州》）

关城树色催寒近（〔唐〕李颀《送魏万之京》）

霜凄万树风入衣（〔唐〕李颀《琴歌》）

石壁千重树万重（〔唐〕李涉《杂曲歌辞·竹枝》）

碧玉妆成一树高（〔唐〕贺知章《咏柳》）

鹿门月照开烟树（〔唐〕孟浩然《夜归鹿门歌》）

1. 木末径微微（〔宋〕朱继芳《反招隐》）

草木当更新（〔唐〕吕温《孟冬蒲津关河亭作》）

人在木兰舟（〔唐〕马戴《楚江怀古三首·其一》）

城春草木深（〔唐〕杜甫《春望》）

清辉淡水木

（〔唐〕王昌龄《同从弟销南斋玩月忆山阴崔少府》）

2. 木奴何处避雌黄

（〔宋〕苏轼《浣溪沙（几共查梨到雪霜）》）

古木阴中系短篷（〔宋〕志南《绝句》）

心非木石岂无感

（〔南北朝〕鲍照《拟行路难十八首·其四》）

苍茫古木连穷巷（〔唐〕王维《老将行》）

金粟堆前木已拱

（〔唐〕杜甫《观公孙大娘弟子舞剑器行并序》）

进泉飒飒飞木末

（〔唐〕李颀《听董大弹胡笳声兼寄语弄房给事》）

山林深处寿高木

（〔宋〕陈著《赞前人第四子良汉周岁》）

1. 叶垂知月朗（〔元〕范梈《泻露亭》）

兰叶春葳蕤（〔唐〕张九龄《感遇十二首·其一》）

花稀叶阴薄

（〔唐〕白居易《和微之四月一日作》）

开门落叶深（〔唐〕无可《秋寄从兄贾岛》）

塞迥翻榆叶

（〔南北朝〕庾信《侍从徐国公殿下军行诗》）

2. 叶底黄鹂一两声（〔宋〕晏殊《破阵子·春景》）

香叶终经宿鸾凤（〔唐〕杜甫《古柏行》）

青枫叶赤天雨霜（〔唐〕杜甫《寄韩谏议》）

四郊秋叶惊摵摵

（〔唐〕李颀《听董大弹胡笳声兼寄语弄房给事》）

秋雨梧桐叶落时（〔唐〕白居易《长恨歌》）

月露谁教桂叶香

（〔唐〕李商隐《无题（重帏深下莫愁堂）》）

偶逢新语书红叶（〔唐〕王建《晚秋病中》）

1. 鸟宿池边树（〔唐〕贾岛《题李凝幽居》）

翔鸟鸣北林（〔晋〕阮籍《咏怀八十二首·其一》）

恨别鸟惊心（〔唐〕杜甫《春望》）

青云羡鸟飞（〔唐〕岑参《寄左省杜拾遗》）

处处闻啼鸟（〔唐〕孟浩然《春晓》）

2. 鸟得辞笼不择林

（〔唐〕白居易《除忠州寄谢崔相公》）

猿鸟犹疑畏简书（〔唐〕李商隐《筹笔驿》）

溪中鸟鸣春景旦（〔唐〕卢纶《陈翶郎中北亭送侯钊

侍御赋得带冰流歌》）

空山百鸟散还合

（〔唐〕李颀《听董大弹胡笳声兼寄语弄房给事》）

龙媒去尽鸟呼风

（〔唐〕杜甫《韦讽录事宅观曹将军画马图》）

西当太白有鸟道（〔唐〕李白《蜀道难》）

日暮东风怨啼鸟（〔唐〕杜牧《金谷园》）

"兽"

1. 兽形云不一（〔唐〕白居易《秋思》）
   百兽谐金石（〔唐〕李世民《帝京篇十首·其八》）
   草密兽蹄多（〔宋〕李曾伯《离颍州道间》）
   蹊泞走兽稀（〔南北朝〕鲍照《苦雨诗》）
   瑞脑消金兽
   （〔宋〕李清照《醉花阴（薄雾浓云愁永昼）》）

2. 兽心犹办死报主（〔宋〕艾性夫《义马冢》）
   鸟兽鸣以号群兮（〔战国〕屈原《九章·悲回风》）
   朝炉兽炭腾红焰（〔宋〕陆游《初冬》）
   万里禽兽皆遮罗（〔唐〕韩愈《石鼓歌》）
   鸟飞莫渡兽莫临（〔宋〕郭祥正《韶州武溪亭》）
   秋日荒凉石兽危（〔元〕赵孟頫《岳鄂王墓》）
   山颠怪石如蹲兽
   （〔宋〕李洪《涂中杂兴五首·其五》）

"虫"

1. 虫来啮桃根（〔汉乐府〕《鸡鸣》）
   因虫长草多（〔唐〕杜荀鹤《题著禅师》）
   苍苍虫网遍（〔唐〕刘禹锡《团扇歌》）
   灯下草虫鸣（〔唐〕王维《秋夜独坐》）
   露草覆寒虫（〔唐〕戴叔伦《江乡故人偶集客舍》）

2. 虫声冬思苦于秋（〔唐〕白居易《冬夜闻虫》）
   乱虫秋意有先声（〔元〕刘因《入山》）
   岁晚虫鸣寒露草（〔唐〕刘沧《留别崔浣秀才昆仲》）
   开户暗虫犹打窗（〔唐〕李商隐《水斋》）
   霜草苍苍虫切切（〔唐〕白居易《村夜》）
   夜深静卧百虫绝（〔唐〕韩愈《山石》）
   枳落莎渠急夜虫（〔宋〕刘筠《小园秋夕》）

"鱼"

1. 鱼戏莲叶间（〔汉乐府〕《江南》）
   池鱼思故渊（〔晋〕陶渊明《归园田居五首·其一》）
   水落鱼梁浅（〔唐〕孟浩然《与诸子登岘山》）
   门系钓鱼船（〔唐〕杜牧《旅宿》）
   坳堂可钓鱼（〔宋〕刘敞《庶几堂》）

2. 鱼龙潜跃水成文（〔唐〕张若虚《春江花月夜》）
   老鱼跳波瘦蛟舞（〔唐〕李贺《李凭箜篌引》）
   洗兵鱼海云迎阵（〔唐〕岑参《凯歌六首·其四》）
   深涧游鱼乐不知
   （〔唐〕白居易《山中五绝句·涧中鱼》）

   烟潭共爱鱼方乐
   （〔宋〕范仲淹《和沈书记同访林处士》）
   鸥凫长傍钓鱼船（〔明〕谢应芳《怀詹伯远》）
   侍女金盘脍鲤鱼（〔唐〕王维《洛阳女儿行》）

"酒"

1. 酒星不在天
   （〔唐〕李白《月下独酌四首·其二》）
   美酒聊共挥
   （〔唐〕李白《下终南山过斛斯山人宿置酒》）
   归家酒债多（〔唐〕李白《赠刘都使》）
   驱儿罗酒浆（〔唐〕杜甫《赠卫八处士》）
   更醉君家酒
   （〔宋〕陈与义《虞美人（张帆欲去仍搔首）》）

2. 酒肉如山鼓吹喧（〔宋〕陆游《梦范参政》）
   美酒一杯声一曲
   （〔唐〕李颀《听安万善吹觱篥歌》）
   渐伏酒魔休放醉
   （〔唐〕白居易《寄题庐山旧草堂兼呈二林寺道侣》）
   东门酤酒饮我曹（〔唐〕李颀《送陈章甫》）
   脸上残霞酒半消（〔宋〕李吕《鹧鸪天·寄情》）
   不能废人运酒舫（〔唐〕元结《石鱼湖上醉歌》）
   筵上芳樽今日酒（〔唐〕卢肇《别宜春赴举》）

"肉"

1. 肉色退红娇（〔唐〕王建《题所赁宅牡丹花》）
   无肉令人瘦（〔宋〕苏轼《于潜僧绿筠轩》）
   应烦肉食谋（〔宋〕张纲《次韵李彦达客舍秋怀》）
   渐与骨肉远（〔唐〕崔涂《巴山道中除夜有怀》）
   宁可食无肉（〔宋〕苏轼《于潜僧绿筠轩》）

2. 肉身安得钻天手
   （〔宋〕王十朋《上大望州钻天三里二首·其二》）
   酒肉如山鼓吹喧（〔宋〕陆游《梦范参政》）
   食无肉兮出无友（〔宋〕刘黻《六无吟》）
   干惟画肉不画骨（〔唐〕杜甫《丹青引赠曹将军霸》）
   敢向朱门肉食夸
   （〔宋〕张耒《官舍岁暮感怀书事五首·其三》）
   管城子无食肉相（〔宋〕黄庭坚《戏呈孔毅父》）
   翻遭网罗俎其肉（〔唐〕韦应物《燕衔泥》）

"日"

1. 日暮黄云高（〔唐〕岑参《巩北秋兴寄崔明允》）

尽日珠帘卷

（〔宋〕张先《蝶恋花·临水人家深宅院》）

山貌日高古（〔唐〕李白《宣城青溪》）

浮云终日行（〔唐〕杜甫《梦李白二首·其二》）

春秋多佳日（〔晋〕陶渊明《移居二首·其二》）

2. 日出江花红胜火（〔唐〕白居易《忆江南》）

落日解鞍芳草岸

（〔宋〕无名氏《青玉案（年年社日停针线）》）

雨淋日炙野火燎（〔唐〕韩愈《石鼓歌》）

罢官昨日今如何（〔唐〕李颀《送陈章甫》）

红树青山日欲斜

（〔宋〕欧阳修《丰乐亭游春三首·其三》）

醉卧不知白日暮（〔唐〕李颀《送陈章甫》）

明妃西嫁无来日（〔唐〕李白《王昭君二首·其一》）

●●●● "月" ●●●●

1. 月是故乡明（〔唐〕杜甫《月夜忆舍弟》）

明月来相照（〔唐〕王维《竹里馆》）

掬水月在手（〔唐〕于良史《春山夜月》）

流波将月去（〔隋〕杨广《春江花月夜二首·其一》）

长安一片月（〔唐〕李白《子夜四时歌·秋歌》）

2. 月落乌啼霜满天（〔唐〕张继《枫桥夜泊》）

四月南风大麦黄（〔唐〕李颀《送陈章甫》）

鹿门月照开烟树（〔唐〕孟浩然《夜归鹿门山歌》）

卷帷望月空长叹（〔唐〕李白《长相思三首·其一》）

香雾空蒙月转廊（〔宋〕苏轼《海棠》）

寂寂寒江明月心

（〔唐〕王昌龄《芙蓉楼送辛渐二首·其二》）

织女机丝虚夜月（〔唐〕杜甫《秋兴八首·其七》）

●●●● "星" ●●●●

1. 星垂平野阔（〔唐〕杜甫《旅夜书怀》）

曙星海中出

（〔南北朝〕吴均《边城将诗四首·其三》）

归军星散营（〔唐〕杜甫《新安吏》）

烬火孤星灭（〔唐〕元稹《独夜伤怀赠呈张侍御》）

裁金巧作星（〔南北朝〕萧纲《美女篇》）

2. 星宫之君醉琼浆（〔唐〕杜甫《寄韩谏议》）

残星几点雁横塞（〔唐〕赵嘏《长安晚秋》）

两三星火是瓜洲（〔唐〕张祜《题金陵渡》）

夜不见星朝蔽日（〔宋〕张耒《偶书三首·其二》）

四座无言星欲稀（〔唐〕李颀《琴歌》）

聊持宝剑动星文（〔唐〕王维《老将行》）

干戈寥落四周星（〔宋〕文天祥《过零丁洋》）

●●●● "光" ●●●●

1. 光焰万丈长（〔唐〕韩愈《调张籍》）

清光犹为君（〔唐〕常建《宿王昌龄隐居》）

满月光天汉

（〔唐〕元稹《咏廿四气诗·小雪十月中》）

易觉春光老（〔唐〕方干《驻紫霞观》）

共此灯烛光（〔唐〕杜甫《赠卫八处士》）

2. 光禄池台文锦绣（〔唐〕刘希夷《代悲白头翁》）

日光斜照集灵台（〔唐〕张祜《集灵台二首·其一》）

驹隙光阴自去留（〔宋〕陈著《次韵单君范》）

万里寒光生积雪（〔唐〕祖咏《望蓟门》）

清月出岭光入扉（〔唐〕韩愈《山石》）

始觉屏障生光辉

（〔唐〕杜甫《韦讽录事宅观曹将军画马图》）

中秋谁与共孤光

（〔宋〕苏轼《西江月（世事一场大梦）》）

●●●● "灯" ●●●●

1. 灯火阑珊处（〔宋〕辛弃疾《青玉案·元夕》）

挑灯独夜思（〔宋〕杜范《和杨兄五言二首·其二》）

共此灯烛光（〔唐〕杜甫《赠卫八处士》）

惟怜一灯影（〔唐〕钱起《送僧归日本》）

红纱一点灯（〔唐〕毛文锡《更漏子（春夜阑）》）

2. 灯火万家城四畔（〔唐〕白居易《江楼夕望招客》）

残灯无焰影幢幢（〔唐〕元稹《闻乐天授江州司马》）

再挑灯火看文章（〔明〕唐寅《夜读》）

珠箔飘灯独自归（〔唐〕李商隐《春雨》）

今夜送归灯火冷

（〔宋〕苏轼《南乡子·和杨元素。时移守密州》）

分曹射覆蜡灯红

（〔唐〕李商隐《无题（昨夜星辰昨夜风）》）

更将枯蚌点渔灯（〔唐〕皮日休《钓侣二章·其二》）

●●●● "烛" ●●●●

1. 烛龙栖寒门（〔唐〕李白《北风行》）

灭烛怜光满（〔唐〕张九龄《望月怀远》）

屏山烛焰残（〔唐〕韩偓《懒起》）

洞房花烛夜（〔宋〕汪洙《喜》）

夜阑更秉烛（〔唐〕杜甫《羌村三首·其一》）

2. 烛影摇红向夜阑

〔〔宋〕王诜《忆故人（烛影摇红向夜阑）》）

银烛秋光冷画屏（〔唐〕杜牧《秋夕》）

铜盘烛泪已流尽

〔〔宋〕周邦彦《夜飞鹊（河桥送人处）》）

铜炉华烛烛增辉（〔唐〕李颀《琴歌》）

满堂唯有烛花红（〔宋〕辛弃疾《一剪梅·中秋无月》）

井底点灯深烛伊

〔〔唐〕温庭筠《南歌子词二首·其二》）

何当共剪西窗烛（〔唐〕李商隐《夜雨寄北》）

"火"

1. 火流知节换（〔宋〕苏辙《七夕》）

烽火连三月（〔唐〕杜甫《春望》）

江船火独明（〔唐〕杜甫《春夜喜雨》）

红泥小火炉（〔唐〕白居易《问刘十九》）

大寒宜近火

〔〔唐〕元稹《咏廿四气诗·大寒十二月中》）

2. 火维地荒足妖怪

〔〔唐〕韩愈《谒衡岳庙遂宿岳寺题门楼》）

烽火南飞入汉宫

〔〔唐〕李益《赴渭北宿石泉驿南望黄堆烽》）

溪柴火软蛮毡暖

〔〔宋〕陆游《十一月四日风雨大作二首·其一》）

牧童敲火牛砺角（〔唐〕韩愈《石鼓歌》）

金气初凝火尚流

〔〔宋〕苏辙《两中秋绝句二首并引·其一》）

古戍苍苍烽火寒

〔〔唐〕李颀《听董大弹胡笳声兼寄语弄房给事》）

日出江花红胜火（〔唐〕白居易《忆江南三首·其一》）

"夜"

1. 夜来风雨声（〔唐〕孟浩然《春晓》）

寒夜无被眠

〔〔晋〕陶渊明《怨诗楚调示庞主簿邓治中》）

香刹夜忘归（〔唐〕綦毋潜《宿龙兴寺》）

松月生夜凉

〔〔唐〕孟浩然《宿业师山房待丁大不至》）

情人怨遥夜（〔唐〕张九龄《望月怀远》）

2. 夜深篱落一灯明（〔宋〕叶绍翁《夜书所见》）

岁夜高堂列明烛（〔唐〕李颀《听安万善吹觱篥歌》）

子规夜半犹啼血（〔宋〕王令《送春》）

小楼一夜听春雨（〔宋〕陆游《临安春雨初霁》）

轮台城头夜吹角

〔〔唐〕岑参《轮台歌奉送封大夫出师西征》）

度却醒时一夜愁（〔唐〕元稹《宿醉》）

嘶酸雏雁失群夜

〔〔唐〕李颀《听董大弹胡笳声兼寄语弄房给事》）

"天"

1. 天地一沙鸥（〔唐〕杜甫《旅夜书怀》）

望天低吴楚（〔元〕萨都剌《百字令》）

石容天倾侧（〔唐〕李白《宣城青溪》）

长歌楚天碧（〔唐〕柳宗元《溪居》）

难于上青天（〔唐〕李白《蜀道难》）

2. 天街小雨润如酥

〔〔唐〕韩愈《早春呈水部张十八员外二首·其一》）

在天愿作比翼鸟（〔唐〕白居易《长恨歌》）

浪打天门石壁开（〔唐〕李白《横江词六首·其四》）

角声满天秋色里（〔唐〕李贺《雁门太守行》）

了却君王天下事

〔〔宋〕辛弃疾《破阵子·为陈同甫赋壮词以寄之》）

长河浪头连天黑（〔唐〕李颀《送陈章甫》）

火树银花不夜天

〔〔现代〕柳亚子《浣溪沙（火树银花不夜天）》）

"地"

1. 地束惊流满（〔唐〕韦应物《西塞山》）

落地为兄弟（〔晋〕陶渊明《杂诗》）

岂伊地气暖（〔唐〕张九龄《感遇十二首·其七》）

闲身陆地仙（〔宋〕陆游《书幸》）

江南瘴疠地（〔唐〕杜甫《梦李白二首·其一》）

2. 地似人心总不平（〔唐〕罗隐《晚眺》）

遍地英雄下夕烟（〔现代〕毛泽东《七律·到韶山》）

中庭地白树栖鸦

〔〔唐〕王建《十五夜望月寄杜郎中》）

随风满地石乱走

〔〔唐〕岑参《走马川行奉送出师西征》）

住近湓江地低湿（〔唐〕白居易《琵琶行》）

漂泊西南天地间（〔唐〕杜甫《咏怀古迹五首·其一》）

指点六朝形胜地（〔元〕萨都剌《百字令》）

"人"

1. 人来鸟不惊（〔唐〕王维《画》）

故人具鸡黍（〔唐〕孟浩然《过故人庄》）
但闻人语响（〔唐〕王维《鹿柴》）
空翠湿人衣（〔唐〕王维《山中》）
空山不见人（〔唐〕王维《鹿柴》）

2. 人面不知何处去（〔唐〕崔护《题都城南庄》）
何人不起故园情（〔唐〕李白《春夜洛城闻笛》）
谁道人生无再少
　（〔宋〕苏轼《浣溪沙（山下兰芽短浸溪）》）
天下谁人不识君（〔唐〕高适《别董大二首·其一》）
今夜月明人尽望
　（〔唐〕王建《十五夜望月寄杜郎中》）
不拘一格降人材
　（〔清〕龚自珍《己亥杂诗·其一百二十五》）
今月曾经照古人（〔唐〕李白《把酒问月》）

 "事"

1. 事事四五通（〔汉乐府〕《孔雀东南飞》）
何事能相干（〔宋〕邵雍《心安吟》）
饮冰事戎幕（〔唐〕李白《赠刘都使》）
平生万事违
　（〔唐〕宋之问《梁宣王挽词三首·其三》）
世上无难事
　（〔现代〕毛泽东《水调歌头·重上井冈山》）

2. 事无两样人心别
　（〔宋〕辛弃疾《贺新郎·同父见和，再用韵答之》）
此事不系于职司（〔唐〕李商隐《韩碑》）
汝从事愈宜为辞（〔唐〕李商隐《韩碑》）
一春心事与谁同（〔宋〕万俟绍之《风入松》）
不把人间事系心（〔唐〕杜荀鹤《赠彭蠡钓者》）
物是人非事事休
　（〔宋〕李清照《武陵春·春晚》）
中朝大官老于事（〔唐〕韩愈《石鼓歌》）

"世"

1. 世事两茫茫（〔唐〕杜甫《赠卫八处士》）
世世写屏风（〔宋〕陆游《自咏》）
妄迹世所逐（〔唐〕柳宗元《晨诣超师院读禅经》）
登临出世界
　（〔唐〕岑参《与高适薛据登慈恩寺浮图》）
已觉忘身世（〔宋〕叶茵《游西洞庭山》）

2. 世上未有如公贫（〔唐〕杜甫《丹青引赠曹将军霸》）
人世几回伤往事（〔唐〕刘禹锡《西塞山怀古》）

古者世称大手笔（〔唐〕李商隐《韩碑》）
武功盖世光前后（〔唐〕勾龙逢《献贺捷诗》）
不露文章世已惊（〔唐〕杜甫《古柏行》）
三世精能举世无（〔唐〕方干《水墨松石》）
卧龙才起扶衰世（〔宋〕文彦博《题筹笔驿》）

 **"东"**

1. 东皋薄暮望（〔唐〕王绩《野望》）
关东有义士（〔汉〕曹操《蒿里行》）
开我东阁门（〔北朝民歌〕《木兰诗》）
白水暮东流（〔唐〕杜甫《新安吏》）
二气各西东
　（〔唐〕元稹《咏廿四气诗·夏至五月中》）

2. 东风好作阳和使（〔唐〕钱起《春郊》）
辽东小妇年十五（〔唐〕李颀《古意》）
快阁东西倚晚晴（〔宋〕黄庭坚《登快阁》）
洞庭之东江水西
　（〔宋〕陈与义《登岳阳楼二首·其一》）
路人举首东南望（〔宋〕苏轼《登云龙山》）
乐极哀来月东出
　（〔唐〕杜甫《观公孙大娘弟子舞剑器行并序》）
弟兄羁旅各西东（〔唐〕白居易《望月有感》）

"西"

1. 西施宁久微（〔唐〕王维《西施咏》）
城西雪霰来
　（〔唐〕方干《寒食宿先天寺无可上人房》）
牛渚西江夜（〔唐〕李白《夜泊牛渚怀古》）
际夜转西壑（〔唐〕綦毋潜《春泛若耶溪》）
鱼戏莲叶西（〔汉乐府〕《江南》）

2. 西塞山前白鹭飞（〔唐〕张志和《渔歌子》）
淮西有贼五十载（〔唐〕李商隐《韩碑》）
夕阳西下几时回
　（〔宋〕晏殊《浣溪沙（一曲新词酒一杯）》）
金莎岭西看看没
　（〔唐〕王建《横吹曲辞·关山月》）
上将拥旄西出征
　（〔唐〕岑参《轮台歌奉送封大夫出师西征》）
横空千里雄西域
　（〔元〕耶律楚材《过阴山和人韵四首·其三》）
单于已在金山西
　（〔唐〕岑参《轮台歌奉送封大夫出师西征》）

245

烛下看花遍有思（〔宋〕杨万里《雨夜独酌》）

将军下笔开生面（〔唐〕杜甫《丹青引赠曹将军霸》）

座中泣下谁最多（〔唐〕白居易《琵琶行》）

遍地英雄下夕烟（〔现代〕毛泽东《七律·到韶山》）

不见全牛可下刀（〔宋〕黄庭坚《戏赠水牯庵》）

野鹿呦呦走堂下

（〔唐〕李颀《听董大弹胡笳声兼寄语弄房给事》）

1. 左顾凌鲜卑（〔三国·魏〕曹植《白马篇》）

江左占形胜（〔宋〕陆游《水调歌头·多景楼》）

湖光左右通（〔宋〕洪咨夔《洪园洗心堂饮中偶成》）

控弦破左的（〔三国·魏〕曹植《白马篇》）

琅邪倾侧左（〔汉〕曹操《善哉行三首·其二》）

2. 左骖殪（yì）兮右刃伤（〔战国〕屈原《九歌·国殇》）

江左名山不足夸

（〔元〕耶律楚材《过阴山和人韵四首·其三》）

去岁左迁夜郎道

（〔唐〕李白《自汉阳病酒归，寄王明府》）

直须江左谢夫人

（〔宋〕陆游《雪后寻梅偶得绝句·其七》）

路不周以左转兮（〔战国〕屈原《离骚》）

今日垂杨生左肘（〔唐〕王维《老将行》）

舞蝶游蜂迷道左

（〔宋〕吕胜己《谒金门（春又过）》）

1. 右发摧月支（〔三国·魏〕曹植《白马篇》）

左右洗青壁

（〔唐〕李白《望庐山瀑布二首·其一》）

不养右军鹅（〔唐〕张祜《闲居作五首·其五》）

诗原左右逢（〔宋〕饶节《次韵米元章壮观》）

才出时人右（〔唐〕刘长卿《题魏万成江亭》）

2. 右掖昔年陪俊赏（〔宋〕廖行之《和芍药》）

左右回身看不彻（〔宋〕杨万里《舟过城门村，清晓

雨止日出·其四》）

左铤右铤生旋风

（〔唐〕岑参《田使君美人如莲花北铤歌》）

图书左右任披翻（〔宋〕王迈《西轩春坐》）

口角流沫右手胝（〔唐〕李商隐《韩碑》）

但恨无过王右军（〔唐〕杜甫《丹青引赠曹将军霸》）

对影成三谁左右（〔宋〕莫将《木兰花·月下》）

1. 前不见古人（〔唐〕陈子昂《登幽州台歌》）

床前两小女（〔唐〕杜甫《北征》）

同忆前年腊

（〔唐〕方干《寒食宿先天寺无可上人房》）

天明登前途（〔唐〕杜甫《石壕吏》）

来日绮窗前（〔唐〕王维《杂诗三首·其二》）

2. 前月浮梁买茶去（〔唐〕白居易《琵琶行》）

门前冷落鞍马稀（〔唐〕白居易《琵琶行》）

鹤伴前溪栽白杏（〔唐〕陆龟蒙《和袭美怀锡山药名

离合二首·其一》）

公归上前勉书策（〔宋〕陆游《送范舍人还朝》）

后有韦讽前支遁

（〔唐〕杜甫《韦讽录事宅观曹将军画马图》）

兰舟无赖寄前汀

（〔宋〕范仲淹《与人约访林处士阻雨因寄》）

雪拥蓝关马不前

（〔唐〕韩愈《左迁至蓝关示侄孙湘》）

"后"

1. 后不见来者（〔唐〕陈子昂《登幽州台歌》）

阵后云逾直

（〔南北朝〕庾信《侍从徐国公殿下军行诗》）

仍期后月游（〔唐〕丘为《湖中寄王侍御》）

寂寞身后事（〔唐〕杜甫《梦李白二首·其二》）

岸暗鸟栖后（〔唐〕白居易《秋池二首·其一》）

2. 后有韦讽前支遁

（〔唐〕杜甫《韦讽录事宅观曹将军画马图》）

卧后清宵细细长

（〔唐〕李商隐《无题（重帏深下莫愁堂）》）

可怜后主还祠庙（〔唐〕杜甫《登楼》）

何须身后千载名（〔唐〕李白《行路难三首·其三》）

料敌谋攻后出师（〔宋〕文彦博《题筹笔驿》）

柚子环堤屋后松

（〔明〕庞嵩《访南昌别业有怀古林先生》）

归来饱饭黄昏后（〔唐〕吕岩《牧童》）

"里"

1. 里中有三坟（〔汉乐府〕《梁甫吟》）

千里其如何

（〔唐〕王昌龄《同从弟南斋玩月忆山阴崔少府》）

渺万里层云

　　（〔金〕元好问《摸鱼儿·雁丘词》）

秋风万里动（〔唐〕岑参《巩北秋兴寄崔明允》）

转头向户里（〔汉乐府〕《孔雀东南飞》）

2. 里面看山山不见

　　（〔宋〕吴泳《登罗浮山三首·其三》）

众里寻他千百度（〔宋〕辛弃疾《青玉案·元夕》）

除梦里有时曾去（〔宋〕赵佶《燕山亭（裁剪冰绡）》）

横空千里雄西域

　　（〔元〕耶律楚材《过阴山和人韵四首·其三》）

国子先生里行立

　　（〔宋〕叶适《送叶任道教授之官静江》）

愁云惨淡万里凝（〔唐〕岑参《白雪歌送武判官归京》）

角声满天秋色里（〔唐〕李贺《雁门太守行》）

"内"

1. 内厚质正兮（〔战国〕屈原《九章·怀沙》）

满内而外扬（〔战国〕屈原《九章·思美人》）

儿童内外亲（〔唐〕戴叔伦《留别宋处士》）

自小阙内训（〔唐〕韦应物《送杨氏女》）

药裹衣巾内

　　（〔宋〕李石《周参政惠书啗及亡儿开二首·其一》）

2. 内府殷红玛瑙盘

　　（〔唐〕杜甫《韦讽录事宅观曹将军画马图》）

庙内老人识神意

　　（〔唐〕韩愈《谒衡岳庙遂宿岳寺题门楼》）

曾陪内宴宴昭阳（〔唐〕白居易《霓裳羽衣舞歌》）

西宫南内多秋草（〔唐〕白居易《长恨歌》）

想形容兮内摧伤（〔晋〕嵇康《思亲诗》）

尚有威名海内传（〔唐〕刘禹锡《王思道碑堂下作》）

贤愚共在浮生内（〔唐〕白居易《题谢公东山障子》）

"外"

1. 外物不能侵（〔唐〕白居易《哭崔常侍晦叔》）

户外一峰秀（〔唐〕孟浩然《题义公禅房》）

谈性外诸经

　　（〔唐〕无可《春晚喜悟禅师自琉璃上方见过》）

孤鸿号外野（〔晋〕阮籍《咏怀八十二首·其一》）

住处钟鼓外（〔唐〕王建《原上新居十三首·其十》）

2. 外物寂中谁似我（〔唐〕皎然《山居示灵澈上人》）

帘外春寒赐锦袍（〔唐〕王昌龄《春宫曲》）

仪曹外郎载笔随（〔唐〕李商隐《韩碑》）

还从物外起田园（〔唐〕王维《桃源行》）

但怪得竹外疏花（〔宋〕姜夔《暗香》）

长乐钟声花外尽（〔唐〕钱起《赠阙下裴舍人》）

萧萧远树疏林外（〔宋〕寇准《书河上亭壁》）

"高"

1. 高明逼神恶（〔唐〕张九龄《感遇十二首·其四》）

天高云去尽（〔唐〕杜甫《观作桥成，月夜舟中有述，
还呈李司马》）

危楼高百尺（〔唐〕李白《夜宿山寺》）

尽日凭高目

　　（〔宋〕柳永《西平乐（尽日凭高目）》）

直睡到日头高（〔明〕王磐《满庭芳·失鸡》）

2. 高楼送客不能醉

　　（〔唐〕王昌龄《芙蓉楼送辛渐二首·其二》）

碑高三丈字如斗（〔唐〕李商隐《韩碑》）

何故高楼鼓角悲（〔宋〕文天祥《至扬州》）

明月楼高休独倚（〔宋〕范仲淹《苏幕遮·怀旧》）

肯放淮南高卧人

　　（〔唐〕刘禹锡《李贾二大夫谏拜命后寄杨八寿州》）

销磨岁月成高位（〔唐〕白居易《喜入新年自咏》）

有时空望孤云高（〔唐〕李颀《送陈章甫》）

"低"

1. 低头思故乡（〔唐〕李白《静夜思》）

高低有万寻（〔唐〕白居易《登香炉峰顶》）

秦桑低绿枝（〔唐〕李白《春思》）

骑火高低影（〔唐〕白居易《早送举人入试》）

回首白云低（〔宋〕寇准《咏华山》）

2. 低回似恨横塘雨（〔唐〕温庭筠《惜春词》）

高低采削材如一（〔宋〕韦骧《废烂溪》）

不肯低头在草莽（〔唐〕李颀《送陈章甫》）

一路高低不记盘（〔唐〕方干《题报恩寺上方》）

逢郎欲语低头笑（〔唐〕白居易《采莲曲》）

住近湓江地低湿（〔唐〕白居易《琵琶行》）

千朵万朵压枝低

　　（〔唐〕杜甫《江畔独步寻花七绝句·其六》）

"酸"

1. 酸分含笑香（〔宋〕王十朋《修鹰爪花架》）

心酸苦泪零（〔宋〕周必大《九日哭子柔弟》）

谁知酸与甜（〔宋〕苏辙《九日三首·其二》）

抚迹犹酸辛

（〔唐〕杜甫《自京赴奉先县咏怀五百字》）

橘老尚多酸 （〔宋〕方岳《山墅》）

2. 酸风苦雨并无端（〔宋〕杨万里《明发祁门悟法寺溪行险绝六首·其六》）

嘶酸雏雁失群夜

（〔唐〕李颀《听董大弹胡笳声兼寄语弄房给事》）

东关酸风射眸子

（〔唐〕李贺《金铜仙人辞汉歌》）

君歌声酸辞且苦

（〔唐〕韩愈《八月十五夜赠张功曹》）

减却新诗酸却酒

（〔宋〕范成大《次韵龚养正中秋无月三首·其二》）

炊烟不起自酸辛（〔宋〕王炎《田间麦秀因成绝句》）

风砂捲地鼻生酸（〔宋〕汪梦斗《道中不见山水》）

"甜"

1. 甜酿雪清泉（〔宋〕陈著《次韵竺梅潭老境》）

酸甜在橘中（〔宋〕叶适《看柑》）

既能甜似蜜（〔唐〕李峤《萍》）

琼液酸甜足（〔唐〕白居易《与沈杨二舍人阁老同食敕赐樱桃玩物感恩因成十四韵》）

生怜白蜜甜（〔唐〕寒山《有汉姓傲慢》）

2. 甜满中边一夜冰（〔宋〕邓肃《从昭祖乞糖霜》）

蜜甜忘却十年苦

（〔宋〕王之道《送浮屠宗立东游二首·其一》）

村酒甜酸市酒浑（〔宋〕陆游《秋兴》）

甘露太甜非正味（〔唐〕白居易《府酒五绝·辨味》）

造物要令甜在后（〔宋〕王十朋《郡圃有荔支名白蜜者熟最晚戏成一绝》）

朱柑绿橘半甜时

（〔宋〕苏轼《与毛令方尉游西菩提寺二首·其二》）

为谁辛苦为谁甜（〔唐〕罗隐《蜂》）

"苦"

1. 苦调凄金石（〔唐〕钱起《省试湘灵鼓瑟》）

甘苦齐结实（〔唐〕杜甫《北征》）

器漏苦不密（〔汉〕孔融《临终诗》）

君子多苦心（〔汉〕曹操《善哉行三首·其三》）

饥劬（qú）不自苦（〔唐〕韦应物《观田家》）

2. 苦心岂免容蝼蚁（〔唐〕杜甫《古柏行》）

辛苦遭逢起一经（〔宋〕文天祥《过零丁洋》）

借问苦心爱者谁

（〔唐〕杜甫《韦讽录事宅观曹将军画马图》）

但道困苦乞为奴（〔唐〕杜甫《哀王孙》）

李斯税驾苦不早（〔唐〕李白《行路难三首·其三》）

亚相勤王甘苦辛

（〔唐〕岑参《轮台歌奉送封大夫出师西征》）

天长路远魂飞苦（〔唐〕李白《长相思三首·其一》）

"辣"

1. 辣性似徂徕（〔宋〕刘克庄《肃翁饷石门荼菜》）

酒辣偏相称（〔明〕李流芳《春笋诗》）

春盘辣芥花（〔清〕屈大均《西园·其二》）

酸咸苦辣具（〔明〕憨山德清《六咏诗·无我》）

受性老弥辣

（〔宋〕刘克庄《记小圃花果二十首·其十五·桂花》）

2. 辣袚人眉性最良（〔宋〕王十朋《食姜》）

筛辣捣香篘（chōu）腊酒（〔宋〕陆游《岁暮》）

食如辣玉兼甜冰（〔宋〕白玉蟾《食生菜》）

捣香筛辣入瓶盆（〔宋〕苏轼《新酿桂酒》）

逐臣心地辣无疑（〔清〕王季珠《秦镜》）

似是根株食辣虫（〔元〕方一夔《秋花十咏·蓼花》）

姜桂到老性愈辣（〔宋〕谢枋得《谢惠椒酱》）

"咸"

1. 咸言意气高（〔唐〕王昌龄《塞下曲》）

酸咸苦辣具（〔明〕憨山德清《六咏诗·无我》）

行人咸息驾（〔南北朝〕江淹《咏美人春游诗》）

殷受命咸宜（《诗经·商颂·玄鸟》）

池塘海雨咸（〔唐〕韦庄《李氏小池亭十二韵》）

2. 咸酸独觉水中味

（〔宋〕魏了翁《次韵费同叔解嘲二首·其一》）

酸咸嗜好虽殊禀

（〔宋〕陈造《次赵解元韵二首·其一》）

此去咸阳五千里（〔唐〕王建《渡辽水》）

愿依彭之遗则（〔战国〕屈原《离骚》）

从臣才艺咸第一（〔唐〕韩愈《石鼓歌》）

千乘万骑入咸阳（〔唐〕杜甫《忆昔二首·其一》）

独悲世俗异酸咸（〔宋〕陆游《残春》）

"淡"

1. 淡菜生寒日（〔唐〕李贺《画角东城》）

惨淡随回纥（〔唐〕杜甫《北征》）

清辉淡水木

　（〔唐〕王昌龄《同从弟南斋玩月忆山阴崔少府》）

暗暗淡淡紫　（〔唐〕李商隐《菊花》）

云溪花淡淡　（〔唐〕杜甫《行次盐亭县聊题四韵奉

　简严遂州蓬州两使君咨议诸昆季》）

2. 淡黄衫子裁春縠　（〔唐〕和凝《麦秀两岐》）

冷淡不关蜂蝶梦　（〔明〕于谦《清源司空林檎花》）

故应淡薄无人管　（〔宋〕陈渊《亭竹二首·其二》）

意匠惨淡经营中　（〔唐〕杜甫《丹青引赠曹将军霸》）

朵朵花开淡墨痕　（〔元〕王冕《墨梅》）

菱荇花香淡淡风

　（〔唐〕许浑《朱坡故少保杜公池亭》）

惟爱松筠多冷淡

　（〔唐〕李中《和浮阳宰感旧绝句五首·其三》）

 **"大"**

1. 大漠沙如雪　（〔唐〕李贺《马诗二十三首·其五》）

外大国是疆　（《诗经·商颂·长发》）

方知大藩地

　（〔唐〕韦应物《郡斋雨中与诸文士燕集》）

鳞鳞居大厦　（〔宋〕梅尧臣《陶者》）

域中诗价大　（〔唐〕齐己《吊杜工部坟》）

2. 大荒沉沉飞雪白

　（〔唐〕李颀《听董大弹胡笳声兼寄语弄房给事》）

老大嫁作商人妇　（〔唐〕白居易《琵琶行》）

三军大呼阴山动

　（〔唐〕岑参《轮台歌奉送封大夫出师西征》）

古来材大难为用　（〔唐〕杜甫《古柏行》）

四月南风大麦黄　（〔唐〕李颀《送陈章甫》）

城上高楼接大荒

　（〔唐〕柳宗元《登柳州城楼寄漳汀封连四州》）

莫道官忙身老大

　（〔唐〕韩愈《早春呈水部张十八员外二首·其二》）

"小"

1. 小娃撑小艇　（〔唐〕白居易《池上》）

城小贼不屠　（〔唐〕元结《贼退示官吏并序》）

金簇小蜻蜓

　（〔宋〕张泌《江城子（浣花溪上见卿卿）》）

泽兰侵小径　（〔唐〕王勃《郊兴》）

尚觉窥天小　（〔宋〕赵希迈《蛙》）

2. 小楼一夜听春雨　（〔宋〕陆游《临安春雨初霁》）

少小离家老大回

　（〔唐〕贺知章《回乡偶书二首·其一》）

情怀小样杜陵诗　（〔宋〕王中《干戈》）

金泥帐小教谁共　（〔宋〕李吕《鹧鸪天·寄情》）

荷花深处小船通　（〔唐〕白居易《采莲曲》）

公退归戒坐小阁　（〔唐〕李商隐《韩碑》）

花褪残红青杏小　（〔宋〕苏轼《蝶恋花·春景》）

"来"

1. 来从楚国游　（〔唐〕李白《渡荆门送别》）

年来未觉新

　（〔唐〕孙逖《同洛阳李少府观永乐公主入蕃》）

明月来相照　（〔唐〕王维《竹里馆》）

却顾所来径

　（〔唐〕李白《下终南山过斛斯山人宿置酒》）

为有暗香来　（〔宋〕王安石《梅花》）

2. 来如雷霆收震怒

　（〔唐〕杜甫《观公孙大娘弟子舞剑器行并序》）

较来何重亦何轻　（〔宋〕王之道《用李梦发韵》）

以火来照所见稀　（〔唐〕韩愈《山石》）

松竹健来唯欠语　（〔唐〕吴融《秋事》）

深山窃听来妖精

　（〔唐〕李颀《听董大弹胡笳声兼寄语弄房给事》）

长飙风中自来往　（〔唐〕李颀《听安万善吹觱篥歌》）

不知转入此中来　（〔唐〕白居易《大林寺桃花》）

"去"

1. 去马嘶春草　（〔唐〕韦应物《答王卿送别》）

休去倚危栏

　（〔宋〕辛弃疾《摸鱼儿（更能消几番风雨）》）

风卷去来云　（〔唐〕卢照邻《晚渡渭浲敬赠魏大》）

蕤宾移去后

　（〔唐〕元稹《咏廿四气诗·夏至五月中》）

流波将月去　（〔隋〕杨广《春江花月夜二首·其一》）

2. 去年今日此门中　（〔唐〕崔护《题都城南庄》）

自去自来堂上燕　（〔唐〕杜甫《江村》）

龙媒去尽鸟呼风

　（〔唐〕杜甫《韦讽录事宅观曹将军画马图》）

芳菲歇去何须恨　（〔宋〕秦观《三月晦日偶题》）

尽是刘郎去后栽　（〔唐〕刘禹锡《玄都观桃花》）

鹅鸭不知春去尽　（〔宋〕晁冲之《春日》）

颠狂柳絮随风去　（〔唐〕杜甫《漫兴九首·其五》）

"快"

1. 快走踏清秋（〔唐〕李贺《马诗二十三首·其五》）
   疏快颇宜人（〔唐〕杜甫《有客》）
   从放快飞鸣（〔唐〕白居易《鹦鹉》）
   微风尚快襟（〔宋〕孔平仲《十一月》）
   我闻亦一快（〔宋〕陈著《和单君范古意·猎》）
2. 快剑斫断生蛟鼍（tuó）（〔唐〕韩愈《石鼓歌》）
   尽快意时仍起舞（〔宋〕邵雍《林下五吟·其三》）
   生须快意阙前知（〔宋〕陈师道《赠石先生》）
   相逢且快眼前事（〔唐〕李咸用《途中逢友人》）
   别有优游快活人（〔唐〕白居易《快活》）
   投笔急装须快士（〔宋〕陆游《秋雨叹》）
   莫贪顺路行时快
   （〔宋〕王洋《和邵尧夫韵示儿任》）

"慢"

1. 慢行成酩酊（〔唐〕李商隐《自喜》）
   懒慢致蹉跎（〔唐〕耿沣《春日即事二首·其一》）
   菱歌慢慢声（〔唐〕王建《江馆》）
   荆门远慢州（〔唐〕元稹《酬许五康佐》）
   有汉姓傲慢（〔唐〕寒山《有汉姓傲慢》）
2. 慢脸娇娥纤复秾
   （〔唐〕岑参《田使君美人舞如莲花北鋋歌》）
   懒慢江河放逐臣
   （〔宋〕张耒《竟陵僦舍仍有小园景物颇佳》）
   轻拢慢捻抹复挑（〔唐〕白居易《琵琶行》）
   景迟风慢暮春情（〔唐〕白居易《残春曲》）
   五更军角慢吹霜
   （〔唐〕方干《越中言事二首·其二》）
   不暖不寒慢慢风
   （〔唐〕白居易《嘉陵夜有怀二首·其二》）
   社公雨足东风慢（〔宋〕寇准《点绛唇（水陌轻寒）》）

"生"

1. 生当作人杰（〔宋〕李清照《夏日绝句》）
   人生不相见（〔唐〕杜甫《赠卫八处士》）
   泽中生乔松
   （〔晋〕阮籍《咏怀八十二首·其二十九》）
   欣欣此生意（〔唐〕张九龄《感遇十二首·其一》）
   畏向玉阶生（〔唐〕王维《杂诗三首·其一》）
2. 生存相别尚如此（〔宋〕陆游《梦范参政》）
   人生如此自可乐（〔唐〕韩愈《山石》）

恋所生兮泪流襟（〔晋〕嵇康《思亲诗》）
万代先生号素王（〔唐〕刘沧《经曲阜城》）
日照香炉生紫烟（〔唐〕李白《望庐山瀑布》）
事夫誓拟同生死（〔唐〕张籍《节妇吟》）
舟人夜语觉潮生（〔唐〕卢纶《晚次鄂州》）

"死"

1. 死亦为鬼雄（〔宋〕李清照《夏日绝句》）
   半死落岩桐（〔唐〕李百药《途中述怀》）
   抱柱死不疑
   （〔宋〕梅尧臣《泊姑熟江口邀同景纯相见》）
   生人为死别（〔唐〕戎昱《苦战行五首·其五》）
   色黯花草死（〔唐〕白居易《感情》）
2. 死亦相寻越女舟
   （〔宋〕高似孙《赵广德送松江蟹》）
   蹈死救人人免死（〔宋〕王十朋《徐有功》）
   尔今死去侬收葬（〔清〕曹雪芹《葬花吟》）
   十生九死到官所
   （〔唐〕韩愈《八月十五夜赠张功曹》）
   语不惊人死不休
   （〔唐〕杜甫《江上值水如海势聊短述》）
   表曰臣愈昧死上（〔唐〕李商隐《韩碑》）
   人生自古谁无死（〔宋〕文天祥《过零丁洋》）

"有"

1. 有弟皆分散（〔唐〕杜甫《月夜忆舍弟》）
   深有乘槎兴（〔宋〕孔平仲《发山阳》）
   绝代有佳人（〔唐〕杜甫《佳人》）
   落花如有意（〔唐〕储光羲《江南曲》）
   头上何所有（〔唐〕杜甫《丽人行》）
2. 有耳莫洗颍川水
   （〔唐〕李白《行路难三首·其三》）
   我有迷魂招不得（〔唐〕李贺《致酒行》）
   主人有酒欢今夕（〔唐〕李颀《琴歌》）
   翁翁岂有甘心事（〔宋〕文天祥《至扬州》）
   一弹一十有八拍
   （〔唐〕李颀《听董大弹胡笳声兼寄语弄房给事》）
   将往复旋如有情
   （〔唐〕李颀《听董大弹胡笳声兼寄语弄房给事》）
   绝域苍茫更何有（〔唐〕高适《燕歌行》）

"无"

1. 无家问死生（〔唐〕杜甫《月夜忆舍弟》）

人无再少年

（〔宋〕陈著《续侄溥赏酴醾劝酒二首·其一》）

阔狭无数丈（〔唐〕白居易《登香炉峰顶》）

但使愿无违（〔晋〕陶渊明《归园田居五首·其三》）

能饮一杯无（〔唐〕白居易《问刘十九》）

2. 无边落木萧萧下（〔唐〕杜甫《登高》）

功无与让恩不訾（〔唐〕李商隐《韩碑》）

野渡无人舟自横（〔唐〕韦应物《滁州西涧》）

见此争无一句诗（〔唐〕白居易《题峡中石上》）

春去自应无觅处（〔宋〕王安石《惜春》）

多情却似总无情（〔唐〕杜牧《赠别二首·其二》）

五陵佳气无时无（〔唐〕杜甫《哀王孙》）

第2章 入门级 单字联句飞花令

 诗词之"春"

1.春日迟迟　2.池塘生春草　3.喧鸟覆春洲

4.闻道春还未相识　5.东风随春归　6.会入天地春

7.春远独柴荆　8.漏泄春光有柳条

9.春城雨色动微寒　10.湖色春光净客船

11.白雪却嫌春色晚　12.自是寻春去校迟

13.桃花春水渌　14.春色恼人眠不得

15.春风又绿江南岸

 诗词之"夏"

1.滔滔孟夏兮　2.夏浅蝉未多　3.槐阴清夏首

4.池幽夏景清　5.去国夏云断　6.难消夏昼长

7.前林夏雨歇　8.峰起夏云归　9.清夏景还移

10.苤葸夏木清　11.风霜凛凛兮春夏寒

12.夏水欲满君山青　13.十里芙蓉入夏香

14.独自黄葩夏日闲　15.留得黄丝织夏衣

 诗词之"秋"

1.新秋带来　2.落日满秋山　3.星河秋一雁

4.秋色从西来　5.见尔当何秋　6.怀君属秋夜

7.天秋月又满　8.秋亭卓一峰　9.长风万里送秋雁

10.万籁百泉相与秋　11.四郊秋叶惊摵（sè）摵

12.谁道秋期有泪痕　13.竹外秋声渐作威

14.飞觞寂寞几春秋　15.却道天凉好个秋

 诗词之"冬"

1.亦以御冬　2.且如今年冬　3.经冬犹绿林

4.经冬复历春　5.去冬山贼来　6.三冬今足用

7.三冬惜寸阴　8.霰雪一冬频　9.初冬正佳时

10.五色笼甚可夸　11.严冬凛凛霜雪天

12.夏有凉风冬有雪　13.冬后剪花飞素雪

14.今日交冬至　15.夏裘冬葛

 诗词谈"天"

1.石容天倾侧　2.凉风起天末　3.天涯占梦数

4.霜天残月在　5.语罢暮天钟　6.浮天沧海远

7.天涯哭此时　8.天秋月又满　9.天涯孤棹还

10.连峰去天不盈尺　11.天姥连天向天横

12.夕奉天书拜琐闱　13.天街小雨润如酥

14.怜君何事到天涯　15.青松怒向苍天发

 诗词说"地"

1.蒿里谁家地　2.蒿里谁家地　3.地束惊流满

4.蕉花铺净地　5.岂伊地气暖　6.无地放羊马

7.浔阳地僻无音乐　8.住近湓江地低湿

9.渔阳鼙鼓动地来　10.花钿委地无人收

11.升天入地求之遍　12.闲花落地听无声

13.流传汉地曲转奇　14.犁锄相踵地力尽

15.歌梁舞地

 诗词之"中"

1.里中有啼儿　2.泽中生乔松　3.唱绝断弦中

4.中天悬明月　5.中男绝短小　6.对此结中肠

7.妾心井中水　8.不知转入此中来

9.城中相识尽繁华　10.四方环镇嵩当中

11.长飙风中自来往　12.梦魂摇曳橹声中

13.石中火，梦中身　14.望中犹记

15.壮年听雨客舟中

 诗词之"国"

1.国破家亡　2.丈夫誓许国　3.长谣去国愁

4.何年安石国　5.去国夏云断　6.名花倾国两相欢

7.万国笙歌醉太平　8.山围故国周遭在

9.国家迢迢向越台　10.赵充国

11.既全国色与天香　12.国色要须归第一

13.芙蓉国里尽朝晖　14.倾国倾城
15.若教解语倾人国

诗词之"家"

1.有践家室　2.家书至隔年　3.田家几日闲
4.况是蔡家亲　5.移家虽带郭　6.欲去问西家
7.野哭千家闻战伐　8.雨中春树万人家
9.州家申名使家抑　10.欲取芜城作帝家
11.从今四海为家日　12.犹及清明可到家
13.家住苍烟落照间　14.浊酒一杯家万里
15.小桥流水人家

诗台点"烛"

1.何不秉烛游　2.荆薪代明烛　3.夜阑更秉烛
4.疏帘烛笼纱　5.化作光明烛　6.守岁然可烛
7.洞房花烛夜　8.秉烛游还懒　9.银烛秋光冷画屏
10.蜡炬有心还惜别　11.岁夜高堂列明烛
12.瞳子了然光可烛　13.铜盘烛泪已流尽
14.红烛昏罗帐　15.纸船明烛照天烧

诗界明"灯"

1.灯半昏时　2.共此灯烛光　3.灯影秋江寺
4.幡北灯花动　5.月与灯依旧　6.孤灯不明思欲绝
7.孤灯挑尽未成眠　8.添酒回灯重开宴
9.残灯无焰影幢幢　10.珠箔飘灯独自归
11.更将枯蚌点渔灯　12.孤灯未灭梦难成
13.孤灯偏向枕边明　14.背灯眠　15.蝙蝠翻灯舞

诗词很"火"

1.烽火照成皋　2.烽火望祁连　3.丹灶初开火
4.红泥小火炉　5.莫近红炉火　6.满面尘灰烟火色
7.八戒夜持香火印　8.春窗曙灭九微火
9.白草连山野火烧　10.牧童敲火牛砺角
11.于今腐草无萤火　12.白日登山望烽火
13.沙场烽火侵胡月　14.两三星火是瓜洲
15.驿传风火龙鸾舞

诗国寻"梦"

1.故人入我梦　2.三夜频梦君　3.泪湿罗巾梦不成
4.梦为远别啼难唤　5.神女生涯原是梦
6.残宵犹得梦依稀　7.也曾因梦送钱财
8.六朝如梦鸟空啼　9.冰簟银床梦不成　10.梦归家

11.楼头残梦五更钟　12.惊梦觉　13.佳期如梦
14.怪一梦轻回　15.聒碎乡心梦不成

诗词追"风"

1.来风堪避暑　2.声入洞庭风　3.长歌吟松风
4.萧萧北风劲　5.凉风起天末　6.茸短未含风
7.闻风坐相悦　8.微风吹兰杜　9.风正一帆悬
10.狂风卷絮回　11.袅袅好风频　12.风息自然鸣
13.风乍起　14.悲风成阵　15.寻常风月

诗空腾"云"

1.云窗拂青霭　2.北山白云里　3.隐处唯孤云
4.黄云陇底白雪飞　5.有时空望孤云高
6.虏塞兵气连云屯　7.云来气接巫峡长
8.纤云四卷天无河　9.喷云泄雾藏半腹
10.星月掩映云朦胧　11.岩上无心云相逐
12.淡烟芳草连云远　13.野鹤孤云元自在
14.想渊明《停云》诗就　15.渺万里层云

诗空驾"雾"

1.朝霞开宿雾　2.终隐南山雾　3.泛雾弄轻弦
4.泛泛入烟雾　5.槐雾暗不开　6.因风吹薄雾
7.嶂没千重雾　8.游惊雾之流波
9.不见长安见尘雾　10.斜月沉沉藏海雾
11.日照澄洲江雾开　12.宵雾散　13.竹梢烟雾锁
14.时遥雾拥云平　15.只缘妖雾又重来

诗空飞"雨"

1.恸叹泪如雨　2.篷声夜雨船　3.天阴雨湿声啾啾
4.大弦嘈嘈如急雨　5.夜雨闻铃肠断声
6.秋雨梧桐叶落时　7.梨花一枝春带雨
8.石破天惊逗秋雨　9.细雨湿衣看不见
10.尽寒食雨草萋萋　11.拆桐花上雨初干
12.独立蒙蒙细雨中　13.帘外雨潺潺
14.屋上松风吹急雨　15.梧桐更兼细雨

诗空飘"雪"

1.晚来天欲雪　2.独钓寒江雪　3.雪暗凋旗画
4.堪惊双鬓雪　5.人归暮雪时　6.积雪浮云端
7.乱山残雪夜　8.全有雪精神
9.西山白雪三城戍　10.万里寒光生积雪
11.三春白雪归青冢　12.回乐烽前沙似雪

13.马毛带雪汗气蒸　14.前时雪压无寻处
15.满眼生花雪满颠

●●● 诗词之"冰" ●●●

1.巾泪滴成冰　2.冰河足雁声　3.君看冰炭姿
4.冰消涨野塘　5.欲渡黄河冰塞川
6.瀚海阑干百丈冰　7.稚子金盆脱晓冰
8.葛制冰餐消几钱　9.铁马冰河入梦来
10.冰壶团扇欲无功　11.冰为清洁玉为淳
12.出浴太真冰作影　13.肝胆皆冰雪
14.更吐冰轮洁　15.已是悬崖百丈冰

●●● 诗词之"霜" ●●●

1.逝如朝霜　2.何处得秋霜　3.一半已成霜
4.貌苦夜霜严　5.但念霜满头　6.霜风清飕飕
7.照我思上霜　8.鞋响新霜后　9.立马一庭霜
10.洗浪清风透水霜　11.山果经霜多自落
12.霜寒古寺钟声早　13.霜禽欲下先偷眼
14.霜降水痕收　15.羌管悠悠霜满地

●●● 诗坛惊"雷" ●●●

1.殷其雷　2.殷其雷　3.殷其雷　4.性行暴如雷
5.欲语羞雷同　6.雷吼何喷薄　7.坠石似惊雷
8.砯(pīng)崖转石万壑雷　9.碧潭无底搅轰雷
10.雷吼嘛成三白聋　11.社下烧钱鼓似雷
12.南山雷动雨连宵　13.九州生气恃风雷
14.一从大地起风雷　15.风雷动

●●● 诗空闪"电" ●●●

1.烨烨震电　2.雨来看电影　3.帆灭如流电
4.欻(xū)如飞电来　5.左盘右蹙如惊电
6.排空驭气奔如电　7.两三条电欲为雨
8.春色过人速如电　9.四十三年如电抹
10.电光时掣紫金蛇　11.五十年功如电扫
12.三十万年如电掣　13.红旗闪电
14.电闪旌旗日月高　15.剑光如电气如虹

●●● 诗苑游"山" ●●●

1.一览众山小　2.明日隔山岳　3.归山深浅去
4.山从人面起　5.兴因庐山发　6.暮从碧山下
7.须行即骑访名山　8.天下名山总不如
9.山回路转不见君　10.山出尽如鸣凤岭

11.小山重叠金明灭　12.一半秋山带夕阳
13.山河表里潼关路　14.万水千山　15千山暮雪

●●● 诗坛戏"水" ●●●

1.影照龙门水　2.水深波浪阔　3.饮犊西涧水
4.流水传潇浦　5.应是钓秋水　6.菽水知何病
7.菽水日月长　8.渴不饮盗泉水
9.请君试问东流水　10.无复射蛟江水中
11.美人娟娟隔秋水　12.美人胡为隔秋水
13.初弹渌水后楚妃　14.夏水欲满君山青
15.不放众山随逝水

●●● 诗词名"川" ●●●

1.敕勒川　2.孔圣临长川　3.客子忆秦川
4.悠悠清水川　5.川原杳何极　6.川上多往事
7.苍芦白浪川　8.山川对浩歌　9.有耳莫洗颍川水
10.晴川历历汉阳树　11.不似颍川空使酒
12.空向秋波哭逝川　13.川分远岳秋光静
14.别梦依稀咒逝川　15.子在川上日

●●● 诗词大"河" ●●●

1.青青河边草　2.欲渡河无船　3.急应河阳役
4.家住金津河　5.关河无尽处　6.状似明月泛云河
7.君不见黄河之水天上来　8.或从十五北防河
9.黄河远上白云间　10.耿耿星河欲曙天
11.河水虽浊有清日　12.九曲黄河万里沙
13.如今直上银河去　14.河汉三更看斗牛
15.犁牛冰河金山雪

●●● 诗词之"江" ●●●

1.迟日江山丽　　2.江枫渔火对愁眠
3.春江潮水连海平　4.何处春江无月明
5.江流宛转绕芳甸　6.江天一色无纤尘
7.江畔何人初见月　8.江月年年望相似
9.不知江月待何人　10.江潭落月复西斜
11.落月摇情满江树　12.浔阳江头夜送客
13.别时茫茫江浸月　14.唯见江心秋月白
15.江草江花处处鲜

●●● 诗词之"湖" ●●●

1.镜湖三百里　2.彭蠡湖天晚　3.湖山若个优
4.日日湖水上　5.惟有门前镜湖水

253

6.草绿湖南万里情　7.鹅湖山下稻粱肥

8.不见扁舟泛五湖　9.少将风月怨平湖

10.欲把西湖比西子　11.西湖歌舞几时休

12.也欲访梅湖畔去　13.五湖烟浪

14.做满湖　15.高峡出平湖

诗词之"海"

1.海水知天寒　2.海水扬其波　3.沧海自成尘

4.四海无闲田　5.平海夕漫漫　6.奔流到海不复回

7.君不见青海头　8.边庭流血成海水

9.忽闻海上有仙山　10.海上明月共潮生

11.斜月沉沉藏海雾　12.洗兵鱼海云迎阵

13.任说天长海影沉　14.影落长江海共深

15.惟有海棠梨第一

诗海冲"浪"

1.空信苍浪天　2.明发钓沧浪　3.过江千尺浪

4.溯水斜盼浪　5.长风破浪会有时

6.洗浪清风透水霜　7.敢唱沧浪一字歌

8.汀洲无浪复无烟　9.长河浪头连天黑

10.长风连日作大浪　11.烟浪溅篷寒不睡

12.估客昼眠知浪静　13.鱼行细浪分沙觜

14.华亭浪说吹毛剑　15.心潮逐浪高

诗海泛"波"

1.水深波浪阔　2.江湖多风波　3.连山若波涛

4.波澜誓不起　5.客去波平槛　6.浩浩风起波

7.世事波上舟　8.川为静其波

9.菱叶萦波荷飐（zhǎn）风　10.坐见举国来奔波

11.清风吹空月舒波　12.风波不信菱枝弱

13.愧君犹遣慎风波　14.脸波明

15.波涛汹涌都不知

诗海惊"涛"

1.烟涛微茫信难求　2.涛似连山喷雪来

3.风涛翻覆沸天池　4.八月涛声吼地来

5.惊涛拍岸　6.波涛万贯珠沉海

7.怒涛卷霜雪　8.云涛烟浪

9.弄潮儿向涛头立　10.天接云涛连晓雾

11.四山声作海涛翻　12.波涛如怒

13.波涛汹涌都不知　14.千里波涛滚滚来

15.一跃冲向万里涛

诗海"滔"天

1.波滔天　2.武夫滔滔　3.滔滔江汉

4.滔滔孟夏兮　5.波滔滔兮来迎　6.暗浪远滔滔

7.呜呼洪水滔天　8.到江莫作滔天浪

9.滔滔潮汐东流去　10.流水滔滔无住处

11.滔滔宏愿因之起　12.顿失滔滔

13.把酒醇滔滔　14.过眼滔滔云共雾　15.白浪滔天

诗海行"船"

1.欲渡河无船　2.江船火独明　3.帆白满船霜

4.常有江南船　5.篷声夜雨船　6.门泊东吴万里船

7.主人下马客在船　8.移船相近邀相见

9.东船西舫悄无言　10.绕船月明江水寒

11.万商落日船交尾　12.满船清梦压星河

13.玉箫吹上画船头　14.贴波不碍画船摇

15.画船横笛

诗海泛"舟"

1.舟子行催棹　2.乘流泛轻舟　3.舟行夜色中

4.月照一孤舟　5.何处欲藏舟　6.萍叶荡归舟

7.扁舟乘长风　8.故着浮槎替入舟

9.谁家今夜扁舟子　10.争弄莲舟水湿衣

11.归舟归獭俨成行　12.渚畔鲈鱼舟上钓

13.不见扁舟泛五湖　14.舟撼清流夜雨寒

15.孤舟夜发

诗海扬"帆"

1.人对一帆轻　2.长江一帆远　3.孤帆天际看

4.孤帆带孤屿　5.漠漠帆来重　6.落帆逗淮镇

7.明朝挂征席　8.孤帆一片日边来

9.孤帆远影碧空尽　10.锦帆应是到天涯

11.半作障泥半作帆　12.斜倚帆樯不唤人

13.青枫江上秋帆远　14.犹是孤帆一日程

15.惆怅孤帆连夜发

诗海彼"岸"

1.宜岸宜狱　2.对岸流沙白　3.潮平两岸阔

4.风鸣两岸叶　5.两岸猿声啼不住

6.忽闻岸上踏歌声　7.两岸桃花夹古津

8.斑雅只系垂杨岸　9.濯锦江边两岸花

10.来时楚岸杨花白　11.来时见我江南岸

12.春风又绿江南岸　13.日斜闲啄岸边苔
14.两岸荻花枫叶　15.门外斜阳岸

诗词观"日"

1.乃与日竞走　2.日暮浮云滋　3.日出远岫明
4.锄禾日当午　5.落日照大旗　6.日暮江上立
7.日夕怀空意　8.幽映每白日　9.歌吟终日如狂叟
10.东边日出西边雨　11.千里黄云白日曛
12.今日相逢无酒钱　13.闻说鸡鸣见日升
14.身经两世太平日　15.春日宴

诗词赏"月"

1.明明如月　2.流波将月去　3.落月满屋梁
4.宽心汉月圆　5.月上柳梢头　6.风月满淮流
7.亭皋先得月　8.欲上青天揽明月
9.月行却与人相随　10.扇裁月魄羞难掩
11.月斜楼上五更钟　12.月在梧桐缺处明
13.那堪更被明月　14.帘外月胧明
15.明月楼高休独倚

诗空摘"星"

1.明星有烂　2.手可摘星辰　3.曲尽河星稀
4.归军星散营　5.藏星七夕明　6.似将星汉连
7.星汉西流夜未央　8.死为星辰终不灭
9.金星妆成娇侍夜　10.耿耿星河欲曙天
11.卧看牵牛织女星　12.月落星稀天欲明
13.夜不见星朝蔽日　14.满船清梦压星河
15.七八个星天外

诗词之"光"

1.向光抽一缕　2.共此灯烛光　3.斜光照墟落
4.晴光转绿蘋　5.清光犹为君　6.易觉春光老
7.露气寒光集　8.始觉屏障生光辉
9.罢如江海凝清光　10.纷墙丹柱动光彩
11.清月出岭光入扉　12.光价岂止百倍过
13.武功盖世光前后　14.流光容易把人抛
15.曙光初照演兵场

诗空赏"云"

1.白首卧松云　2.浮云终日行　3.眠罢梳云髻
4.云想衣裳花想容　5.凌云健笔意纵横
6.云鬓花颜金步摇　7.骊宫高处入青云

8.云栈萦纡登剑阁　9.楼阁玲珑五云起
10.云鬟半偏新睡觉　11.白云一片去悠悠
12.暮云空碛时驱马　13.时人不识凌云木
14.立尽碧云　15.腻云鬌（duǒ）

诗园赏"花"

1.落花入户飞　2.迷花不事君　3.寒梅著花未
4.能开二月花　5.花市灯如昼　6.百花皆后香
7.枫叶荻花秋瑟瑟　8.间关莺语花底滑
9.春江花朝秋月夜　10.月照花林皆似霰
11.昨夜闲潭梦落花　12.今日花开又一年
13.花开不并百花丛　14.开到荼蘼花事了
15.花自飘零水自流

诗园寻"草"

1.欲寻芳草去　2.虚庭草争出　3.春草闭闲门
4.露草覆寒蛩　5.故关衰草遍　6.寒禽与衰草
7.芳草已云暮　8.闲池草色青　9.瞿塘石城草萧瑟
10.于今腐草无萤火　11.战场白骨缠草根
12.秋草独寻人去后　13.胡人落泪沾边草
14.细草香闲小洞幽　15.造化明明百草头

诗林植"树"

1.树木丛生　2.万壑树参天　3.树杪百重泉
4.远水连远树　5.巢禽投树尽　6.树木犹为人爱惜
7.坐看红树不知远　8.遥看一处攒云树
9.草树知春不久归　10.珊瑚碧树交枝柯
11.碧玉妆成一树高　12.树阴照水爱晴柔
13.寂寞汉南树　14.千树压　15.枯藤老树昏鸦

诗词有"木"

1.南有乔木　2.古木馀衰柳　3.木落雁南渡
4.繁木荫芙蕖　5.人在木兰舟　6.迁乔暗木中
7.众木随僧老　8.热不息恶木阴　9.又苍苍兮多木
10.树木犹为人爱惜　11.苍茫古木连穷巷
12.白帝城边古木疏　13.淮南木落楚山多
14.九月寒砧催木叶　15.独木为桥度烂溪

诗词造"林"

1.有鹤在林　2.空知返旧林　3.东林怀我师
4.林卧愁春尽　5.山月照秋林　6.偶он似山林客
7.谁知林栖者　8.萝林落叶重　9.园林似却春

10.栗深林兮惊层巅　11.月照花林皆似霰

12.二月黄鹂飞上林　13.林下已能忘岁月

14.山林深处寿高木　15.斜日寒林点暮鸦

●●● 诗词飘"香" ●●●

1.收取作香烧　2.百花皆后香　3.罗帷送上七香车

4.凤尾香罗薄几重　5.月露谁教桂叶香

6.镜前洗却麝香黄　7.细草香闲小洞幽

8.罗衣欲换更添香　9.蓬门未识绮罗香

10.绢帕麻菇与线香　11.使我衣袖三年香

12.香阁掩　13.一从恨满丁香结

14.起来香腮褪红玉　15.只有香如故

●●● 诗林觅"杨" ●●●

1.杨柳乱如丝　2.杨柳半垂空　3.杨花惹暮春

4.眉欺杨柳叶　5.枯杨长新条　6.声分折杨吹

7.其若杨花似雪何　8.西游因献长杨赋

9.杨花雪落覆白苹　10.来时楚岸杨花白

11.坐想摇鞭杨柳路　12.杨花篱落

13.段桥几换垂杨色　14.绿杨巷陌

15.杨柳轻飚直上重霄九

●●● 诗林寻"柳" ●●●

1.古木余衰柳　2.汴柳接楚垂　3.柳暖莺多语

4.傅傅桥边柳　5.颠狂柳絮随风去

6.太液芙蓉未央柳　7.芙蓉如面柳如眉

8.绿柳才黄半未匀　9.花柳无私春色偏

10.晴雨皆堪傍柳行　11.柔柳摇摇

12.月上柳梢头　13.溪桥柳细

14.细柳重门　15.柳丝搭在玉阑干

●●● 诗园结"果" ●●●

1.果裸之实　2.珍果在一傍　3.雨中山果落

4.吾闻果下马　5.此地果摧轮　6.蔬果幸见尝

7.山果青苔上　8.汝果欲学诗　9.果下金鞍跃紫骝

10.公果溺死流海湄　11.山禽引子哺红果

12.山果经霜多自落　13.兵难将胜负论

14.莫向山中摘花果　15.收拾绣床瓜果设

●●● 诗园摘"桃" ●●●

1.投我以木桃　2.仙桃正发花　3.桃花迷旧路

4.桃花潭水深千尺　5.山寺桃花始盛开

6.樱桃树下后堂前　7.两岸桃花夹古津

8.春来遍是桃花水　9.红桃绿柳垂檐向

10.桃花尽日随流水　11.昨夜风开露井桃

12.桃花零落满庭墀　13.水似桃花欲动时

14.凭仗桃根　15.碧桃深巷

●●● 诗园觅"李" ●●●

1.北山有李　2.投我以木李　3.李下不正冠

4.容华若桃李　5.视彼桃李花　6.天天桃李花

7.荧荧桃李花　8.三春桃照李

9.沉李浮瓜冰雪凉　10.惟有李白诗能说

11.李白如今已仙去　12.明月还如李白时

13.我学李白对明月　14.李白能诗复能酒

15.我愧虽无李白才

●●● 诗林一"叶" ●●●

1.枫叶落纷纷　2.黄叶仍风雨　3.落叶人何在

4.红叶晚萧萧　5.淮南一叶下　6.雨中黄叶树

7.萝林落叶重　8.租得舟如叶　9.青枫叶赤天雨霜

10.香叶终经宿鸾凤　11.菱叶萦波荷贴（zhǎn）风

12.芭蕉叶大栀子肥　13.偶逢新语书红叶

14.蝌蚪散边荷叶出　15.槐叶初匀日气凉

●●● 诗词之"根" ●●●

1.指如削葱根　2.虫来啮桃根　3.采葵莫伤根

4.如云断别根　5.托根非其所　6.腊月草根甜

7.移根烦老圃　8.得地根弥固　9.和根都斫却

10.浮云柳絮无根蒂　11.耳根得听琴初畅

12.耳根无厌听佳木　13.老稚峰崖锄草根

14.栽培元是根宜地　15.岸巾露透发根凉

●●● 诗林听"鸟" ●●●

1.织文鸟章　2.鸟鸣山更幽　3.鸟散空林寂

4.谷鸟吟晴日　5.复闻啼鸟声　6.峰斜连鸟翅

7.持此谢高鸟　8.因归鸟而致辞兮

9.青鸟飞去衔红巾　10.春来花鸟莫深愁

11.在天愿作比翼鸟　12.哭鸟昼飞人少见

13.溪中鸟鸣亮景旦　14.满山猿鸟会经声

15.白鸟明边帆影直

●●● 诗苑猎"兽" ●●●

1.搏兽于敖　2.兽口出通侯　3.兽锦夺袍新

256

4.寂寞白兽闼　5.兽形云不一　6.愿作远方兽

7.百兽谐金石　8.诗人识鸟兽　9.兽炭毡炉正好

10.鸟兽鸣以号群兮　11.上嘉人兽俱来远

12.万里禽兽皆遮罗　13.锁衔金兽连环冷

14.瑞脑销金兽　15.红炉旋添兽炭

诗林捉"虫"

1.虫流出户　2.虫来啮桃根　3.啼秋唧唧虫

4.风静草虫吟　5.露草覆寒虫　6.念汝小虫子

7.夜深静卧百虫绝　8.虫声新透绿窗纱

9.开户暗虫犹打窗　10.岁晚虫鸣寒露草

11.塘水漻漻虫啧啧　12.华佗无奈小虫何

13.域外鸡虫事可哀　14.哪个虫儿敢作声

15.要扫除一切害人虫

诗苑捕"鱼"

1.鱼戏莲叶东　鱼戏莲叶西　鱼戏莲叶南
　鱼戏莲叶北

2.遗我双鲤鱼　3.呼儿烹鲤鱼　4.门系钓鱼船

5.水落鱼梁浅　6.鱼龙听梵声　7.鱼龙潜跃水成文

8.侍女金盘脍鲤鱼　9.又食武昌鱼　10.小鱼圈中央

11.雪花飞向钓鱼台　12.观鱼胜过富春江

13.人或为鱼鳖　14.秦皇岛外打鱼船

15.鱼翔浅底

"龙"腾诗空

1.矫若龙行云　2.龙云垒相向　3.无使蛟龙得

4.斯须九重真龙出　5.龙池十日飞霹雳

6.龙媒去尽鸟呼风　7.龙吟虎啸一时发

8.卧龙才起扶衰世　9.龙华喋血不眠夜

10.滂然遥接石龙关　11.祖龙魂死秦犹在

12.飞起玉龙三百万　13.何时缚住苍龙

14.直下龙岩上杭　15.雾满龙冈千嶂暗

"虎"跃诗山

1.三人成市虎　2.龙虎方战争　3.虎卖杏兮收谷

4.射杀山中白额虎　5.虬须虎眉仍大颡

6.虎惊蛇伏是通州　7.昂然虎踞一原东

8.龙争虎斗不肯止　9.如虎如狼　10.暴虎入门

11.勇夺虎罴威　12.虎踞龙盘今胜昔

13.独有英雄驱虎豹　14.独坐池塘如虎踞

15.忽报人间曾伏虎

诗坛逐"鹿"

1.呦呦鹿鸣　2.呦呦鹿鸣　3.呦呦鹿鸣

4.涿鹿奋战　5.腰中鹿卢剑　6.秦鹿奔野草

7.还持鹿皮几　8.何事惊麋鹿　9.林空鹿饮溪

10.余亦乘舟归鹿门　11.鹿门月照开烟树

12.野鹿呦呦走堂下　13.且放白鹿青崖间

14.毕竟几人真得鹿　15.惟闻麋鹿呦呦

诗苑牧"羊"

1.羊肠坂诘屈　2.牛羊下来久　3.羊公碑尚在

4.三载羊公政　5.穷巷牛羊归　6.牛羊绕塞多

7.无地放羊马　8.磨刀霍霍向猪羊

9.风吹草低见牛羊　10.烹羊宰牛且为乐

11.摧轮不道羊肠苦　12.陇上羊归塞草烟

13.天遣商羊为公舞　14.堕泪羊公却姓杨

15.翻动扶摇羊角

诗人骑"驴"

1.骑驴十三载　2.蹇驴避路立　3.寒饥出无驴

4.驴迹岭头云　5.蹇驴得志鸣春风

6.头白乘驴悬布囊　7.秋跨蹇驴风尚紧

8.雪晴驴背兴无穷　9.骑驴渺渺入荒陂

10.路长人困蹇驴嘶　11.细雨骑驴入剑门

12.骑驴两脚欲到地　13.夜中醉归骑草驴

14.独跨蹇驴归去　15.要将驴佛我

诗厩相"马"

1.歇马傍春草　2.雪尽马蹄轻　3.疲马入城迟

4.立马一庭霜　5.主人下马客在船

6.不似江州司马时　7.暮云空碛时驱马

8.玉靶角弓珠勒马　9.马思边草拳毛动

10.书中车马多如簇　11.车马结束有行色

12.裹尸马革固其常　13.万马齐喑究可哀

14.香车宝马　15.垂杨系马

诗词真"牛"

1.花暖青牛卧　2.牛渚西江夜　3.穷巷牛羊归

4.黑云牛马形　5.万牛回首丘山重

6.牧童敲火牛砺角　7.当时七夕笑牵牛

8.牛困人饥日已高　9.回车叱牛牵向北

10.系向牛头充炭直　11.河汉三更看斗牛

257

12.不见全牛可下刀　13.驾犁叱叱牛力强
14.俯首甘为孺子牛　15.分付马牛风

●●● 诗词有"物" ●●●

1.且乐杯中物　2.开轩览物华　3.偏惊物候新
4.物改兴心换　5.风物青山围　6.诚知物寡薄
7.物有纯而不可为　8.苑中景物生颜色
9.还从物外起田园　10.鬼物图画填青红
11.鬼物守护烦㧑（huī）呵　12.直以慵疏招物议
13.一声已动物皆静　14.人间物象不供取
15.滋味深长在物外

●●● 诗词有"神" ●●●

1.神龟虽寿　2.言语究灵神　3.造化钟神秀
4.神与枣兮如瓜　5.北望伤神坐北窗
6.不如饮此神圣杯　7.梦入神山教神妪
8.回唱迎神三两声　9.饱饮游神向悬圃
10.秦楼鸾凤有神仙　11.文字终惭笔有神
12.峰峦列峙神仙境　13.何处望神州
14.为传神骏落人间　15.神仙体态

●●● 诗词之"人" ●●●

1.幽人其幽　2.曷顾人间姿　3.山从人面起
4.人生不相见　5.元日到人日　6.来往不逢人
7.幽人归独卧　8.比类时流是幸人
9.不料偷生作老人　10.夏木阴阴正可人
11.立春人日竞相催　12.行人来往得清凉
13.不使人间造孽钱　14.人生只似风前絮
15.人生易老天难老

●●● 诗人之"身" ●●●

1.身登青云梯　2.身安勤戒定　3.关身事半空
4.侧身东望涕沾翰　5.侧身南望涕沾襟
6.侧身西望涕沾裳　7.侧身北望涕沾巾
8.功成不退皆殒身　9.何须身后千载名
10.尔曹身与名俱灭　11.一年年觉此身衰
12.身上衣裳口中食　13.誓扫匈奴不顾身
14.不知何者是吾身　15.此身今在幻人宫

●●● 诗人有"心" ●●●

1.忧心烈烈　2.心之忧矣　3.心之忧矣
4.心之忧矣　5.心之忧矣　6.心将野鹤俱

7.心怦怦兮谅直　8.护短心内非贤
9.心犹豫而狐疑兮　10.长恨人心不如水
11.手把梨花寒食心　12.到处豁然千里心
13.谁有当时国士心　14.故乡多少伤心地
15.赏心亭上唤客

●●● 诗人泣"血" ●●●

1.开视化为血　2.日色赤如血　3.汉血到王家
4.磨牙吮血　5.天津流水波赤血
6.鲸吞蛟斗波成血　7.血流垓下定龙蛇
8.子规夜半犹啼血　9.笑谈渴饮匈奴血
10.长号顿足泪迸血　11.化作啼鹃带血归
12.空流杜宇声中血　13.洒上空枝见血痕
14.汗血盐车无人顾　15.残阳如血

●●● 诗人多"情" ●●●

1.情未了　2.情与貌　3.情多处
4.有悲则有情　5.情亲见君意　6.情人怨遥夜
7.因之传远情　8.不觉有闲情　9.情随湘水远
10.情冤见之日明兮　11.情沉抑而不达兮
12.感鞠育兮情剥裂　13.情郁结兮不可化
14.将往复旋如有情　15.肠虽已断情未了

●●● 诗人有"恨" ●●●

1.更有明朝恨　2.眉恨柳长深　3.地下无余恨
4.但恨无过王右军　5.此恨绵绵无绝期
6.诚知此恨人人有　7.刘郎已恨蓬山远
8.梁父吟成恨有余　9.阳和不散穷途恨
10.苦恨年年压金线　11.机中锦字论长恨
12.有恨无人省　13.一从恨满丁香结
14.不恨古人吾不见　15.荒烟埋恨

●●● 诗人惜"别" ●●●

1.死别已吞声　2.昔别君未婚　3.今朝为此别
4.昨别今已春　5.还看别时路　6.真个别离难
7.离帐宽衣带　8.别君去兮何时还
9.别意与之谁短长　10.洛城一别四千里
11.青山朝又暮还归　12.钟陵醉别十余春
13.别来半岁音书绝　14.易相别　15.别来春半

●●● 诗人"离"殇 ●●●

1.离家已二年　2.与君离别意　3.别离终不久

4.别离在今晨　5.离别正堪悲　6.十年离乱后

7.离杯惜共传　8.死生长别离　9.不觉离乡久

10.一寸离肠千万结　11.是离人泪

12.总是离人泪　13.离天三尺三

14.剩有离人影　15.君今不幸离人世

诗词多"愁"

1.所愁不但一　2.砧愁满水南

3.愁奈何兮悲思多　4.月明欲素愁不眠

5.别有幽愁暗恨生　6.青枫浦上不胜愁

7.海天愁思正茫茫　8.谁为含愁独不见

9.一宿行人自可愁　10.班姬此夕愁无限

11.正恁凝愁　12.谁怜旅愁荏苒

13.愁无寐　14.载不动许多愁

15.城中桃李愁风雨

诗人善"感"

1.感动庶汇　2.感物念所欢　3.弦歌感人肠

4.感时花溅泪　5.感子故意长　6.人谁感至精

7.临感忽难收　8.为感君王辗转思

9.感我此言良久立　10.感旧两行年老泪

11.剧辛乐毅感恩分　12.箫鼓哀吟感鬼神

13.感时抚事增惋伤　14.岂非正直能感通

15.精忠感动无情物

诗人酒"泪"

1.握手泪如霰　2.垂泪有千行　3.四座泪纵横

4.双泪落君前　5.不觉泪下沾衣裳

6.梦啼妆泪红阑干　7.泪湿罗巾梦不成

8.金屋无人见泪痕　9.明朝相对泪滂沱

10.收泪语　11.泪眼问花花不语

12.有个离人凝泪眼　13.泪沾歌扇

14.化作相思泪　15.斑竹一枝千滴泪

诗人傲"骨"

1.白骨乱蓬蒿　2.渐与骨肉远　3.谓我有仙骨

4.眼枯即见骨　5.寒月照白骨　6.骨肉满眼身羁孤

7.皆与此图筋骨同　8.千惟画肉不画骨

9.骨肉不待917驱　10.战场白骨缠草根

11.年年战骨埋荒外　12.可怜无定河边骨

13.骨清坚　14.埋骨何须桑梓地

15.便有精生白骨堆

诗词多"肉"

1.骨肉何必亲　2.何必骨肉亲　3.不得收骨肉

4.有似骨肉亲　5.肉轻足健逸　6.拟脍楼兰肉

7.厩中皆肉马　8.剐却心头肉　9.人无骨肉恩

10.肉割愈有日　11.虎生能肉食

12.一般骨肉一般皮　13.肉食自嗟何所报

14.肉眼安能辨圣凡　15.酒肉淋漓岂本心

诗苑采"茶"

1.起来两瓯茶　2.破睡见茶功　3.鼻香茶熟后

4.茶烹滴滴泉　5.茶分粥面微　6.春茶翠旗展

7.前月浮梁买茶去　8.云暖采茶来岭北

9.且饮当朝谏议茶　10.细雨足时茶户喜

11.煎茶扫地亦随缘　12.酒壶茶具船上头

13.日高人渴漫思茶　14.采茶时节

15.鬓丝几缕茶烟里

诗坛品"酒"

1.宜言饮酒　2.宽心应是酒　3.把酒话桑麻

4.美酒聊共挥　5.床头一壶酒　6.无人送酒来

7.掇英泛美酒　8.酒后中有好花枝

9.酒肉如山鼓吹喧　10.绿酒一杯歌一遍

11.酒才消　12.酒醒却咨嗟

13.谢他酒朋诗侣　14.酒入愁肠

15.杯酒劝长庚

诗中买"醉"

1.醉月频中圣　2.复值接舆醉　3.何惜醉流霞

4.相逢每醉还　5.都门且尽醉　6.羁旅长堪醉

7.醉和金甲舞　8.玉楼宴罢醉和春

9.醉不成欢惨将别　10.不作闲游即醉眠

11.渐伏酒魔休放醉　12.世事空知学醉歌

13.陶然共醉菊花杯　14.醉中细把君诗哦

15.王环醉拍春衫舞

诗词含"烟"

1.墟里上孤烟　2.沧江好烟月　3.泛泛入烟雾

4.望君烟水阔　5.江柳共风烟　6.自觉老烟波

7.深竹暗浮烟　8.迥若寒空杂烟雪

9.凌烟功臣少颜色　10.芙蓉旌旗烟雾落

11.梨园子弟散如烟　12.鹿门月照开烟树

13.出入高下穷烟霏　14.烟销日出不见人
15.戍楼西望烟尘黑

诗中有"声"

1.新声妙入神　2.上有弦歌声　3.无所喝流声
4.何劳发叹声　5.采声暗傍畦　6.场屋推声价
7.岂是昔时声　8.声有隐而相感兮
9.声来枕上千年鹤　10.车走雷声语未通
11.萧萧梧叶送寒声　12.竹外秋声渐作威
13.空流杜宇声中血　14.四面边声连角起
15.凤箫声动

诗中听"音"

1.下上其音　2.音响一何悲　3.知音世所稀
4.音信日断绝　5.浔阳地僻无音乐
6.一别音容两渺茫　7.人事音书漫寂寥
8.风尘荏苒音书绝　9.犹自音书滞一乡
10.幽音变调忽飘洒　11.咸阳古道音尘绝
12.音尘绝　13.知音少　14.故里鸿音绝
15.正和前线捷音联

诗中观"色"

1.犹疑照颜色　2.稀稠与颜色　3.艳色天下重
4.苔色连深竹　5.鞭羸去暮色　6.洲长春色遍
7.秋色从西来　8.凌烟功臣少颜色
9.色难腥腐餐枫香　10.黛色参天二千尺
11.六宫粉黛无颜色　12.颜色饥枯掩面羞
13.不要人夸颜色好　14.秋色连波
15.秋色到空闺

诗词成"书"

1.书中竟何如　2.闲持贝叶书　3.一纸故人书
4.羽书昨夜过渠黎　5.赦书一日行万里
6.咏神圣功书之碑　7.愿书万本诵万过
8.文成破体书在纸　9.腹中贮书一万卷
10.尽是书中寄曲来　11.书中自有千钟粟
12.书中自有黄金屋　13.书中车马多如簇
14.书中自有颜如玉　15.锦书遥寄

诗词有"信"

1.空信苍浪天　2.信知生男恶　3.无人信高洁
4.二月春风信　5.淮阴市井笑韩信

6.东望都门信马归　7.低眉信手续续弹
8.庾信平生最萧瑟　9.庾信文章老更成
10.风波不信菱枝弱　11.长信深阴夜转幽
12.人似秋鸿来有信　13.未信与
14.不料韩信不听话　15.胜似闲庭信步

诗中藏"画"

1.章台志墨兮　2.广遂前画兮　3.蛾眉谁共画
4.丹青画不真　5.老妻画纸为棋局
6.曲终收拨当心画　7.银烛秋光冷画屏
8.画阁朱楼尽相望　9.僧言古壁佛画好
10.猩色屏风画折枝　11.不把双眉斗画长
12.镜中重画远山眉　13.小阁画帘高卷
14.画栋归来巢未失　15.画帘半卷

诗中有"诗"

1.遣兴莫过诗　2.白也诗无敌　3.先感是诗人
4.风月负君诗　5.诗留窈窕容　6.兰衢入好诗
7.便引诗情到碧霄　8.陋儒编诗不收入
9.涂改清庙生民诗　10.诗家清景在新春
11.烂醉也须诗一首　12.自把新诗百遍开
13.诗思浮沉樯影里　14.似妒诗人山入眼
15.谢他酒朋诗侣

诗中有"词"

1.听妇前致词　2.咏兰拟古词　3.乃觉非虚词
4.步带山词唱　5.乐极词难乐　6.词客哀时且未还
7.词中有誓两心知　8.潘岳悼亡犹费词
9.词人各在一涯居　10.词赋方归侍从臣
11.酒酣曾唱大风词　12.旧迹新词一梦中
13.一曲新词酒一杯　14.何郎词卷
15.为赋新词强说愁

诗中有"曲"

1.当户理清曲　2.曲尽河星稀
3.此曲只应天上有　4.妙舞此曲神扬扬
5.玭筵急管曲复终　6.惊破霓裳羽衣曲
7.未成曲调先有情　8.曲终收拨当心画
9.曲罢曾教善才服　10.莫辞更坐弹一曲
11.戏罢曾无理曲时　12.流传汉地转传奇
13.美酒一杯声一曲　14.阳春一曲和皆难
15.国际悲歌歌一曲

1.言咏遂赋诗　　2.赋续楚离骚　　3.行行潘生赋

4.观游得赋诗　　5.如今贾谊赋　　6.西游因献长杨赋

7.今人嗤点流传赋　8.不是相如怜赋客

9.故人不用赋招魂　10.人生此乐须天赋

11.江淹又吟恨赋　　12.为赋新词强说愁

13.将军赋采薇　　　14.犹制小诗赋管弦

15.屈子当年赋楚骚

1.文章憎命达　　　2.文采风流今尚存

3.不露文章世已惊　4.张生手持石鼓文

5.文成破体书在纸　6.公之斯文若元气

7.聊持宝剑动星文　8.汉文有道恩犹薄

9.十批不是好文章　10.莫从子厚返文王

11.哭泣情怀吊屈文　12.胸罗文章兵百万

13.激扬文字　14.昨日文小姐　15.略输文采

1.共武之服　2.共武之服　3.文武吉甫

4.武皇开边意未已　5.武侯祠屋常邻近

6.将军魏武之子孙　7.元和天子神武姿

8.怨武古通作牙爪　9.苏武魂销汉使前

10.武功盖世光前后　11.汤武偶相逢

12.不武如斯　13.经武整军

14.不爱红装爱武装　15.魏武挥鞭

1.六甲候兵韬　2.兵深星转高　3.频年不解兵

4.兵卫森画戟　5.大漠无兵阻　6.塞下兵难去

7.兵戈阻绝老江边　8.汉兵奋迅如霹雳

9.汉兵屯在轮台北　10.虏塞兵气连云屯

11.酒兵无计敌愁肠　12.三千毛瑟精兵

13.曙光初照演兵场　14.天兵怒气冲霄汉

15.六月天兵征腐恶

1.使我三军泪如雨　2.将军下笔开生面

3.诏谓将军拂绢素　4.将军画善盖有神

5.六军不发无奈何　6.弟走从军阿姨死

7.平明吹笛大军行　8.军阀重开战

9.雪里行军情更迫　10.军叫工农革命

11.敌军围困万千重　12.报道敌军宵遁

13.二十万军重入赣　14.横扫千军如卷席

15.大军纵横驰奔　唯我彭大将军

1.谁能将旗鼓　2.未如旌旗红　3.旌旗无光日色薄

4.芙蓉旌旗烟雾落　5.阴风惨澹天王旗

6.红旗直上天山雪　7.旌旗奋　8.风展红旗如画

9.风卷红旗过大关　10.红旗越过汀江

11.红旗漫卷西风　　12.山下旌旗在望

13.壁上红旗飘落照　14.红旗卷起农奴戟

15.不周山下红旗乱

1.圆如棋子　动如棋生　静如棋死

2.棋局纵横陈　3.莫近弹棋局　4.过雨杂棋声

5.共郎长行莫围棋　6.棋局长携上钓船

7.棋轻国手知难敌　8.棋于松底留残局

9.棋逢敌手才堪着　10.黑白纵横几局棋

11.世事从来半局棋　12.世事棋中几春秋

13.闲敲棋子落灯花　14.眼明正好橘中棋

15.棋声惊昼眠

第3章　挑战级 组合联句飞花令

1.惠此中国　2.惠此中国　　3.惠此中国

4.惠此中国　5.一心中国梦　6.赐名大国虢与秦

7.只今中国方多事　8.李凭中国弹箜篌

9.中天夜久高明月　10.何不生彼中国兮生西方

11.才到中天万国明　12.中国自今应更壮

13.百年中国岂无人　14.囊中有药难医国

15.茫茫九派流中国

诗词"国""家"

1.国家安宁　　2.国破家亡　　3.南国美人去
4.理国如理家　5.去国频回首　6.去国三年恨
7.故国非乔木　8.去千乘之国　9.四十年来家国
10.国家成败吾岂敢　11.家国兴亡自有时
12.家国迢迢向越台　13.郑国游人未及家
14.国家不幸诗家幸　15.苟利国家生死以

"春""风"送暖

1.春风不相识　　2.春风何处好　3.春风对青冢
4.春风且莫定　　5.春风鸟为吟　6.春江多好风
7.秋月春风等闲度　8.春风举国裁宫锦
9.春风已遣归心促　10.还到春时别恨生
11.犁春犹有古人风　12.从今把定春风笑
13.城中桃李愁风雨　14.问春何去
15.惯看秋月春风

"春""雨"含情

1.好雨知时节　　2.夜雨剪春韭　3.春风桃李花开日
4.梨花一枝春带雨　5.雨中春树万人家
6.桃李春风一杯酒　7.过江春雨入全吴
8.锦江春学曲江春　9.犁耕宿雨春风暖
10.惟愁南国春多雨　11.雨余蹄道水如杯
12.帘外雨潺潺，春意阑珊
13.惜春更把残红折，雨轻风色暴
14.那更雨摧风挫　15.春涨一江花雨

"春""雪"犹存

1.飞雪迎春到　　2.俱来雪里看　3.萦雪临春岸
4.飞雪带春风　　5.红花雪里春　6.春雪带花飞
7.三春类早花　　8.三春雪未晴　9.关山陇月春雪冰
10.一枝春雪冻梅花　11.梅雪争春未肯降
12.与梅并作十分春　13.清如白雪暖如春
14.疑是经春雪未消　15.飞雪拥春来

"春""草"萋萋

1.春草碧色　　2.池塘生春草　3.城春草木深
4.春草明年绿　5.愁心视春草　6.春草闭闲门
7.疲马顾春草　8.春草如有意　9.亡国生春草
10.应得池塘生春草　11.春草青青万顷田

12.未觉池塘春草梦　13.春到断肠处
14.芳草青时　　15.春草茸茸媚晴昼

"春""花"烂漫

1.虽后春花芳　　2.独念春花落　3.春花绮绣色
4.春花满正开　　5.梨花满地不开门
6.桃花零落三春月　7.春花秋月入诗篇
8.江南正月春花早　9.春花秋月何时了
10.流水落花春去也　11.春光无限好
12.赏心秋月春花　　13.深巷明朝卖杏花
14.春在溪头荠菜花　15.春花秋叶

"惜""春"无限

1.望望惜春晖　　2.何惜两三春　3.惜别暮春晖
4.坐惜春华晚　　5.不比惜残春　6.更甚残春惜岁华
7.可惜春风老　　8.留春不住登城望
9.一壶浊酒送残春　10.惜春狂似蝶
11.暮春三月思依依　12.须惜少年春
13.可惜春光不相见　14.惜春啼鸟怒人攀
15.平生惜春如惜别

"夏""热"难耐

1.但惜夏日长　　2.江南季夏天　3.我爱夏日长
4.洗去仲夏热　　5.午热犹疑昼　6.夏来还解凉
7.夏热秋逾甚　　8.夏日多炎热　9.我爱夏之长
10.行人九夏热如火　11.秋夏之交天雨水
12.坐令夏热作秋清　13.只今夏热已如此
14.度夏今年未觉难　15.夏热通宵睡不成

"夏""雨"绵绵

1.夏首云物变　　2.郊园夏雨歇　3.残莺知夏浅
4.前林夏雨歇　　5.白云飞夏雨　6.月照平沙夏夜霜
7.雨送浮凉夏簟清　8.江村入夏多雷雨
9.林萝碍日夏多寒　10.夏夜新晴星校少
11.首夏清和新雨晴　12.夏雨春风穷管仲
13.榴花未见已夏半　14.林塘朱夏，雨过斑斑
15.孟夏正须雨

夏"木"阴阴

1.孟夏草木长　　2.云天收夏色　3.今夏草木长
4.夏早日初长　　5.阴交夏木繁　6.夏风多暖暖
7.夏木忽交阴　　8.茏葱夏木清　9.阴阴夏木啭黄鹂

262

10.月照平沙夏夜霜　11.夏木阴阴正可人

12.最怜夏木青阴合　13.夏木听黄鹂

14.夏木阴阴　15.夏木阴阴

 "秋""风"萧瑟

1.秋风吹不尽　2.饮马渡秋水　3.非是藉秋风

4.明日对秋风　5.香亦扑秋风　6.秋风起兮白云飞

7.秋风萧瑟天气凉　8.秋风忽忆江东行

9.秋山明月夜苍苍　10.我来正逢秋雨节

11.秋烟漠漠雨濛濛　12.万里秋风天外意

13.江上秋风动客情　14.老去秋风吹我恶

15.细雨泣秋风

"秋""实"累累

1.春华与秋实　2.袅袅秋风多　3.渐知秋实美

4.三秋万安成　5.末秋红实浅　6.何人掇秋实

7.疏林秋实红　8.实方落于素秋

9.桂花成实向秋荣　10.秋风袅袅生繁枝

11.野池水满连秋堤　12.夷为柏兮秋有实

13.我来恨在秋风后　14.一亩秋蔬半成实

15.离离秋实弄轻霜

望穿"秋""水"

1.日暮秋云阴　2.秋风别苏武　3.江湖秋水多

4.秋水日潺湲　5.饮马渡秋水　6.应是钓秋水

7.天寒秋水急　8.秋风起兮佳景时

9.美人娟娟隔秋水　10.美人胡为隔秋水

11.洞庭秋水远连天　12.魄随秋水流无尽

13.欲寄远情秋水隔　14.秋水横边簇远山

15.脸波秋水明

"寒""冬"凛冽

1.孟冬寒气至　2.终冬十二月　3.是节严冬景

4.冬夏结寒霜　5.欲识凌冬性　6.严冬寒漏长

7.冬月雨仍飞　8.自有凌冬质　9.山深先冬寒

10.三冬卧寒土　11.孟冬初寒节气成

12.冬夜夜寒觉夜长　13.风雪打窗冬夜长

14.冬有寒梅闲相伴　15.春秋及冬夏

"冬""雪"飘飘

1.穷冬不见雪　2.清冬见远山　3.严冬斗雪开

4.竹覆经冬雪　5.冬来雪作花　6.冬温少霜雪

7.冬梅雪里飘香　8.秋无白露冬无雪

9.经冬来往不踏雪　10.疑是经冬雪未销

11.穷冬雨雪转春迟　12.深冬寒月

13.高卧过残冬　14.冬晴无雪　15.雪压冬云白絮飞

 "冬""风"似刀

1.冬日烈烈　2.孟冬十月　3.仲冬边风急

4.严冬北风急　5.三冬一草衣　6.孟冬多风霜

7.今日更新冬　8.欻秋冬之绪风

9.孟冬初寒节气成　10.冬叹风霜独满衣

11.南檐纳日冬天暖　12.春风冬雪三百年

13.莫待冬深　14.霜风连夜做冬晴　15.风送深冬

乍"暖"还"寒"

1.自有岁寒心　2.春迟夜却寒　3.蜀地寒犹暖

4.不寒不暖看明月　5.雨寒莫待菊花催

6.暖逐衡阳雁影来　7.天暖天寒三月暮

8.暖景融融寒景清　9.东风入树舞残寒

10.乍暖还寒时候　11.轻暖与轻寒　12.轻暖轻寒

13.正轻寒轻暖漏永　14.大渡桥横铁索寒

15.大地微微暖气吹

人间"冷""暖"

1.冷暖不相知　2.炉温先暖酒　3.冷暖俗情谙世路

4.凤池冷暖君谙在　5.饮水鱼心知冷暖

6.更看人间冷暖多　7.自来冷暖不相关

8.冷暖年来只自知　9.晴日暖风时出游

10.此意喜君无冷暖　11.冷暖自知师莫问

12.乍暖还轻冷　13.做暖逼教开

14.出入息顷冷暖　15.河桥风暖

"阴""晴"不定

1.半阴半晴天　2.阴晴众壑殊　3.杨柳阴阴细雨晴

4.万里浮云阴且晴　5.风朝露夜阴晴里

6.水国春寒阴复晴　7.江风不定半晴阴

8.八月江南阴复晴　9.山南山北异阴晴

10.一霎阴晴一霎雨　11.晓日阴阴晴未定

12.月有阴晴圆缺　13.明日阴晴未定

14.阴晴无据　15.天易阴晴

"阴""雨"连连

1.以阴以雨　2.阴雨膏之　3.又窘阴雨

263

4.天阴雨雪滂滂　5.空翠落庭阴
6.悬崖阴濛濛　7.雨湿松阴凉
8.梦中山亦阴　9.秋云不雨空阴
10.天阴雨湿声啾啾　11.秋阴不散霜飞晚
12.阴雨无端酿客愁　13.一春芳雨连春阴
14.绿阴初过黄梅雨　15.午阴嘉树清圆

谈"天"说"地"

1.天文北极高　2.天地英雄气　3.上界别无天
4.天地如蒸湿　5.谁言天地宽　6.念天地之悠悠
7.然后天梯石栈方钩连　8.漂泊西南天地间
9.天旋地转回龙驭　10.在地愿为连理枝
11.天长地久有时尽　12.火维地荒足妖怪
13.叟也胸中天地宽　14.一气同生天地人
15.天南地北双飞客

"风""云"变幻

1.大风起兮云飞扬　2.秋风起兮白云飞
3.杯酌若浮云　4.玄云起重阴　5.风云竟朝夕
6.贵有风云兴　7.风云日已改
8.北流分兮山风举　9.但歌大风云飞扬
10.塞上风云接地阴　11.风云常为护储胥
12.风云愁兮会龙虎　13.思入风云变态中
14.云飞风起　15.把风云庆会消磨尽

"风""雨"无阻

1.凉风吹夜雨　2.海上风雨至　3.百尺散风雨
4.风雨暗荒城　5.风雨送春归　6.长风吹林雨堕瓦
7.风物凄凄宿雨收　8.风雨不动安如山
9.咳云唾雨呼雷风　10.数点声声风约住
11.却忧风雨飘零疾　12.今年风雨
13.社前风雨　14.也无风雨也无晴
15.风又飘飘，雨又萧萧

腾"云"驾"雾"

1.云雾窈窕　2.雾薄云轻　3.云雾四边收
4.雾暗关山月　5.香雾云鬟湿　6.间之以云雾
7.山川云雾里　8.山幽云雾多　9.乡关云雾浮
10.雾浓金灶静　11.雾里失峰形　12.秋雾连云白
13.雾暗长川景　14.只疑云雾窟
15.过眼滔滔云共雾

"雨""雪"霏霏

1.雨雪霏霏　2.雨雪载涂　3.雨雪其雱
4.雨雪其霏　5.驱马天雨雪　6.空山多雨雪
7.关河雨雪深　8.飞雪迎春到　9.北风雨雪恨难裁
10.云际溶溶雪水来　11.雨雪纷纷连大漠
12.漠漠寒芜雪兔跳　13.落花带雪埋芳草
14.曾因雨雪上高楼　15.雪卧龙庭猛将碑

"冰""霜"同降

1.冰坚于霜　2.冰霜正惨凄　3.履霜冰弥坚
4.霜露欺远客　5.冰霜昨夜除　6.霜杀中庭草
7.霜降向人寒　8.霜清野翠浓　9.欲作冰霜地
10.律回岁晚冰霜少　11.冰霜入鬓殊非壮
12.人言霜雪比小人　13.马蹄万里踏冰霜
14.冰霜凛凛兮身苦寒　15.冰霜历尽心不移

"冰"天"雪"地

1.岁岁层冰合　2.冰珠映九光　3.渴饮月窟冰
4.不知冰雪寒　5.濯濯冰雪花　6.清操厉冰雪
7.关山陇月春冰　8.将登太行雪满山
9.马毛带雪汗气蒸，五花连钱旋作冰
10.婵娟一种如冰雪　11.春花秋月冬冰雪
12.冰雪林中著此身　13.沉李浮瓜冰雪凉
14.肝胆皆冰雪　15.千里冰封，万里雪飘

饱经"风""霜"

1.白露为朝霜　2.边地有风霜　3.落笔回风霜
4.空天万里霜　5.霜风清飕飕　6.霜风时动竹
7.霜霰逐南鸿　8.辛苦风霜亦何为
9.皮枯缘受风霜久　10.年来年去变霜髭
11.猎猎霜风满旃旌　12.白头吊古风霜里
13.霜风初高鹰隼击　14.风霜凛凛兮春夏寒
15.渐霜风凄惨

雷"雨"阵阵

1.雷填填兮雨冥冥　2.冬雷震震，夏雨雪
3.殷殷其雷　4.讲不停雷雨　5.当时雷雨寒
6.云过听雷声　7.山暗已闻雷　8.一雷惊蛰始
9.风雷前塈雨　10.雷动半和钟　11.晓来雷雨过
12.雷惊雨洒一时苏　13.江村入夏多暮雨
14.风雷多向庙中来　15.雷雨曾传旧奏函

1.惊电光夜舒　2.电影尚连城　3.拔剑曳电电
4.电照满床书　5.雨来看电影　6.儿童畏雷电
7.雷电下取将　8.雷电不敢伐　9.雷电闲倾雨
10.飞电万星悬　11.一席清风雷电疾
12.自有电雷声震动　13.莫道无心畏雷电
14.电影雷声催急雨　15.驱雷役电震天威

1.帝京风雨中　2.闵闵风烟动　3.小树即生烟
4.烟开竟野通　5.深竹暗浮祠　6.风雨宿园林
7.多少楼台烟雨中　　8.巫峡苍苍烟雨时
9.尽冲烟河溅车鳌　10.故山烟雨忆松楸
11.更吹烟雨暗黄昏　12.一蓑烟雨任平生
13.满地和烟雨　14.烟雨青黄　15.烟雨莽苍苍

1.水何澹澹　2.在山泉水清　3.山水共谁寻
4.山水寻吴越　5.山水敬亭祠　6.分飞楚关山水遥
7.遍寻山水自由身　8.游山弄水携诗卷
9.出洞无论隔山水　10.遥望洞庭山水翠
11.欸乃一声山水绿　12.吴山越水万重云
13.拟寻山水隔千千　14.好水好山看不足
15.剩水残山无态度

1.水会于海　2.海水知天寒　3.海水摇空绿
4.水底见行云　5.水从桥下流　6.李广出天水
7.三峡连天水　8.日落东西水
9.君不见黄河之水天上来　10.一泓春水无多浪
11.水天一色无津涯　12.低头便见水中天
13.天水碧　14.浮天水送无穷树　15.水天空阔

1.河桥不相送　2.河洛多尘事　3.江河战鼓间
4.江天望河汉　5.不废江河万古流
6.隋河堤上古江津　7.秋江欲起白头波
8.雪涨江南归浩荡　9.不废江河废尔曹
10.曲曲秋江滟滟波　11.地宽江河竞摇荡
12.秋江人去无还期　13.千里关河乡国梦
14.月映长江秋水　15.江河还共恩深

1.形迹滞江山　2.江水映霞晖　3.江山如有待
4.江山非故园　5.始为江山静　6.江山留胜迹
7.江中旦暮潮　8.六代江山在　9.江山见无由
10.江山故宅空文藻　11.寂寂江山摇落处
12.江山万里帝王都　13.西江水阔吴山远
14.拔山力尽乌江水　15.眼前万里江山

1.河水泱泱　2.河溃蚁孔端　3.黄河为裳带
4.国破山河在　5.山河不可望　6.还我旧山河
7.渐觉山河复　8.各已归山河　9.不据山河据平地
10.秦家城外悲河山　11.山河破碎风飘絮
12.三千里地山河　13.收拾旧山河
14.直下看山河　　15.今古河山无定据

1.山川悠远　2.山川悠远　3.百川沸腾
4.如山如阜　如川之方至　5.我行山川异
6.山川何寂寞　7.几度隔山川　8.雷鼓动山川
9.留恨此山川　10.山川对浩歌
11.已觉山川是两乡　12.山川萧条极边土
13.不道山川是画图　14.山川风景好
15.伊川山水洛川花

1.南国之纪　2.哀江南　3.哀南夷之莫吾知兮
4.乘隆波而南渡兮　5.江南可采莲　6.遥望江南路
7.江南好　能不忆江南　8.江南忆　9.江南忆
10.江南正月春花早　11.江南二月春光半
12.江南三月春光暮　13.南北东西
14.若到江南赶上春
15.饥向江南饱　须道江南好

1.江湖多风波　2.江湖秋水多　3.日落江湖白
4.湖上水渺漫　5.归老江湖边　6.江湖慰寂寞
7.却忆江湖上　8.江湖入短蓑　9.江湖眼前阔
10.鱼恋江湖鸟厌笼　11.落魄江湖载酒行
12.满榠湖水入西江　13.湖添水色消残雪
14.江湖夜雨十年灯　15.风卷江湖雨暗村

五"湖"四"海"
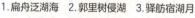

1. 扁舟泛湖海　2. 郭里树侵湖　3. 驿舫宿湖月
4. 露沾湖草晚　5. 色落湖山影　6. 天镜落湖中
7. 湖山翠点疏　8. 湖岸郡藏云　9. 湖海变知音
10. 借问江湖与海水　11. 五湖四海任遨游
12. 败衲依然湖海阔　13. 湖海相逢迂阔好
14. 湖海到今无剑客　15. 湖海平生豪气

诗"江"词"海"

1. 暖暖江村见　2. 妾在江南阴　3. 近海江弥阔
4. 适遇江海信　5. 万里江海通　6. 故人江海别
7. 残生江海去　8. 浮江淮而入海兮
9. 淮南江北海西头　10. 罢如江海凝清光
11. 江海漂漂共旅游　12. 欲把一麾江海去
13. 江海回思耕钓人　14. 影落长江海共深
15. 江海寄余生

百"川"入"海"

1. 百川俱会　2. 百川东到海　3. 沧海百川归
4. 目送去海云　5. 云峰出远海
6. 川途海县穷　7. 大海无满波
8. 百川注东海　9. 川岳阔连天
10. 从兹东向海　11. 四海南奔似永嘉
12. 海鲸东蹙百川回　13. 海天东望夕茫茫
14. 万井千山海色秋　15. 君不见走马川行雪海边

"波""浪"滔天

1. 山影逐波流　2. 脆弱恶风波　3. 水深波浪阔
4. 蝉联叠波浪　5. 风声波浪阻　6. 湘潭送波浪
7. 江间波浪兼天涌　8. 莫逐狂风起浪心
9. 年年波浪不能摧　10. 波浪不知深几许
11. 吐浪喷波身突兀　12. 洞庭波浪飐晴天
13. 风滔滔兮浪波　14. 沧波莫浪游
15. 江海翻波浪

"烟""波"浩渺

1. 烟波愁杀人　2. 烟波三十宿　3. 烟波连数州
4. 自觉老烟波　5. 常恨烟波隔　6. 三月烟波暖
7. 星月浮波岛　8. 烟波潋荡摇空碧
9. 琉璃波面月笼烟　10. 烟波江上使人愁
11. 又指烟波算路歧　12. 四郊远火烧烟月

13. 烟波湛湛浸琉璃　14. 君山一点凝烟
15. 千里烟波

"云""海"茫茫

1. 浮云自西北　2. 白云浮海际　3. 苍茫云海间
4. 目送去海云　5. 寥廓云海晚　6. 州城浸海云
7. 消息海云端　8. 神山云海中　9. 风云万里清
10. 向余东指海云生　11. 洗兵鱼海云迎阵
12. 我家沧海白云边　13. 东方沧海空复空
14. 古来云海茫茫　15. 千里恩深云海浅

"日""月"同辉

1. 日居月诸　2. 日居月诸　3. 日居月诸
4. 日居月诸　5. 日居月诸　6. 日月如激电
7. 菽水日月长　8. 日月照耀金银台
9. 鸿飞冥冥日月白　10. 三峡楼台淹日月
11. 云雨难忘日月新　12. 弓断阵前争日月
13. 殿上衮衣明日月　14. 红锦韬缠日月符
15. 敢教日月换新天

"星""月"同光

1. 星辰有行　2. 月明星稀　3. 月明星稀
4. 三星守故次　5. 星垂平野阔　6. 磊落星月高
7. 南指月与列星　8. 日月星辰和四时
9. 玄云合兮翳月星　10. 月没星稀天下旦
11. 星月高低宿水光　12. 星月掩映水朣胧
13. 一夜满林星月白　14. 一池星　15. 星稀河影转

诗中"明""月"

1. 匪东方则明　2. 学有缉熙于光明　3. 明明如月
4. 耳著明月珰　5. 曾不知日月明
6. 床前明月光　举头望明月　7. 举杯邀明月
8. 海上明月共潮生　9. 何处春江无月明
10. 何处相思明月楼　11. 天下三分明月夜
12. 明月几时有　13. 明月夜
14. 明月傍云生　15. 天际悬明月

诗词"明""星"

1. 烂然星陈　2. 明星有烂　3. 明星煌煌
4. 明星皙皙　5. 华星出云间　6. 东方欲明星烂烂
7. 展转思服悲明星　8. 皎洁明星高
9. 迢迢见明星　10. 明星如白石

266

11.明星玉女备洒扫　12.行云飞去明星稀

13.月明星稀飞林乌　14.牛星织女年年别

15.华星明灭

"日""光"普照

1.日月光华　　2.日月光华　　3.与日月兮同光

4.金甲耀日光　5.浮云翳日光　6.日月重光

7.炎炎赤日光　8.日光斜照集灵台

9.甲光向日金鳞开　10.青蝉独噪日光斜

11.吹霞弄日光不定　12.月与日光相对明

13.风光全似中原日　14.闲处光阴　15.光阴脱兔

"月""光"皎洁

1.明月光　　　2.明月皎夜光　3.流光正徘徊

4.日月同光华　5.仰看明月光　6.中秋明月光

7.床前明月光　8.月光长照金樽里

9.夜吟应觉月光寒　10.月光如水水如天

11.淡淡孤月光　12.罗帷翠帐华灯光

13.皓月光初吐　14.月光如水照缁衣

15.清光不令青山失

"星""光"灿烂

1.圆景光未满　2.光景照千里

3.今君与我兮星光离　4.波光摇海月

5.日月丽光景　6.光带落星飞　7.晚带日光悬

8.星辰让光彩　9.文字动星光　10.星光渐减雨痕生

11.水影星光怪异多　12.大星光相射

13.星河满天月光白　14.一天星月浸光铓

15.灯月光交射

"星""云"浩瀚

1.皎皎云间星　2.仰看星月观云间　3.身将客星隐

4.杳如星河上　5.郁郁星辰剑　6.长河渐落晓星沉

7.行云飞去明星稀　8.天路悠悠星汉斜

9.星河寥落水云深　10.云开碧落星河近

11.天河夜转漂回星　12.疏星时作银河渡

13.星斗粲长天　14.风露一天星湿　15.星稀云净

前途"光"明

1.光披遐荒　2.学有缉熙于光明　3.并光明于列星

4.明烛发高光　5.天下共明光　6.月光明素盘

7.化作光明烛　8.将军佩出明光宫

9.明光殿前论九畴　10.良人执戟明光里

11.奕奕秋光照眼明　12.颗颗光明耀竹篱

13.波光纵使明如练　14.只是光明相与

15.表里月明光透

"风""光"无限

1.悲风动地起　2.风多晕欲生　3.满月光天汉

4.风光山郡少　5.正月风光好　6.风光难豫期

7.无限风光尽被占　8.风光别我苦吟身

9.海上风云摇皓影　10.风光不与四时同

11.无限风光在险峰　12.东城渐觉风光好

13.满眼风光北固楼　14.佳时倍惜风光别

15.北国风光

植"树"造"林"

1.上有嘉树林　2.上有枫树林　3.云帆枫树林

4.萧萧枫树林　5.春依红树林　6.萧萧古树林

7.苍苍枫树林　8.玉露凋伤枫树林

9.见说上林无此树　10.不忘天边锦绣林

11.可怜树上百鸟儿　12.月明芳树群鸟飞

13.此地惟多古树林　14.但见茂林芳树

15.园林晓树恁横斜

诗"林"寻"木"

1.林木有枝　　2.林木为摧　　3.鸣林响壑

4.霜天林木燥　5.雪映林木疏　6.古木隔林看

7.木落园林旷　8.荒林草木瘦　9.半夜坐林塘

10.近人林木清　11.木落空林浪

12.园林一半成乔木　13.西连碧涧竹林园

14.有若白鸟飞林间　15.风满寒林木叶黄

"树""木"丛生

1.树木丛生　　2.树木何萧瑟　3.树木身相代

4.树木何修修　5.寒风摧树木　6.树木发春华

7.孟夏草木长　8.季冬树木苍　9.驱鸡上树木

10.此木岂无阴　11.猿啼洞庭树　12.树木有春意

13.空多树木苍　14.树木犹为人爱惜

15.木兰艇子　谩系寒江烟树

"花""草"为伴

1.树际花犹白　2.桃花初发红　3.草树非一香

4.看花忆塞草　5.落树似飞花　6.细草当阶积

7.春风花草香　8.色黯花草死　9.径草踏还生
10.百草含青俱作花　11.河边细草细如茵
12.吴宫花草埋幽径　13.乱花渐欲迷人眼
14.桃李梨花草树间　15.花草雪楼春到

"草""木"有情

1.无木不萎　2.百草丰茂　3.草木莽莽
4.道狭草木长　5.蔓草不复荣　6.凝霜竦高木
7.城春草木深　8.草木有本心　9.烧山草木明
10.临秋草木残　11.惟草木之零落兮
12.草木摇落露为霜　13.草木变衰行剑外
14.一草一木栖神明　15.碗子城荒草木稀

"花""香"阵阵

1.风飘花树香　2.春风花草香　3.弄花香满衣
4.梦中稻花香　5.一涧野花香　6.绕舍稻花香
7.风过藕花香　8.十里稻花香　9.缥缈花香泛御沟
10.菱荇花香淡淡风　11.蜡梅花冠百花
12.天上散花香第一　13.桂花香雾冷
14.稻花香里说丰年　15.战地黄花分外香

"杨""柳"依依

1.杨柳依依　2.杨柳何依依　3.垂柳复垂杨
4.愿作杨与柳　5.屯军细柳营　6.别恨慵看杨柳
7.杨柳青青著地垂　8.羌笛何须怨杨柳
9.杨柳青青江水平　10.营中不用栽杨柳
11.万株杨柳属流莺　12.吹面不寒杨柳风
13.拂堤杨柳醉春烟　14.杨柳岸
15.春风杨柳万千条

"柳""花"纷飞

1.花柳自无私　2.立马柳花里　3.柳花惊雪浦
4.笛怨柳花前　5.门外柳花飞　6.风吹柳花满店香
7.梅花柳花夹长道　8.柳暗花明又一村
9.柳花深巷午鸡声　10.闲看儿童捉柳花
11.柳下月如花下月　12.度柳穿花觅信音
13.柳花白　14.东风花柳逐时新　15.金闺花柳质

"桃""李"芬芳

1.投我以桃　2.李树代桃僵　3.桃李罗堂前
4.东园桃与李　5.所以桃李树　6.徒言树桃李
7.何须是桃李　8.春风桃李花开日
9.桃李阴阴柳絮飞　10.桃李成阴归别人
11.厌桃李之缤纷　12.桃李春风一杯酒
13.桃李初红破　14.成蹊桃李　15.城中桃李愁风雨

"瓜""果"飘香

1.曲缀瓜果中　2.也设果瓜筵
3.夜半且分瓜果供　4.几家乞巧罗瓜果
5.瓜果夜深　6.新鲜瓜果　7.瓜果邻家席
8.瓜香果熟园林趣　9.枉将瓜果闹婴孩
10.知进六宫瓜果回　11.瓜果谁家月满堂
12.藏来秋果到春残　13.瓜果中庭漏点深
14.房帷瓜果纷祠祀　15.收拾绣床瓜果设

"叶"落归"根"

1.柯叶自摧折　2.桃树连桃根　3.根危才吐叶
4.叶落根不移　5.绿叶垂芳根　6.花叶随天意
7.荠叶生墙根　8.黄叶聚墙角　9.如云断别根
10.黄叶已辞根　11.坠叶鸣丛竹　12.篱柱叶生杨
13.叶间近溪云　14.无叶拂烟霞
15.嫩绿醅浮竹叶新

"泪"如"雨"下

1.惋叹泪如雨　2.雨泪忽成行　3.梅雨和乡泪
4.雨泪落成血　5.泪如雨兮叹成云
6.节士悲秋泪如雨　7.白头垂泪话梨园
8.玉容寂寞泪阑干　9.断弦收与泪痕深
10.不能听终泪如雨　11.使我三军泪如雨
12.诀别徐郎泪如雨　13.周南一望堪泪下
14.泪雨零铃终不怨　15.泪飞顿作倾盆雨

饮"酒"品"茶"

1.聊将茶代酒　2.驱愁知酒力　3.尝酒留闲客
4.生开嫩酒尝　5.俗人多泛酒　6.酒渴漫思茶
7.饮茶胜饮酒　8.酒用林花酿　9.深炉敲火炙新茶
10.月明沽酒过溪南　11.醉日昔闻都下酒
12.酒醒春晚一瓯茶　13.美酒香茶慰所思
14.睡起茶多酒盏疏
15.且将新火试新茶　诗酒趁年华

"醉""酒"成诗

1.既醉以酒　2.既醉以酒　3.酒倾无限月
4.遇酒多先醉　5.愁醉非因酒　6.渔家一醉吟

7. 酒醉夜未阑　　8. 何人共醉新丰酒
9. 千杯绿酒何辞醉　10. 怪来花下长先醉
11. 醉饶言语觅花知　12. 醉后宁辞酒十千
13. 别酒莫辞今夜醉　14. 闻说渔翁有酒赊
15. 更醉君家酒

"诗""酒"年华

1. 酌酒赋新诗　2. 高咏七哀诗　3. 诗酒故人同
4. 幸尔同speech酒　5. 忆昨会诗酒　6. 诗胆大于天
7. 琴诗酒里到家乡　　8. 杭越风光诗酒主
9. 诗酒尚堪驱使在　10. 诗成万首犹嫌少
11. 昌黎对月无诗酒　12. 只思诗酒伴裴公
13. 诗酒趁年华　14. 黄卷莫教诗酒污　15. 诗酒社

"茶""香"沁诗

1. 夜火焙茶香　2. 鼻香茶熟后　3. 茶香秋梦后
4. 谁解助茶香　5. 茶香在白瓯　6. 茶添语话香
7. 茶香别有泉　8. 茶香竹里泉　9. 茶瓯涌雪花
10. 茶味冰清甘　　11. 茶香时拨涧中泉
12. 坐饮香茶爱此山　13. 美酒香茶慰所思
14. 一炉香烬一瓯茶　15. 赌书消得泼茶香

"灯""火"辉煌

1. 灯火下楼台　2. 灯火是谁家　3. 残灯寸焰明
4. 病憎灯火暗　5. 兰灯宵影微　6. 渔家灯烛幽
7. 有月长灯在　8. 灯火万家城四畔
9. 三更灯火五更鸡　10. 儿童灯火小茅斋
11. 孤村到晓犹灯火　12. 再挑灯火看文章
13. 高低灯火　14. 灯火钱塘三五夜
5. 灯火阑珊处

诗词"人""物"

1. 人物禀常格　2. 人物何相称　3. 人亡不可逢
4. 只缘无长物　5. 主人常不在　6. 圣人不凝滞于物
7. 居人共住武陵源　8. 异乡物态与人殊
9. 旦评人物尚雌黄　10. 苍狗白衣从物变
11. 千古风流人物　12. 物是人非事事休
13. 数风流人物　14. 保安人物一时新
15. 有多少风流人物

"风""物"无限

1. 窗下有清风　2. 风光绝四邻　3. 无迹去随风

4. 风物青山围　5. 春园风物好　6. 远随风雨送啼痕
7. 风物凄凄宿雨收　　8. 一川风物笛声中
9. 悠悠风物四时新　10. 风物长宜放眼量
11. 眼前风物可无情　12. 萧条风物正堪愁
13. 风物尽前朝　14. 风物向秋潇洒
15. 恨东风不惜世间英物

"天""人"合一

1. 此何人哉　2. 歼我良人　3. 不畏于天
4. 不谅人只　5. 天人之间　6. 天人清且安
7. 安人天子命　8. 美人天上落　9. 天人宁许巧
10. 天人不相干　　11. 惟天地之无穷兮
12. 忽忆故人天际去　13. 天人之际岂容针
14. 困人天气日初长　15. 早晚故人天上去

"人""神"感应

1. 合是山中人　2. 此味何人知　3. 龙行人鬼外
4. 闲人何用伤神　5. 人传中有三神山
6. 不测人间笑是嗔　7. 人间何处不伤神
8. 回唱迎神三两声　9. 何事神仙九天上
10. 须是人间将相家　11. 山迥月残神女归
12. 神仙事业人难会　13. 有梅无雪不精神
14. 横斜枝写月精神　15. 花样精神月样清

"身""心"一体

1. 身心一无系　2. 不如放身心　3. 心闲无所思
4. 直道是身谋　5. 首身离兮心不惩
6. 殊俗心异兮身难处　7. 不能捐身兮心有以
8. 身心安处为吾土　　9. 心有灵犀一点通
10. 身又不来书不寄　11. 何日身心得自由
12. 天教心愿与身违　13. 但使心安身健
14. 身心无累久轻安　15. 心随飞雁天南

诗人"心""血"

1. 泣尽继以血　2. 心头感恩血　3. 臣血三年碧
4. 尽是心中血　5. 泪流千点血　6. 月明猿苦血沾襟
7. 几州户口看成血　8. 前头啼血心不回
9. 不将血涕随霜刃　10. 总作六军心上血
11. 故人血泪向天流　12. 孤臣血泪洒南风
13. 惨惨椎心泪血流　14. 一饭思君血泪横
15. 啼血催归杜宇

有"血"有"肉"

1.况是血肉身　2.人生血肉躯　3.孤臣眼中血
4.血肉膏斤斧　5.凡身血肉重　6.血染蜀罗山踯躅
7.食人肉 饮人血　8.血肉那能化羽翰
9.射麋食肉饮其血　10.血肉俱尽余双鬓
11.河阴血肉更稀微　12.壮士挥戈血鲜滴
13.空守人间血肉躯　14.战骨如山血未干
15.笑谈渴饮匈奴血

"文""武"双全

1.文武维后　2.允文允武　3.文武受命
4.文武吉甫　5.有此武功　6.才兼文武播雄名
7.文武千官岁仗兵　8.文王寝膳武王随
9.文武传芳百代基　10.文武资基冷似冰
11.文章武略　12.材更兼文武
13.才兼文武无余子　14.今日武将军
15.惜秦皇汉武 略输文采

有"声"有"色"

1.秋气悲松色　2.虫声绕春岸　3.月色临窗树
4.叶惨风声异　5.春鸟弦歌声　6.色静深松里
7.春鸟隔花声　8.潮声海上天　9.草色新雨中
10.月色遍寒山　11.草色古城秋　12.草色纤纤嫩
13.竹声满耳萧萧雨　14.风声约雨
15.水云天共色 欸乃一声间

诗词"书""信"

1.别后书信不相关　2.信书成自误　3.蜀书秋信断
4.书信二年稀　5.道遥书信难　6.无信可传书
7.一行书信千行泪　8.信回应过洞庭春
9.此信的应中路见　10.故乡书信半年无
11.数行家信抵千金　12.书信经年乡国远
13.何事经年断书信　14.书信也无凭　15.归鸿无信

腹有"诗""书"

1.十六诵诗书　2.十五好诗书　3.诗书坐绕身
4.诗书成志业　5.漫卷诗书喜欲狂
6.劳将诗书投赠我　7.腹有诗书气自华
8.诸郎自是诗书种　9.诗书渐与心为一
10.说到诗书心自闲　11.诗书相对是生涯
12.寻一首好诗　13.应有新诗当尺书

不朽"诗""文"

1.半是忆君诗　2.睿文诗播乐　3.诗文齐六经
4.诗净贾长江　5.诗酒足风流　6.难中难者莫过诗
7.作诗必坡老　8.文章韩笔杜诗
9.回文字字起新诗　10.小臣愿继车攻诗
11.诗句偶吟皆感事　12.且喜诗同文史乐
13.就中诗律少陵豪　14.欲寻文会诗盟
15.文场笔阵诗千百

经典"诗""歌"

1.维以遂歌　2.展诗清歌仰自宽　3.骚者歌离别
4.湛露即歌诗　5.诗人歌旆旌　6.歌咏属诗人
7.暮露采薇曲　8.白雪歌诗落笔头
9.近来逢酒便高歌　10.有诗有酒有高歌
11.不见诗人独咏歌　12.侬欲送潮歌底曲
13.长歌诗 短歌诗　14.长岛人歌动地诗
15.剑南歌接秋风吟

"歌"中有"词"

1.歌词继大风　　　2.听我狂歌词
3.歌听自作词　　　4.郊庙登歌赞君美
5.歌声苦 词亦苦　6.虚唱歌词满六宫
7.惟有九歌词数首　8.歌词自别生情
9.选词能唱望夫歌　10.新歌尽是大夫词
11.歌词自制清如水　12.楚歌唯有竹枝词
13.尊前谁忆旧歌词　14.新词旧曲歌还住
15.长歌赤壁东坡赋

作"词"谱"曲"

1.凄清横吹曲　2.渔为江上曲　3.芳杜湘君曲
4.把唱新词曲未终　5.曲中历历叙乡土
6.家家尽唱升平曲　7.欲传山鬼曲
8.澜翻一曲竹枝词　9.因晚雪曲词争胜
10.新词丽曲爽心神　11.新词丽曲入笙箫
12.一曲新词酒一杯　13.妙词佳曲
14.问顾曲周郎　15.渔父曲

读"诗"成"曲"

1.暮歌采薇曲　　　2.云曲拂流霞
3.郢曲新传白雪英　4.可怜曹霸丹青曲

5.如何乱心曲　6.当年流水曲　7.范公蜀西曲

8.度曲联诗雪月中　　9.但存君诗与君曲

10.已听胡笳有韵曲　11.九曲新诗谁解续

12.瑶琴一曲诗数篇　13.可怜一曲秋风地

14.更肯愁吟头白曲　15.好诗好曲

有"诗"有"画"

1.宿雁半江画　　　2.过秋红叶落新诗

3.景状入诗兼入画　4.偶然画出寻诗意

5.喜见诗中有画图　6.江山如画供诗眼

7.诗题不尽画难成　8.写入新诗胜画图

9.诗情画意　10.堪诗堪画　11.画图还识春娇

12.画成幽思　写入新诗　13.对无声诗　哦有声画

14.画里移舟　诗边就梦　15.舒卷江山图画

吟"诗"作"赋"

1.窃赋诗之所明　2.临清流而赋诗　3.言咏遂赋诗

4.赋诗析造化　5.观游得赋诗　6.依然又赋诗

7.赋诗拾翠殿　8.暮年诗赋动江关

9.柏梁赋诗高宴罢　10.不特赋诗怀二仲

11.遇有工夫或赋诗　12.莫为悲秋浪赋诗

13.横槊题诗　登楼作赋　14.诗赋从今须少作

15.犹制小诗赋管弦

"诗""人"辈出

1.诗酒故人同　2.诗人多清峭　3.诗人识鸟兽

4.天教赤县有诗人　5.自古诗人少显荣

6.太守吟诗人自理　7.惹得诗人说到今

8.江山如作老诗人　9.似妒诗人山入眼

10.自古诗人没十成　11.算诗人相得

12.解与诗人意同　13.长岛人歌动地诗

14.诗人兴会更无前　15.最喜诗人高唱至

"诗""词"中国

1.五字一篇诗　2.多是通州司马诗

3.阴铿官漫足闲诗　4.我诗多是别君词

5.梨园弟子唱新词　6.便觉诗邻势不孤

7.诗落成都灿绮霞　8.诗词要并花奇绝

9.不能重赋翠微诗　10.今朝一见诗人诗

11.编辑诗词改抹看　12.谪仙词赋少陵诗

13.鹤相诗词好　　　14.独怜词客与诗人

15.诗书万卷　更有新词千首

第4章　竞赛级 概念联句飞花令

至少两个季节

1.夏之日　冬之夜　2.冬之夜　夏之日

3.冬雷震震　夏雨雪　4.夏云多奇峰

5.冬岭秀寒松　6.欻秋冬之绪风　7.春秋多佳日

8.岩留冬夏霜　9.梦远感春条　10.春华信为美

11.菊入新秋　12.新雨带秋岚　13.严冬不肃杀

14.使节春冬换　15.惯看秋月春风

月月有诗

1.六月莎鸡振羽　七月在野　八月在宇
　九月在户

2.腊月草根甜　3.正月风光好　4.边城十一月

5.五月人倍忙　6.人间四月芳菲尽

7.七月七日长生殿　8.可怜九月初三夜

9.二月春风似剪刀　10.三月三日天气新

11.八月秋高风怒号　12.九月天山风似刀

13.十一月新阳排寿宴　14.毕竟西湖六月中

15.陇头十月天雨霜

节日名称

1.中秋明月光　2.旧时元日会　3.菖蒲秀端午

4.残腊迎除夕　5.岂应今腊八　6.今宵是除夕

7.清明时节雨纷纷　8.腊日常年暖尚遥

9.不用清明兼上巳　10.人日题诗寄草堂

11.寒食东风御柳斜　12.过中元

13.中秋过也　14.年年社日停针线　15.立春除夕

二十四节气（1）

1.立春后五日　2.雨水洗容　3.阳气初惊蛰

4.春分雨处行　5.谷雨气光晓　6.小满气全时

7.芒种看今日　8.因循小暑来　9.大暑三秋近

271

10.夏至午之半　11.微凉喜到立秋时
12.白露黄花岁时晚　13.又是残春将立夏
14.玉露金风处暑天　15.清明时候

二十四节气（2）

1.惟立冬之初夜　2.秋分俱渡河　3.清明来晚晴
4.寒露惊秋晚　5.如今小雪时　6.小寒连大吕
7.大寒宜近火　8.一雷惊蛰始　9.霜降百工休
10.冬至阳生春又来　11.且对西风贺立秋
12.节名大雪雪何曾　13.冬至阳生春又来
14.深深庭院清明过　15.梨花落后清明

句句带数字

1.如三月兮　2.万径人踪灭　3.风烟望五津
4.三秋万实成　5.疑是银河落九天
6.一行白鹭上青天　7.碧玉妆成一树高
8.回眸一笑百媚生　9.忽如一夜春风来
10.毕竟西湖六月中　11.三十功名尘与土
12.百年悲笑　13.四海有知音
14.不负一生心　15.三更归梦三更后

句句带叠字

1.青青子衿　2.青青子佩　3.洞庭波兮木叶下
4.抽刀断水水更流　5.迟迟钟鼓初长夜
6.大弦嘈嘈如急雨　7.无边落木萧萧下
8.自在娇莺恰恰啼　9.嫩蕊商量细细开
10.阴阴夏木啭黄鹂　11.芳草萋萋鹦鹉洲
12.岁岁年年人不同　13.青草池塘处处蛙
14.冷冷清清　凄凄惨惨戚戚　15.茫茫九派流中国

句句有颜色

1.草木黄落兮雁南归　2.树际花犹白
3.白日依山尽　4.魂来枫林青　5.每逐青溪水
6.青萝拂行衣　7.埋胡紫塞旁　8.死留青冢使人嗟
9.青鸟飞去衔红巾　10.秋芳初结白芙蓉
11.艳色鲜如紫牡丹　12.纷墙丹桂动光彩
13.红树青山日欲斜　14.隔断红尘三十里
15.不知腰带几时黄

季节＋"人"

1.秋风萧萧愁杀人　2.秋为期兮已征
3.春人饮春酒　4.人生几何春已夏

5.古人已用三冬足　6.一树冬青人未归
7.虫声冬思苦于秋　8.春色恼人眠不得
9.春到人间草木知　10.夏木阴阴正可人
11.夏木阴阴可人处　12.阅尽人间春色
13.夏日消溶　14.千秋功罪　15.萧瑟秋风今又是

季节＋"意"

1.春晚春已繁　2.何解三秋意　3.年年秋意绪
4.夏卉竟如春　5.少妇今春意　6.冬月雨仍飞
7.方夏已思秋　8.阴浓夏意新　9.秋思冬愁春恨望
10.一冬霜意先黄叶　11.春意阑珊
12.红杏枝头春意闹　13.春意知多少
14.春意渐回　15.乱虫秋意有先声

季节＋动物

1.月出惊山鸟　2.饮马渡秋水　3.春色候鸡鸣
4.人来鸟不惊　5.宿鸟头相并　6.江猿夜亦吟
7.春蚕到死丝方尽　8.玄蝉去尽叶黄落
9.驯犀生处南方热　10.石鱼湖　11.龙吟虎啸一时发
12.春江水暖鸭先知　13.今年幸甚蚕桑熟
14.如何到处不啼莺　15.草长莺飞二月天

季节＋植物

1.冬岭秀寒松　2.池塘生春草　3.人闲桂花落
4.江南有丹橘　5.因知松柏志　6.绿槐阴满地
7.枫叶荻花秋瑟瑟　8.春风桃李花开日
9.西宫南内多秋草　10.千树万树梨花开
11.苇花零落向秋深　12.林萝碍日夏多寒
13.有情芍药含春泪　14.甘比玉莲开太液
15.银山玉树相钩连

季节＋颜色

1.焜黄华叶衰　2.不觉碧山暮　3.红豆生南国
4.新炊间黄粱　5.白头身偶在　6.唯见江心秋月白
7.绿树阴浓夏日长　8.冬青树上挂凌霄
9.一枝红杏出墙来　10.午风庭院绿成衣
11.独自黄蔷薇夏日闲　12.枫叶照人丹
13.绿聚眉峰　14.落红不是无情物
15.雪压冬云白絮飞

动物＋植物

1.风吹草低见牛羊　2.草枯鹰眼疾

272

3.鸟宿池边树　4.几处早莺争暖树

5.浅草才能没马蹄　6.间关莺语花底滑

7.芳草萋萋鹦鹉洲　8.冷露无声湿桂花

9.桃花流水鳜鱼肥　10.菱蒿满地芦芽短

11.才了蚕桑又插田　12.争随流水趁桃花

13.梧桐半死清霜后　14.小荷才露尖尖角

15.枯藤老树昏鸦

数字+季节

1.冬之夜　百岁后　2.夏之日　百岁后

3.报得三春晖　4.秋收万颗子　5.解落三秋叶

6.一别几千秋　7.三冬一草衣　8.三冬今足用

9.一晴几觉夏深　10.长夏江村事事幽

11.二月春风似剪刀　12.谁怜苦志已三冬

13.万里秋风天外意　14.阳春三月天气新

15.茏葱夏木清

数字+"里"

1.故国三千里　2.故国三千里　3.一去二三里

4.扶摇直上九万里　5.万里悲秋常作客

6.千里莺啼绿映红　7.可怜故国三千里

8.依旧烟笼十里堤　9.隔断红尘三十里

10.三万里河东入海　11.八千里路云和月

12.水通南国三千里　13.九万里风鹏正举

14.故国三千里　15.会当水击三千里

数字+"人"

1.二人从行　2.有子七人　3.有子七人

4.坐中数千人　5.对影成三人　6.同游三四人

7.缅彼十八人　8.十七人中最少年

9.遍插茱萸少一人　10.雨中春树万人家

11.千人耕种万人食　12.三五人家住水坳

13.田横五百人安在　14.万人丛中一握手

15.十有九人堪白眼

数字+动物

1.鹤鸣于九皋　2.千山鸟飞绝　3.回看射雕处

4.侧见双翠鸟　5.五花马　6.两岸猿声啼不住

7.一行白鹭上青天　8.黄鹤一去不复返

9.桐拂千寻凤要栖　10.声来枕上千年鹤

11.北风吹雁雪纷纷　12.龙吟虎啸一时发

13.春江水暖鸭先知　14.气吞万里如虎

15.匹马戌梁州

数字+植物

1.彼采葛兮　2.彼采萧兮　3.彼采艾兮

4.细柳新蒲为谁绿　5.梨花一枝春带雨

6.时见松枥皆十围　7.北风卷地百草折

8.一任芭蕉滴到明　9.金菊年年秋解开

10.五柳何用六　11.滨溪竹伴老梅丛

12.惟有海棠梨第一　13.高价掀兰菊

14.须寻梅驿　15.万树梅花月满天

"人"+动物

1.人归落雁后　2.柴门闻犬吠　3.烟鸟栖初定

4.回崖时掩鹤　5.卧掩罗雀门　6.主人下马客在船

7.门前冷落鞍马稀　8.翠翘金雀玉搔头

9.只将波上鸥为侣　10.苇暗汀洲宿雁多

11.去雁远冲云梦雪　12.两两归鸿欲破群

13.深林归倦鸟　14.域外鸡虫事可哀

15.铁马从容杀敌回

"人"+植物

1.欲寻芳草去　2.家童扫萝径　3.北岑采薇蕨

4.巴人讼芋田　5.坐看红树不知远

6.树木犹为人爱惜　7.岩扉松径长寂寥

8.落月摇情满江树　9.人面桃花相映红

10.桃花依旧笑春风　11.苇岸风多人未眠

12.胡人落泪沾边草　13.将军赋采薇

14.千村薜荔人遗矢　15.埋骨何须桑梓地

"人"+颜色

1.白发四老人　2.汉祖升紫极　3.雁下芦洲白

4.人间又见真乘黄　5.内府殷红玛瑙盘

6.古来青史谁不见　7.五湖浪向心中白

8.华堂银烛堆红泪　9.人生两鬓无重绿

10.留取丹心照汗青　11.踏遍青山人未老

12.一枕黄粱再现　13.背负青天朝下看

14.马嘶人语长亭白　15.一唱雄鸡天下白

四大美女

1.昭君拂玉鞍　2.生长明妃尚有村

3.中有一人字太真　4.昭君村柳翠于眉

5.太真含笑入帘来　6.吴人何苦怨西施

273

7. 西施若解倾吴国　8. 昭君溪上年年月
9. 欲把西湖比西子　10. 明妃初出汉宫时
11. 肤雪参差是太真　12. 偏得杨妃带笑看
13. 太真第一　14. 一个西施也得
15. 舌诛逆贼是貂蝉

历史人物名号

1. 夫子何为者　2. 宣父犹能畏后生
3. 将军魏武之子孙　4. 但恨无过王右军
5. 肯数邺下黄须儿　6. 李广无功缘数奇
7. 关张无命欲何如　8. 王浚楼船下益州
9. 汉文有道恩犹薄　10. 汉文皇帝有高台
11. 汉庭议事先黄老　12. 卧龙才起扶衰世
13. 魏武挥鞭　14. 更陈王奋起挥黄钺
15. 颜斶（chù）齐王各命前

神话传说人物

1. 吾令羲和弭节兮　2. 无复嫦娥影
3. 嫦娥孤栖与谁邻　4. 用为羲和天为成
5. 羲和敲日玻璃声　6. 女娲炼石补天处
7. 吴质不眠倚桂树　8. 彼何人哉轩与羲
9. 寄语天河牛女星　10. 牛女何曾渡
11. 牛女相逢又相失　12. 五帝三皇神圣事
13. 牛郎欲问瘟神事　14. 问讯吴刚何所有
15. 寂寞嫦娥舒广袖

城市名称

1. 长安一片月　2. 最难在长安
3. 长安何处在　4. 归棹洛阳人
5. 姑苏城外寒山寺　6. 岂限长安与洛阳
7. 咸阳游侠多少年　8. 洛阳行子空叹息
9. 二分无赖是扬州　10. 桂林山水甲天下
11. 才饮长沙水　12. 十万工农下吉安
13. 若问杭州何处好　14. 到得洪都又一年
15. 秦皇岛外打鱼船

近义词聚会

1. 朋友攸摄　2. 颜色憔悴　3. 喜中愁漏促
4. 光阴与时节　5. 万径人踪灭　6. 天下朋友皆胶漆
7. 友朋情比未为深　8. 几家欢乐几家愁
9. 贫穷老瘦家卖屐　10. 与君保取长欢乐
11. 欢乐趣　离别苦　12. 一松一竹真朋友
13. 寻寻觅觅　14. 仅留得尊前康健身
15. 一朝漂泊难寻觅

反义词PK

1. 吾将上下而求索　2. 照花前后镜　3. 秋色无远近
4. 生死向前去　5. 自去自来堂上燕
6. 朦胧淡月云来去　7. 死生同　8. 十年生死两茫茫
9. 人生自古谁无死　10. 年年后浪推前浪
11. 热风吹雨洒江天　12. 远接群峰近拂堤
13. 金沙水拍云崖暖　14. 风起绿洲吹浪去
15. 望长城内外　大河上下

含有成语

1. 风雨如晦　风雨如晦
2. 一日不见　如三秋兮　一日三秋
3. 如切如磋　如琢如磨　如切如磋，如琢如磨
4. 绕床弄青梅　青梅竹马
5. 两小无嫌猜　两小无猜
6. 吴牛喘月时　吴牛喘月
7. 一日看尽长安花　春风得意　走马观花
8. 翻手为云覆手雨　翻云覆雨
9. 万方多难此登临　万方多难
10. 一片冰心在玉壶　冰心玉壶
11. 愁云惨淡万里凝　愁云惨淡
12. 月落乌啼霜满天　月落乌啼
13. 曾经沧海难为水　曾经沧海
14. 湿薪如桂米如珠　米珠薪桂
15. 物是人非事事休　物是人非

274